普通医药院校创新型系列教材

护理人文综合

王　艳　主编

科学出版社
北　京

内 容 简 介

本教材共14章，包括护理管理概述、我国医院护理管理系统、计划、组织、护理人力资源管理、护理质量管理、护理信息管理、护理管理与医疗卫生法律法规、护理风险与安全管理、护理伦理学在护理工作中的应用、护理人员专业能力培养、人际关系、人际沟通，以及美学在护理工作中的应用。本教材重点内容以教学为主，自学为辅。每章开头有学习要点，结尾有小结、思考题，让学生有重点地掌握所学内容；必要的部分附有案例分析、知识拓展，快速提高学生工作中的实战能力。本教材不仅使学生在护理管理理论知识和应用方面能力得到提升，而且能够及时了解前沿的知识和动态，获得较全面的护理管理、护理伦理学及护理美学的相关知识。

本教材可供普通医药院校护理学专业本、专科学生，在职临床护理人员，继续教育学员，以及从事各层次护理专业教学、管理工作者参考、学习使用。

图书在版编目(CIP)数据

护理人文综合 / 王艳主编. —北京：科学出版社，2018.1

普通医药院校创新型系列教材

ISBN 978-7-03-055550-2

Ⅰ. ①护… Ⅱ. ①王… Ⅲ. ①护理学-医学院校-教材 Ⅳ. ①R47

中国版本图书馆CIP数据核字(2017)第286176号

责任编辑：闵 捷

责任印制：谭宏宇 / 封面设计：殷 靓

科学出版社 出版

北京东黄城根北街16号

邮政编码：100717

http://www.sciencep.com

广东虎彩云印刷有限公司印刷

科学出版社发行 各地新华书店经销

*

2018年1月第 一 版 开本：889×1194 1/16

2023年1月第七次印刷 印张：12 1/4

字数：336 000

定价：49.00元

(如有印装质量问题，我社负责调换)

普通医药院校创新型系列教材

《护理人文综合》
编辑委员会

主　编

王　艳

副主编

王加凤　左四琴　谢雯俊

编　委

（按姓氏笔画排序）

万小娟　王　艳　王　敏　王加凤　左四琴
张　燕　陈　虹　祝娉婷　钱桂云　谢雯俊
裴书萍　廖月霞

前　言

护理人文综合是一门实践性、应用性很强的学科，是成人医学本科教育中的一个重要内容。近年来，伴随我国改革开放和经济建设的迅速发展，许多从事管理学的专家对现代管理学的引进和研究做了大量工作，使医院管理和护理管理的理论研究与实践发生了很大变化。但是护理管理学、护理伦理学及护理美学是三门年轻的学科，其研究在我国起步较晚，有关参考书屈指可数。所以，本教材在维持传统教材结构的情况下，进行适当修订并整合三门学科的内容。修订过程中，本着紧跟管理学科发展的步伐、与时俱进的精神，紧密配合我国卫生事业和医院、护理的改革，在内容和章节安排上都做了适当调整。本教材着重结合护理管理实际，介绍了一些具有普遍应用性的、比较成熟的管理学、组织学、领导学、护理领域管理、护理伦理学及护理美学的基本理论，参考了国内外的许多管理学书籍和资料，为修订工作增添了新观点和新内容。在介绍理论知识的同时，为了突出医学模式转变的特点，适应学科发展的需要，提高学生学习的目的性及学习效果，每章开头有学习要点，结尾有小结、思考题，必要的部分附有案例分析、知识拓展，构思新颖，理论与临床应用兼备，力求突出护理管理学、护理伦理学及护理美学的科学性、实用性，体现已有基础知识、新技术、新进展及拓展学习，以实现“已学过的知识弱化、进展性知识强化、拓展性知识网络化”的总体编撰要求。

本教材共14章，在结构上以管理的职能为线索，结合我国护理工作特点，内容涵盖护理管理概述、我国医院护理管理系统、计划、组织、护理人力资源管理、护理质量管理、护理信息管理、护理管理与医疗卫生法律法规、护理风险与安全管理、护理伦理学在护理工作中的应用、护理人员专业能力培养、人际沟通，以及美学在护理工作中的应用等，与其他同类型教材相比，增加了国际医院联合委员会(joint commission of international，JCI)标准、等级医院评审标准及护理质量持续改进的内容。

编者在多年护理教学、临床管理实践的基础上，结合临床护理管理的实际需要编写了本教材，指导护理工作者及护理专业学生掌握管理学的基本原理及方法，了解护理管理领域发展的趋势，熟悉护理管理理论在临床护理实践中的应用，建立科学的管理思维模式，提高独立分析问题、解决问题的能力和科学管理水平。

此外，本教材对经典的管理理论也作了较好的归纳与整合，是一部内容较为新颖、可读性较好、实用性较强的教材和学习参考书。编者在撰写过程中，参阅和利用了许多参考资料，融合了众多作者的管理思想和方法，为此也一并表示感谢。

由于编者水平及经验有限，难免在内容上有疏漏及文字上有欠妥之处，敬请读者批评指正。

主编

2017年10月7日

目 录

第五章 护理人力资源管理 048

第六章 护理质量管理 060

第七章 护理信息管理 071

第八章 护理管理与医疗卫生法律法规 084

第九章 护理风险与安全管理 096

第十章 护理伦理学在护理工作中的应用 112

第十一章 护理人员专业能力培养 128

第十二章 人际关系 141

第十三章 人际沟通 151

第十四章 美学在护理工作中的应用 161

补充阅读书目及网站 180

主要参考文献 181

第一章

护理管理概述

学习要点

- **掌握**：① 护理管理的概念；② 护理管理学的概念。
- **熟悉**：① 护理管理的工作任务；② 护理管理的影响因素。
- **了解**：护理管理学的发展趋势及面临的挑战。

一、护理管理的概念

护理学是医学领域中一门独立学科，研究内容主要涉及护理理论、护理实践、护理教育、护理科研及护理管理等方面，它是在自然科学、社会科学等理论指导下的综合性、应用性学科。

护理管理学是研究护理管理活动中的普遍规律、基本原理、方法和技术的一门学科。其任务是研究护理工作的特点，找出其规律性，运用管理学的原理与方法，对护理工作的诸多因素实施科学管理，以提高护理工作的质量和效果。它不仅属于专业领域管理学，作为管理学的分支学科，既是卫生事业管理中的分支，也是现代护理学科的一个分支，成为护理教育及指导护理实践的重要学科之一。近年来，社会科技飞速发展，伴随医学模式的转变及人类健康观念的更新，护理工作的内容、对象等也随之发生了变化，护理管理工作不仅拓宽了工作范围，而且更加科学化、专业化、效益化。

（一）护理管理定义

世界卫生组织（WHO）认为，护理管理是为了提高人们健康水平，系统地利用护士潜在能力和其他相关人员或设备、环境及社会活动的过程。国外有学者提出：护理管理是有效地利用人力、物力等资源，以促进护理人员为患者提供高质量护理服务的过程。亦有学者提出：护理管理者如果能具备规划、组织、领导、协调、控制的能力，对人、财、物、时间能做到最经济有效的运用，就能达到最高效率并获得最佳效果。护理管理是医院管理的重要组成部分，护理管理水平直接反映医院管理水平与医疗质量。高质量的护理管理可使医院就诊环境整洁、安静，部门之间、科室之间、医护之间通力协作，医患关系融洽信任，患者身心处于最佳状态，接受准确、及时、连续的治疗与护理，各种物资、设备的性能处于良好备用状态，护理人员积极发挥救治、预防、保健、院内感染控制、教学、科研等作用。所以说，护理管理是以提高护理质量和工作效率为目的的活动过程，是护理管理者运用管理学的方法和原理，科学地计划、组织、领导、控制管理过程，并有效协调与护理工作相关的人员、技术、设备、物资、信息、时间等诸多要素，为服务对象提供优质护理服务的过程。

（二）护理管理工作任务

护理管理的工作任务涉及计划、组织、人员管理、领导与控制四个方面。

1. 计划　计划是指为实现医院工作目标而制定护理工作方案。根据护理服务实施范围、工作效率、工作质量、服务效果及评价衡量标准提出相应的计划，制定全院护理质量目标、质量安全保障及激励机制，这是护理管理的根本性任务。为了科学有效地明确护理服务宗旨、制定护理管理目

笔记栏

标,使护理目标产生导向和激励作用,需要准确充分地掌握信息,了解以往护理工作进展及经验教训,掌握当前医院护理队伍建设水平,估测今后国内外护理的发展趋势。① 护理的目的是帮助、照顾患者获得并保持健康自主的身心状态,所以,护理人员需向服务对象提供综合性、个性化、人性化护理服务。② 所有患者均可以得到科学有效的护理及关怀照顾,满足服务对象躯体、精神、社会、文化、宗教信仰等方面的护理服务需求,因此,全体护理人员应该“以人为本”体现人文关怀理念,实施优质护理服务。③ 根据接受教育的程度与个人专业技能水平,合理配置护理岗位,护理服务的优劣,虽然与管理、环境、设施条件、患者等多种因素相关,但很大程度是由护理的整体综合素质决定的。④ 评价护理服务效果,从患者角度出发,研究改进服务流程,创新服务举措,推广新技术、新项目,开展护理科研,使护理专业水平不断发展并提升。

2. 组织　组织高效运行的护理管理,实施符合社会需求的护理制度和服务体制。宗旨、目标、计划确定以后,依靠组织工作来完成,所以,合理优化组织系统是高效运行的基础。护理服务是护理质量的基础与必要条件,服务体制改进是护理学自身发展的必然趋势,也是广大患者对健康服务需求的期望,主要表现在内容上的扩充、方法上的更新,管理者必须从医院实际出发,研究制定合理的护理制度及服务体制。

3. 人员管理　加强建设适应护理工作需求及整体综合素质优良的护理队伍。护理队伍的建设是高效运行的基础,根据医院的等级、规模,建立一支数量满足临床需要、素质符合要求的专业队伍。培养梯队人才,既满足重点学科需要,又考虑护理专业发展需要,且兼顾社会服务需求需要,不仅注重医学基础知识及护理专科知识,还注重行为科学、社会学、伦理学、心理学等知识培训。

4. 领导与控制　在护理管理中,人、物、空间、信息是主要管理资源,人的资源包含护理人员的分配、合理使用、培训等;物的资源包含物资、设备、仪器及应用技术等;空间的资源包含建筑设计布局等;信息的资源主要为提供社会和环境对护理服务的影响及反映等。为使工作卓有成效,护理管理者必须指导成员行为,沟通交流成员之间的信息,激励成员自觉为实现组织目标而共同努力,并根据既定目标和标准对组织的活动进行监督和检查,发现偏差立即采取纠正措施,使工作按原定计划进行,达到预期效果。

(三)护理管理内容

护理管理内容涉及护理行政管理、护理业务管理、护理教育管理三个方面。

1. 护理行政管理　护理行政管理是有关护理的组织形式,人员、物资、设备的合理分配与使用,贯彻国家卫生体制改革指导思想、工作方针、政策等。是指护理的组织机构为达到既定护理工作目标,制定详细周密的工作计划与方案,合理协调并建立人、财、物的组织,运用科学有效的领导方式与激励机制推动工作,与各单元协调沟通,兼顾时间与空间运用,不断评估、评价、改进管理手段和方法,出色完成护理组织总体目标,提高全院护理质量。协调是护理行政管理者做好管理工作的核心,也是执行领导职能的关键,其协调能力主要是上传下达,顺畅左右内外关系。协调的作用在于求同存异,减少矛盾,顺利开展护理工作,提高工作效率。护理管理的基本程序包括计划、组织、领导、控制,如果在整个管理活动中不断进行协调,各项护理管理活动将会更加顺利进行。

2. 护理业务管理　护理业务管理是指为促进和保持护理工作高效率和高质量而进行的业务技术管理活动。包括护理规章制度、质量标准、技术规范的制定、执行、监督、检查、评定及控制,新技术、新项目的开展和推广,组织领导护理科研等。在实施现代护理模式中如何提升护理服务质量、提高患者满意度,是护理管理的中心任务。把好质量关,使护理工作制度化、标准化、规范化、程序化,还必须重视全程重点环节的质量管理,通过检查发现问题,并针对问题分析原因,落实整改,促进全员专业能力提升,深化护理专业内涵。

3. 护理教育管理　护理教育管理是指为提高各层级护理人员的思想素质与业务知识及技能水平而采取的培训活动的管理过程。内容涉及护生教学安排、新进护士岗前培训、在职护士的知识、技术更新和提高及继续教育培训等,提升护士临床工作能力。

培养人才是管理的重要任务,但却因短期效果不明显,而未引起大部分管理者重视。管理者也

笔记栏

是领导者，是指明方向的负责人和领路人，加强护理人员业务素质教育、思想政治教育、法律法规教育等，帮助其树立正确的人生观、价值观，引导其学法、懂法、执法、守法，增强其工作责任感和服务意识是护理管理者责无旁贷的责任。管理者必须重视管理过程中的两项重要内容：① 挖掘发现人才，培育用好人才，有效推动激励机制；② 做好协调工作。护理管理要设计和保持一种良好的氛围，组织相关人员协调的开展各项工作，有效实现组织目标。

总之，护理管理的内容贯穿护理工作全过程，并以组织管理为前提，宏观调控和微观督导为手段，提高护理质量为核心，以业务技术和科研教育为重心的综合性管理。充分体现出现代护理管理以规范制度为标准，人才培养为基石，技能水平为根本，监管督导为手段，质量安全为关键，促进健康为目的的丰富内涵。

二、护理管理的特点

（一）护理管理需适应护理学科的特点

1. 适应护理学作为独立学科的要求　　现代护理学综合运用自然科学、社会科学等多方面知识，帮助、指导、照顾患者保持或重新获得身体内外环境的相对平衡，以达到维护身心健康的目的。护理工作不仅需要护理人员与医生协助完成诊断及治疗任务，更重要的是，护理工作还可以独立进行护理诊断和处理人类现存的和潜在的健康问题产生的身体反应，它与临床医疗有所区分。随着医学模式的转变，护理工作发展的特点更具有独立性和规律性，管理体制和管理方法需要与之相适应，因此，护理管理既涉及护理管理者的工作和责任，又包括临床护理人员对患者的分级与护理，运用护理程序的方法满足整体护理的需要。

2. 适应专业对护士素质修养的特殊需求　　针对护理工作主要服务对象是患者这一职业特点，对护士的综合素养提出了相应的特殊要求：① 救死扶伤，实行革命人道主义精神；② 高度的工作责任心和严谨的科学工作态度；③ 慎独精神和评判性思维能力；④ 业务技术精湛；⑤ 高度的警觉性、敏锐的病情观察能力和应急处理能力；⑥ 人文关怀素养；⑦ 良好的生理和健康的心理；⑧ 仪表整洁，举止大方，充分体现护理人员的职业风范。只有具备这些素质的护理人员才会在工作中自觉的尊重和关心患者，以细致地观察和同情心来发现及解决患者的各种生理心理问题，满足患者的护理服务需求，帮助患者维持健康、促进健康、恢复健康。因此，护理管理者要把规范和提高护理人员的整体综合素质的迫切性与重要性作为不同于其他行业管理的重要特征，在人才选拔、人才培养、营造人文关怀护理氛围等方面，始终把素质修养放在首位。

3. 适应护理工作的科学性和服务性需求　　随着现代护理理论和护理实践的不断发展，新技术、新知识的引进，进一步体现了护理工作的科学性和技术性。现代护理学是自然科学与社会科学交叉融合的产物之一，理论知识和专业技术同等重要，尤其在现代医学模式要求下，对护理学的发展突显出更高、更广、更新的要求。管理的本质是提高工作质量和工作效率、效益，科学技术要转化为第一生产力，必须依靠科学管理。因此，护理管理必须体现科学性这一特点，在护理管理过程中，坚持改革创新，科学运用管理知识。管理理论学习是通过各种实践得以证实，科学管理不是单凭个人想法或经验，而是管理者自身具备一定的管理知识，具有观察发现问题和处理问题的能力。而且，管理者必须重视护理业务技术管理，加强专业信息化建设，通过不同途径提高护理人员专业技术水平。另一方面，由于护理工作的服务对象是人，而护理服务是以认识需求为起点，满足需求为目的，并依据需求的不断发展和变化，及时充实服务项目内容，形成民众所需的护理服务内容体系，不断丰富内涵。随着社会文明进步、医学模式转变及护理学科独立，护理从附属于医疗的技术性职业转变为独立的为人类健康服务的专业，护理内涵得以深化。护理服务范围也从院内延伸至院外，护理服务迫切性也从维护生命的护理服务需求、一般性护理服务需求，扩展至预防保健的服务需求。根据护理服务的特性将其分为诊疗护理服务需求、救治护理服务需求、保健护理服务需求、心理护理服务需求、临终护理服务需求。因此，尊重、关心、爱护患者，建立“一切以患者为中心”的服务理念，主动为患者提供专业、安全优质护理服务，将获取的知识内化后，自觉给予患者情感付出，

笔记栏

体现人文关怀，是每位护理工作者的职责。所以，护理管理工作必须充分体现出科学性和服务性。

4. 适应专业对人际沟通的要求　护理工作与相关部门、人员联系广泛，人际关系具有社会性、多重性、目的性、多变性、复杂性等，沟通是人际交往活动的主要表现形式和方法，在护理工作中，护理人员需要与患者及其他有关人员形成各种工作关系，建立有效沟通，快速准确获得患者全面的健康信息，从而帮助患者解决健康问题，满足患者生理、社会、心理等多方面的健康需求，使其达到最佳健康状态，人际沟通既是护理实践中的重要内容，也是发展和谐工作关系的重要技巧，与医疗、后勤、患者及家属沟通交流技巧甚为重要，这既是护理管理的特点，也是护理管理建设的重要内容。

5. 适应专业对护理管理预见性的要求　预见是预警的首要功能，即通过一些指标的研究，找出相关敏感性指标的异常变化并且能够预先提出危机发展征兆。许多事件的发生是危机诱因不断升级，从量变最终发展至质变的结果，如果建立良好的危机预警机制，并发挥预见作用，可使其消除在初始萌芽状态，防患未然。由于护理工作复杂，患者病情多变的特点等，护理管理者必须重视管理前瞻性、预见性的重要性及必要性，护理管理者需要具备预测可能发生的事件或对已发生的意外情况应急处理进行控制的能力，充分预测评估和制定相关突发事件应急预案。提高自身风险防范意识，及时发现安全隐患，运用科学管理方法或工具，统筹策划与安排，多系统、多方位统观全局，纵横分析，进行预见性控制管理，保证护理工作有效正常运行。

6. 适应护理工作连续性要求　因为护理工作紧张、节奏快、责任重大、任务繁琐、技术操作多、连续性强、工作及作息时间不规律等性质，护理管理者必须重视这些由于工作特性带给护理人员的困扰，加强对护理人员的关心。根据护理工作时间与人的生存作息规律，推行既便于患者救治，又利于保持护理人员精力的工作排班模式，重视护理质量和效果，减少护理人员因生活节律的影响导致差错事故的发生，并为护理人员创造专业发展条件，解决实际困难，保持护理队伍稳定，使其安心认真专注于护理工作。

（二）护理管理学综合性和实践性的特点

管理学是一门综合性科学，应用了经济学、社会学、心理学、行为科学、电子计算机等多学科的研究成果。护理管理学是以管理学作为基础，除具有管理学的特点外，还受医院内外环境、组织机构及目标宗旨、人员等诸多因素影响，因此，护理管理需考虑多方面因素并综合运用相关理论知识。护理管理实践性即可行性，能够结合实践并加以应用，充分有效发挥护理管理学科作用，护理管理活动渗透于护理实践工作过程中，护理管理的过程体现管理理论与管理实践充分结合。当目标制定后，在执行过程中，管理理论注重人的因素和团队的作用，重视交流沟通，使每位被管理对象明确自身职责，同时，护理管理在实践中准确及时整理收集、传递反馈、分析使用管理信息，而且护理管理主张在执行护理活动中，用科学的方式方法做好前瞻性把控，创造性开展护理工作，其可行性衡量标准是通过社会效益和经济效益体现。国外护理管理理论相对较多，在研究和学习过程中，通过临床实践积累经验，结合我国的实际情况，逐步有效创建与我国发展相适应的护理管理理论。

（三）护理管理学广泛性的特点

护理管理涉及范围与内容广泛，包括组织管理、人员管理、经济管理、信息管理、科研教学管理、质量安全管理等，因此要求管理者掌握丰富的管理理论知识和实践经验，以及较为广泛的社会人文科学知识。在医院内，护理管理者分为几个层次，护理副院长、护理部正副主任主要职责是建立院内护理工作计划目标及任务，制定相关制度规范及质量标准，组织督导全院质量、安全、培训、服务等护理工作，并指导有效进行持续改进；科护士长主要是上传下达，认真贯彻执行上层管理部门的决策与任务，督导本部门护理管理人员完成相关护理管理工作；护士长负责病房及人员管理，主要检查指导护理人员及护理工作落实情况；护士参与管理病房、患者、物资等并有效落实各项治疗护理工作，因为参与护理管理人员较为广泛，所以广泛普及护理管理知识非常必要。

笔记栏

三、影响护理管理的因素

护理管理不但受医院内外政策、服务对象、护理人员综合素质等诸多因素影响，而且受管理者自身条件影响。要提高护理管理效率，影响护理管理的各种因素不容忽视。

（一）护理管理的一般环境

在此所述环境，是指医院管理的外部环境，医院存在于社会中，它与外部环境有着密切的关系，外部环境发生变化，对医院的管理及效益将产生直接影响。环境一方面为组织活动提供必要条件，另一方面在某种程度上又制约组织活动。从宏观上看，国家的路线、方针、政策、法律法规对医院有直接推动和制约作用，随着我国法律体系日渐完善，与医院护理管理相关法律逐渐增多，从外部环境的角度对医院护理管理工作起规范及引导作用，使医院护理管理活动合法合规并取得相应社会效益。同时，医院护理管理者也必须经常关注外部环境变化，及时预测了解外部变化，并及时采取应对措施，以适应各种变化对护理管理的影响，保持管理工作的主动性和先进性。

国家的发展规划、政府政策、科技发展进步、社会信仰、人民生活水平等，会直接或间接影响医院运作，医院的管理结构应随外部环境因素及内部相关因素的改变作相应调整。20 世纪中叶，随着生物-心理-社会医学模式建立对护理工作实践的影响，护理管理思想也发生了一系列变化。护理管理模式不断创新，护理制度不断完善，不仅建立了医院护理“垂直”管理系统，还健全了医院护理管理制度，制定了护理质量标准和护理工作流程，护理继续教育、护理人员分层管理、专科护士培养等为护理管理者构建了多角度、多层面、多方位的管理平台。

（二）医院护理管理组织结构

护理部是医院管理中的职能部门，与医务、科教、设备、后勤管理等职能部门并列，相互配合，共同完成医院各项任务。在院长或主管护理副院长领导下，全面负责组织和管理医院的护理工作，包括制定医院护理工作规划、落实年工作计划、设定护理岗位、制定和实施人力资源调配方案、培养选拔护理管理人员、组织参与护士考核及职称晋升工作、建立健全护理工作制度等。护理部在护理垂直领导体制中有指挥权，这对加强护理质量安全管理，提高护理管理效能有重要意义。根据卫生部要求，目前我国许多医院护理管理体制的设置情况如下。

1. 护理副院长　　医院 500 张床位以上可设护理副院长 1 名。

2. 护理部主任　　二级以上医院应配置护理部主任 1 名，护理部副主任 1～2 名，2 000 张以上床位的医院可配置护理部副主任 3 名（分院除外）。三甲医院护理部可设质量改进、教学、科研等略高于科护士长层级的护理部管理干部。三级医院护理部总人数占全院护士总人数的 0.5%～1%。

3. 科护士长　　500 张床位以上医院可设置科护士长。100 张床位以上或 3 个以上护理单元的大专科，以及任务繁重的手术室、急诊科、门诊部等可增设科护士长。

4. 护士长　　30 张以上床位、8 名以上护理人员、业务特殊的护理单元设护士长 1 名。床位数超过 60 张或护士人数超过 30 人的护理单元，可配置副护士长。

（三）宗旨和目标

医疗机构的服务宗旨、目标、性质、机构设置和设备状况、信息系统、报酬补偿系统、质量安全服务控制体系及要求、员工培训、工作效率、社会效益，以及管理宽度、管理方法、管理控制的措施等都会影响护理管理的效果。宗旨是组织存在的目的，既可表明社会赋予该组织的基本职能，又通过转化为组织的目标和各部门的理念成为组织内各成员的指导思想和行动方针。明确宗旨和目标，一方面既利于管理者及时制定工作计划及掌握工作进度安排，又便于护理管理者对照目标计划对护理工作进行绩效评价，客观地分析员工绩效以及目标和效果之间的差距。另一方面可帮助护理人员明确岗位责任，有效落实计划行动，在护理管理过程中有参与感，调动护理人员积极性，激发护理人员自我实现意识，为职业发展做好规划。

（四）人员因素

合理使用人才对成功管理起到至关重要的作用。现代社会，人在各种要素中的作用显得越来

笔记栏

越重要，一方面，员工的数量及背景、价值观和信仰、凝聚力、工作动机、社会人际因素都会直接或间接影响管理的方式和方法。就护理人员而言，其在医院各类工作人员所占比例最高并且与患者接触最多，随着社会文明进步与学科发展，护理人员角色日益多元化，他们不但是诊疗措施的执行者，而且是独立进行护理诊断，制定并执行护理计划的临床护理专业学者，对患者及家属进行健康知识宣教指导的教育者，以及社区护理工作者、护理科研者等，其综合整体素质高低直接或间接影响医院的形象或声誉。目前我国的护理建设现状不容乐观：在护理人员普遍严重缺编、护理服务范围不断扩大、服务对象更加广泛、护理操作逐渐增多、单位时间工作量增加的情况下，护理编制比例并未提高。另外，护理人员承担不属于护理工作范围内的任务，占用护理人员一定的时间和精力，影响了护理质量，阻碍了护理的专业化进程，并且，各类护士未能有效分层使用，无法体现护理工作的独立性和主动性，也影响了护理人员工作积极性。另一方面，服务对象的性别、年龄、社会文化背景，健康问题的性质，对护理人员及健康的期望值较高，且随着社会文明进步和市场经济体制的深入发展，患者维权意识增强等均会影响护理管理。由此可见，进行有效的护理管理，管理者必须具备敏捷的思维和准确的判断能力，善于观察、及时发现问题并综合分析各种影响因素，充分利用有效资源，将理论和实践加以综合运用，正确处理问题，善于用简练的语言表达自己的思想和意图，经常从管理对象的角度考虑问题，善于做思想工作，理解护理人员，通过全体组织成员共同努力实现医院目标。在管理中，既要注重人才识别、教育与培养，又要提高其工作积极性、工作质量和工作效率。如何使护理人员主动性、积极性、创造性得以充分发挥，做到人尽其才，物尽其用，提高劳动生产率，是管理者面临的管理挑战。

四、护理管理的发展趋势

随着管理学与护理学的不断发展，目前，世界发达国家的护理管理模式随着护理观念、护理对象、护理内容的改变发生了巨大变化。护理管理的宗旨与目标是以高效、优质的护理服务满足患者生理、心理、社会、精神、文化等方面的健康需求。尊重和保护患者的权利和利益，以制度化、标准化、规范化的护理质量安全及保证体系，培养高综合素质的护理人员来完成护理管理目标。随着社会法律法规不断完善，护理科学化、标准化管理将逐渐取代经验式管理，护理质量、安全保障体系的建立与不断完善，合理优化配置人力资源，以人为本并以护理实践问题为依据的循证护理，加强护理信息化建设，建立护理支持系统，使护士职能专业化，探索具有中国特色的护理模式等将成为护理管理的主要护理发展趋势。

（一）护理经济学研究

随着生物医学模式向生物-心理-社会医学模式转变，护理内涵不断深化。如何使护理经济与护理人才培养及临床实践相结合，让护理发展研究与护理实践变革同步发展；如何有效获得人力资源并进行合理优化配置和开发利用，适应多元化护理服务需求，最大限度维护和促进人类健康。开展护理经济研究对开拓、引导、规范护理服务发展非常必要，为使护理人员适应当前卫生体制改革，提高护理人员在卫生事业发展中的核心竞争力，为护理发展政策制定提供相关依据。从护理服务价值，护理需求、供给、市场、价格、成本、效益、人力资源开发和利用以及护理保险等方面，研究系统化的成本核算、综合化的护理价值评价、合理化的效益分析、制度化的护理保险形式、企业化的护理经营模式等。

（二）护理关系和职业道德规范研究

随着生产力的发展，社会文明不断进步，职业道德也相应发展且日趋完善，医学道德较一般职业道德作用更为突出重要，更为全社会所关注，它不仅关系到医疗卫生队伍建设，而且推动了全社会精神文明建设。护理道德规范是在护理道德原则指导下协调护理关系（包括护士人际关系以及护士与社会的关系）的行为准则或具体要求，也是培养护士护理道德品质的具体标准，护理道德规范明确叙述了护士的义务和专业的道德及价值观，是护士行为评价的准则、规范。护理道德规范是护理道德理论在护理人员行为实践中的具体化，是社会主义护理道德基本原则的展开与补充，也是社会对护理人员的基本要求，主要表现为：护理职业的荣誉感、护理患者的同情感，护理过程中的责

笔记栏

任感和护理人员自身言行艺术性的美感等。一切医疗护理活动都是在一定社会关系中进行的，现代护理工作已走出医院，走向社区及家庭，全面面向社会，护理工作与社会关系日益密切，护理人员应遵循其社会关系的道德规范。护理关系贯穿整个护理过程，不但存在护患纵向关系，而且存在医护、护护、护技等横向关系，护理人员的护理工作能否出色完成，护理人员除了具备精湛的专业技术水平外，还与其得当处理人际关系密切相关，既能明确自身所在各种关系中的角色位置，又能了解把控各种关系的道德规范，因此护理人际关系对提高医院护理质量，提高护理工作效率，提高护士的专业素质，发挥医院的整体效益及推动医院的精神文明建设，促进护理学科的发展具有十分重要的意义。

随着社会经济迅猛发展，出现医护服务不能满足社会需求的现状，由于患者特殊的心理状态，对医护服务的专业性了解不足，医治费用超出心理预算，医疗纠纷处理机制有待完善等因素，导致医护与患者之间关系逐渐紧张，如何有效构建各种和谐的护理关系，尤其是促进良好的护患关系和道德规范值得深思。

（三）循证护理学研究

循证护理是护理人员在计划护理活动过程中，将有关科研结论与其临床经验、患者需求相结合，寻求实证，作为临床护理决策的依据过程。具体的含义为：护理人员慎重、准确地应用当前所获得的最好的研究依据，并根据个人专业技能和临床实践经验，考虑患者实际情况，三者结合再制定出完整并切实可行的护理方案。循证护理建立在护理人员的临床实践基础之上，注重以临床实践中的问题为出发点，将科研结论与临床专业知识及经验、患者需求相结合，改变护理人员以经验和直觉为主的行为习惯，将循证护理和护理问题进行有机结合，促进直接、间接经验在实践中的综合应用，并在实施过程中激发团队协作精神，使医护合作取得最佳效果，同时，它重视质量保证和终末评价，有效提高护理质量，为患者提供经济化、标准化的护理服务指南。循证护理是受循证医学的影响而产生的护理观念，护理学科随着社会与科学发展发生了巨大变化，近几年，循证护理观念在护理领域日益兴起，循证护理的观点和思路已成为我国目前护理学界热议话题，同时计算机信息网络系统在我国的普及与深入运用也为循证护理的开展提供了技术平台，在循证护理方面的研究日益增加。目前，我国循证护理的基本框架已形成，循证护理观念正渗透于护理工作各方面，并取得了一定的效果，有效结合证据和专业判断，使护理实践更具专业性与可信度，进一步为患者提供高质量服务，减少医疗失误机会，获得最佳医疗成本效益。循证护理作为新趋势，既不能一段时间内完全实施，亦不能以一种固定模式为规范标准，只有随着护理管理者、教育者、研究者、临床工作者理念不断转变，循证护理才会得以不断完善。虽然循证护理为护理学的发展提供了新机遇，但同时也向护理科学提出了新的挑战，如何更加科学有效运用循证护理方法，在利用最佳科学及实践证据基础之上，解决护理工作中的实际问题，是护理人员今后努力的方向，这将会进一步有效推动护理学科更快、更好发展，亦会促进我国护理事业乃至整个卫生事业的发展。

知识拓展

传统医学与循证医学的区别如表1-1所示。

表1-1　传统医学与循证医学的区别

比较类别	传统医学	循证医学
证据来源	实验室研究	临床试验
收集证据	不系统、不全面	系统、全面
评价证据	不重视	重视
判效指标	中间指标	终点指标
诊治依据	基础研究	最佳临床研究证据
医学模式	以疾病/医生为中心	以患者为中心

笔记栏

（四）护理人员分工专业化研究

护理学是一门独立学科，临床护理工作的主要任务是“保持生命，减轻痛苦，促进健康”，但是，目前我国护理人员在履行基本义务外，完成了大量的非护理专业技术性工作，从而护理工作的专业性和科学性无法充分体现，阻碍护理人员的积极性和创造性，护理人员价值感缺失，导致主观能动性降低，造成各层次护理人才的流失，所以，建立护理专业支持系统可以给具有不同学历层次、不同技能水平、不同经验的护理人员合理化使用，在工作中充分发挥自己的才能。因此，护士分工专业化是护理发展的必然趋势，它将推动护理学科的发展，为护理学带来更宽广的发展前景。

知识拓展

专科护士发展简史：早在 1990 年美国学者 De Witt 开创了专科护理发展的先河，以“specialties in nursing”为主题在《美国护理学杂志》发表文章讨论了护理专科问题。20 世纪 80 年代，高级实践护士（APNs）开始进入公众视野，目前主要包括临床护理专家（CNS）高级麻醉护士（CRNA），高级助产护士（CNM）等类型。20 世纪 90 年代英国也开始发展不同层次的护理服务，1994 年明确了高级（advanced）及专科（specialty）为基础护士注册后的两个进修层次，1996 年制定了更高层次实践的标准、管理规范、评估机制和推行时间表。我国于 2001 年开办内地第一所造口治疗师学校，2005 年原卫生部颁发《中国护理事业发展规划纲要（2005～2010 年）》，正式申明建立和发展临床专科护理。

（五）风险评估与护理安全管理研究

随着我国社会主义市场经济快速发展，卫生体制改革的不断深入，以及卫生法制建设不断完善，医疗事故、医疗差错、医疗纠纷和医务人员职业暴露等自身的人生危害医疗不安全事件越来越被关注。护理工作是医疗活动重要组成之一，一旦进行护理活动必然存在护理风险，虽然风险不可能完全避免，客观存在，但是加强风险管理可以将相关高风险系数降至最低程度。在患者安全问题上，医院方面面临诸多挑战：医院在市场化过程中过分注重经济利益而忽略社会公益性，导致过度医疗现象；医务人员队伍不断壮大，但继续教育相对滞后，造成知识更新与实际需要存在差距；患者维权意识不断提高，患方多渠道多途径获得医学与法律知识；护理安全高要求与护理风险低意识的反差等。另外，产生护理风险的原因有很多：来自患者本身的风险；疾病的发展自然转归；现有科学技术的局限性；护理人员的认知局限性；医疗器械、药品、血液等带来的风险管理因素等。所以说，无论是医疗护理行为，还是工作流程或医院设施及内外环境等方面都将成为护理工作中的风险因素。患者安全管理涉及医院多系统、多专业、多环节，护理服务是把双刃剑，在促进患者健康的过程中，也可能难免因为某些失误造成伤害，因此加强风险教育，提高职业道德素养和护理人员风险防范意识及护理技术水平，重视风险识别，分析原因，采取有效的护理防范措施，有效防范规避或化解风险，加强沟通交流，提高医院护理人员核心竞争力，利用医疗责任保险、意外保险等风险分担形式保障医患双方合法权益，健全护理风险管理机制等，都是各级护理管理者必须重视的内容。

（六）大数据时代护理信息化建设研究

计算机可迅速准确地存储与处理各种数据信息，颠覆了传统手工收集、整理信息和资料的方法，它解放了人类重复而烦琐的工作，提高了工作效率。医院信息系统以患者原始资料为基础，从门诊挂号至出院全过程，通过首次直接录入诊疗系统，计算机汇集、处理成各部门所需的信息资料。随着医院信息系统不断开发和使用，计算机信息化管理和多媒体技术广泛应用于医院诊疗护理等活动中，它正确高效获取患者信息，使处理医嘱、治疗护理、办理出入院手续等护理工作方便、快捷，为护理数据统计、质量监控、学术研究等提高工作效率。通过计算机，护理管理者可以随时掌握护理工作动态运行情况，有计划、有目的深入临床护理，检查、指导工作，还可以根据计算机数据及时灵活调配护理人员，以满足患者的护理需求。总之，计算机网络在护理工作中的应用优势明显，首先，它使护理管理手段更加科学化、现代化，使管理效能及管理决策更加精准有效。其次，使护理管

笔记栏

理与医疗、设备、后勤等部门的协调更加顺畅、统一，利于护理管理活动及交流。再次，利用计算机提供的信息数据，通过周密的分析，研究、量化各项指标，提高管理效益。另外，计算机的应用，节约人力资源，减少了护理人员护理记录时间，使他们有更多的时间为患者提供护理服务，使管理者有更多的时间从事计划、组织、领导、协调和控制工作。但随着互联网技术发展，大数据时代悄然到来，为促进医院护理管理工作进一步深化建设与稳步发展，应认真思考如何将大数据和护理信息化有机结合，使大数据通过护理信息平台有效运用到临床护理工作中，进一步为患者提供高效、安全的优质护理服务。

（七）中国特色的护理模式探索

护理工作模式历经个案护理、功能制护理、小组制护理、责任制整体护理过程。

1. 个案护理　个案护理是指患者所需的护理由一位护理人员完成，即专人实施个体化护理，护士责任明确，可对患者实施全面细致的护理，要求护理人员具有丰富的专业知识与技能、临床实践经验。虽可满足护士成就感，但耗费人力，且护士只能当班负责，无法实施连续性护理。

2. 功能制护理　功能制护理是一种现代工业流水作业的工作方法，护士分工明确，宜组织管理，节省人力，但工作机械，不考虑护理人员的知识、能力，护士缺少与患者交流的机会，较少考虑患者心理社会需求，较难掌握患者全面情况，无法体现护理工作的主动性、独立性。

3. 小组制护理　小组制护理以分组方式，成员由不同级别的护理人员组成，共同参与并完成护理任务，实现确定的目标，虽能了解患者的一般情况，但是护士个人责任感较弱。

4. 责任制整体护理　自 20 世纪 80 年代以来，"以人为本"及"以患者为中心"的整体护理理念引入我国，在护理界引起强烈反响，有力促进了护理学科的发展，一方面，社会对护理工作进行了重新认识，另一方面，提高了护理质量。为进一步有效推进我国卫生体制改革和提升护理服务质量，2010 年，原国家卫生部部署开展优质护理示范工程，提出责任制整体护理模式，其服务理念具体体现为：全方位、全程无缝隙、专业化护理、"人性化"护理，它以患者为中心，以护理程序为核心，注重心理护理和健康教育，不但为患者提供连续、整体、个别化的护理，而且提高了护理质量。这一模式符合现代护理理念，能够满足患者多元化护理需求，成为我国当前护理工作的主流模式，并取得了良好的实践效果。近年随着《医疗事故处理法规》、《医疗质量管理办法》相继出台，医护人员的举证倒置，对整体护理的实施提出了新的课题，如何在新的社会医疗环境下，探索出既符合国情，又能够有效利用各种资源，为服务对象提供节约成本、高效率、高质量的护理服务，且服务对象满意的护理模式，是护理管理者今后工作中值得思考的重点内容之一。

（八）我国护理管理面临的挑战

随着现代医学和科学技术的不断发展进步，医学模式的转变以及人类健康观念内涵的扩展，使护理工作的范围从医院扩大到社区家庭，从个体扩充至群体，从疾病护理治疗扩展至预防保健，全社会对护理工作的要求越来越高。全球信息产业的发展也对护理专业产生了巨大的影响，不但赋予现代护理管理新的内容，而且也为护理事业发展带来新的机遇和挑战。护理管理者如何在市场经济社会下主动顺应时代的要求，提供与高速发展的医疗相适应的高水准的护理服务，在激烈的市场竞争背景下生存与发展，是管理者面临的一项重要课题。

1. 社会环境变迁对护理管理的挑战

(1) 市场经济的冲击：社会主义市场经济使医疗卫生面向市场机制，引入竞争经营体制，达到优胜劣汰目的，有效强化促进自身建设，满足人民群众越来越高的医疗卫生需求，另外由于经济利益的驱使，让部分人员的思想和价值观发生了变化，全心全意为人民服务的理念和道德修养逐渐淡化。随着社会的不断发展，环境污染、生态失衡等，医学的社会功能日益重要，医学理念从"治愈"向"预防保健""关怀照顾"等转变，护理的作用尤为重要，促进与维护全民健康护理人员义不容辞，但护理人员对社会学、伦理学、心理学等方面的知识缺乏，将会导致工作力不从心。

(2) 人口结构变化与人类健康生长的需求：人口老龄化、流动化等现象，对护理质量与安全管理有了更高的要求。护理模式由生物医学模式转变为生物-心理-社会医学模式，护理服务对象由单

笔记栏

纯的患者向健康人群扩充，服务场所由医疗机构扩展至社区家庭，使护理工作深入至预防、保健、康复等多方面，人民群众对医疗护理的需求已从技术服务延伸至社会服务，从生理服务延伸至心理服务，服务的种类越来越多样化、人性化、个性化、特殊化、创新化，护理服务层出不穷。从护理专业角度考虑，为适应不断变化的社会护理服务需求，护理人员要改变服务理念，提高服务意识，提升服务水平，拓展服务范围，其工作压力和工作量逐渐增加，对于护理管理者来说也是不容忽视的挑战。

（3）日益紧张的医患关系：随着社会与科技进步，教育水平不断提升，公民权利意识不断提高，对自身健康的高度关注，医患关系中患者的地位不断提高，权利不断增强，在诊疗过程中，患者不再处于被动地位，而是在知情同意的前提下，主动参与治疗，但由于医学科学的复杂性，医疗水平发展的局限性，医患知识的不对等性，患者收入与高额医疗费用的差距性等客观存在因素都会导致医患矛盾。而在护理方面，护理人员严重缺编，专业综合素质欠佳，服务水平有待提高，都会造成患者满意度下降，作为护理管理者，不但需要提高护理人员专业综合素质和护理服务质量，还需注重护理人员沟通交流能力和人文关怀素养的培养，真正做到“以人为本”“以患者为中心”的优质护理服务。

2. *全方位管理模式对护理管理的挑战*　全方位管理模式是对每人每天所做的每件事进行全方位控制和管理，其本质是把组织核心目标量化到人，目标责任落实到每位组织成员。其具体做法是明确护理服务理念和宗旨，确定护理管理目标；建立质量组织管理体系；制定管理考核规范标准并细化、量化，且将目标任务分解落实到人；营造良好的服务氛围，有效推进质量安全管理体系运转；建立工作质量考评体系；完善公平公正的激励机制。将护理质量列入考核标准有效指导临床护理实践，有助于提高护理管理水平，增强服务意识。

3. *人才竞争对护理的挑战*　近年来，由于我国加大人事分配改革力度，社会价值观念多元化，部分护理人员的专业思想未巩固，护理人才流失率呈现上升趋势。另外由于缩短平均住院日，加快床位周转率，使护士在单位时间工作量增加，护理任务日趋繁重，但护理人员的社会地位和工资水平低，而且部分医院因为承包制，为降低运行成本采用合同制，各种保险待遇欠缺，使护士对专业前景和个人前途感到渺茫而转行。另一方面，我国护理管理者的教育层次偏低且许多管理者没有经过管理课程正规培训，欠缺科学管理知识，大多在经验式管理基础上进行管理，或生搬硬套他人管理模式和管理经验，从而限制了广大护理人员的创造性与思维，使护理人员缺少创造性思维和评判性思维的能力，少有成就感。而且我国大多数管理者被大量的事务性工作缠身，并集行政与业务于一身，很难在管理策略和管理效能方面有所深入与突破。以上原因造成相当数量的医院出现相当数量的护士缺编，而社会、经济、文明的发展，又促使社会对护理人员的数量，护理服务的质量提出更高更多的要求，护理服务供需矛盾日益突出。护理人员普遍严重缺编，高素质人才短缺，不仅制约护理服务质量的提高，同时也制约护理人才队伍的建设以及护理专业的发展，人才竞争已成为护理管理者所遇到的突出问题之一。因此要改变我国目前的护理现状，加快与国际先进医疗水平接轨的步伐，需要我国卫生行政管理部门改革人事管理制度，需要广大护理管理者共同努力，综合思考如何科学选拔人才、留住人才，从而解决护理人员严重缺编的现象，使我国的护理管理步入新的台阶。

4. *新技术、新知识对护理管理的挑战*　随着科学技术的飞速发展，一方面，大量高精尖仪器设备在医疗领域投入使用，各种新知识新项目在临床护理实践中日夜拓展及推广使用。另一方面，护士不仅是患者治疗护理措施的执行者，还是健康教育的指导者，心理问题的疏导者，因此现代护士不仅需要丰富的医学护理基础知识，操作技能，还需掌握相关的社会、人文、心理、管理等多学科知识。由于历史原因，我国护理人员的综合素质和知识层次与人民群众日益增加的健康预防保健需求存在相当的距离，不能完全满足社会护理服务需求。随着经济全球化，临床护理工作和护理教育的发展正与国际相接轨，因此如何提高护理人员整体的综合素质已成为护理管理者的重要任务之一。

笔记栏

（九）面临挑战的对策

步入21世纪以后，人口老龄化，信息技术的普及，全民整体文化知识与经济水平的提高，给护理服务内涵提出了新的要求，广泛影响了护理管理理论与实践。随着加入WHO，我国医疗市场面临国际化竞争，原本适应计划经济社会的护理管理体制，已不能适应目前的市场经济社会的多元化护理服务需求，不能满足护理事业发展的需求，面对新形势，主动采取对策，调整补充护理组织体系与功能，完善护理管理体制，扩充护理管理效能，深化改革，迫在眉睫。

1. *解放思想，开拓创新*　护理管理者必须有管理创新意识。观念创新是指不断更新工作思路，管理创新是指不断变革运行机制，服务创新是指不断转变服务理念。实现三个转变是指思维方式由封闭型转变为开放型，工作方法由单一型转变为多元化，管理方式由经验式转变为科学化。随着医学科学的进步与发展，医疗新技术、新项目的推广与高精尖仪器设备的广泛使用，迫使护理人员探索寻求与之相应的护理技术与经验，指导临床实践。因此，护理管理者要善于观察捕捉护理工作细节中的科研信息，运用科学思维发现问题，解决问题，使临床经验总结为具有科学依据及临床实用价值的护理新技术，推动护理事业发展。

2. *完善护理法律法规，规范护理活动行为*　卫生法律法规是保证医疗护理工作顺利开展，维护医患双方合法权益的行为规范，新形势下，护理人员必须增强法制观念，遵守与执行各项法规。为使护理管理制度化，护理操作标准化，护理工作规范化，当国家卫生和计划生育委员会组织开展护理质量管理与控制工作，及时修订相关制度、规范、标准及指南后，各级医疗机构护理管理部门应根据医院实际情况，科学有效制定符合本院护理管理相关制度、标准、规范及实施方案。

3. *科学人力资源管理与潜能激发*　进一步优化护理人才群体结构，进行岗位分析并科学配置护理人力资源，催生其潜力与活力，吸纳、维系、激励、稳固人才，使现有护理人员充分发挥最大作用，形成高素质护理队伍。① 以人为本，发挥护理人员主观能动性，激发工作积极性；② 绩效考评与目标管理；③ 能级管理与人的能力动态管理，采取公平竞争、优胜劣汰等措施，形成动态的人力资源管理机制，促进护理专业发展。

4. *加强教育，促进发展*　首先，护理管理部门把握方向，制定规划与标准，并组织落实。加强对管理者培训，可采用分层或专题形式，也可以搭建交流和相互学习的平台等多种形式。其次，推行科学质量管理方法，搭建质量改善成果分析交流平台。科学实践，及时总结。尽快提高护理管理者综合整体水平。

在社会市场经济和医疗体制改革的背景下，护理管理者必须具有与时俱进的理念，护理才能生存与发展，以科学发展观重要思想为指导，加强自身建设，从世界角度和战略高度认真思考分析我国护理管理发展的方向，调整管理思路抓住机遇，不断创新改革，研究制定切实可行的措施方案，做好医院护理质量安全与护理服务持续改进，从而提高管理效能和核心竞争力，以满足社会多层次，多元化，高品质化的护理服务需求，推动护理专业发展。

案例分析

护士甲，本科学历，消化内科工作8年。近期医院人事竞聘，当选为普外科护士长，护士甲上任时感觉工作上面临许多困难。

【问题】

如果你是护士甲，请列出目前护理管理存在的主要困难，并提出解决建议。

【分析与解答】

(1) 主要困难：有管理理论知识，无管理实践经验。

(2)建议：① 科学合理人力资源管理；② 知人善用，增强科室凝聚力；③ 制定月计划、周重点，按计划落实并评价；④ 加强自身建设，向资深护士长学习管理经验。

笔记栏

小　结

1. 护理管理学的概念
   - 护理管理定义
   - 护理管理工作任务
   - 护理管理内容
2. 护理管理学的特点
   - 需适应护理学科的特点
     - 适应护理学作为独立学科的要求
     - 适应专业对护士素质修养的特殊需求
     - 适应护理工作的科学性和服务性需求
     - 适应专业对人际沟通的要求
     - 适应专业对护理管理预见性的要求
     - 适应护理工作连续性要求
   - 综合性及实践性特点
   - 广泛性特点
3. 影响护理管理的因素
   - 护理管理的一般环境
   - 医院护理管理组织结构
     - 护理部主任
     - 科护士长
     - 护士长
   - 宗旨和目标
   - 人员因素
     - 护理人员因素
     - 服务对象因素
4. 护理管理的发展趋势
   - 护理经济学研究
   - 护理关系和职业道德规范研究
   - 循证护理学研究
   - 护理人员分工专业化研究
   - 风险评估与护理安全管理研究
   - 大数据时代护理信息化研究
   - 中国特色的护理模式探索
   - 我国护理管理面临的挑战
     - 社会环境变迁对护理管理的挑战
     - 全方位管理模式对护理管理的挑战
     - 人才竞争对护理的挑战
     - 新技术、新知识对护理的挑战
   - 面临挑战的对策
     - 解放思想，开拓创新
     - 完善护理法律法规，规范护理活动行为
     - 科学人力资源管理与潜能激发
     - 加强教育，促进发展

【思考题】

(1) 护理管理者应该如何提高护理管理效能？

(2) 医疗机构明确护理宗旨与目标有何意义？

(3) 针对护理管理的影响因素，管理者应做何对策？

(4) 护士综合素养主要体现在哪些方面？

（谢雯俊　裴书萍）

笔记栏

第二章

我国医院护理管理系统

学习要点

- **掌握**：① 医院的概念；② 医院的基本功能；③ 优质护理的概念。
- **熟悉**：① 医院的种类；② 医院的组织机构和系统；③ 护理管理组织系统；④ 护理管理者的基本素质；⑤ 护士长的素质、管理艺术；⑥ 护士长的角色功能。
- **了解**：① 优质护理对护理管理的挑战与对策；② 人才技术对护理管理的挑战与对策。

第一节　医院组织系统概述

一、医院的概念、种类和基本功能

（一）医院的概念

医院是对群众或特定人群进行防病治病提供保健服务的场所，具有一定数量的病床设施、医疗设备和医务人员等。是通过医务人员互相协作，运用医学科学理论和技术，达到对住院或门诊患者实施科学诊治与正确护理的医疗事业机构。

随着我国卫生改革与发展，政府确定卫生事业是公益的福利事业，属于第三产业，卫生事业的性质决定了医院的性质，医院在社会系统中不可缺少，体现在医院以防病治病为主要任务，起着修复劳动力的作用，所以说医院又是具有经济性质的生产特殊产品的经营单位。为贯彻我国社会主义卫生工作方针政策，医院提供卫生保健服务过程中，必须要提高服务质量、工作效率，合理分配资源，充分体现医院的社会效益和经济效益。

（二）医院的种类

医院按不同划分角度进行分类，可划分为各种类型（表 2－1）。

表 2－1　医院类型

划分条件	类型
服务范围	综合医院、专科医院、康复医院、儿童医院、职业病医院
技术水平和服务层次	一级、二级、三级
特定任务	军队、企业、医学院校附属医院
地区	城市（市、区、街道医院）、农村（县、乡、镇医院）
经济性质	股份制、股份合作、独资
运行目标	营利性、非营利性
经济主体	公立、公有民营、国有民营、民有民营医院

注：表中有的医院兼有几种类型。

笔记栏

综合医院有利于发挥现代医疗多学科协作会诊、治疗的功能，是各种类型医院的主体，设有一定数量的病床，分内科、外科、儿科、妇产科、眼科、耳鼻喉科等各个专科及检验、药剂、放射等医技部门和拥有相应工作人员、设备的医院，对患者具有综合整体治疗和护理能力，能满足急、难、危、重患者的诊疗需要。儿童医院和中医医院本质上也属于综合医院范畴。专科医院是防治某些专科疾病而设置的医院，如传染病医院、精神病防治医院、结核病防治医院，以及妇产科、口腔科、眼科、胸科、肿瘤医院等。专科医院有利于集中人力、物力，充分发挥技术及设备优势，开展专科疾病的预防、诊断、治疗及护理。专科医院与综合医院有互补趋势。

按地区及特定任务划分的医院，近几年打破原有特定服务对象和地区界限，扩大了服务面，利用充足的卫生资源，为社区人群服务。

1989年，我国医院实行标准化管理，实施医院分级管理制度。根据医院不同的任务和功能，具备规模、服务区域、隶属关系、管理水平、技术力量、服务水平综合能力，将医院分为三级（一、二、三级）、十等（每级医院分甲、乙、丙等和三级医院增设特等）。

1. 一级医院　处于我国三级医疗网的底部，是直接为具有一定人口（≤10万）的社区提供预防、保健、医疗、护理和康复服务的基层医院，是提供初级卫生保健的主要机构，如农村乡镇卫生院、城市街道医院、地市级区医院和某些企事业单位的职工医院。主要任务是直接为人群提供一级预防，并且进行常见病、多发病的管理，对疑难重症患者进行正确转诊，协助高层次医院做好住院前后的服务。

2. 二级医院　是向多个社区（其人口半径在10万以上）提供综合的医疗卫生服务机构，承担一定的教学科研工作的医院，如一般市、县医院和省辖市的区级医院和相当规模的厂矿、企业事业单位的职工医院。主要任务是提供医疗护理、预防保健、康复服务的卫生机构，参与指导高危人群的监测，可接受一级医院转诊的患者，指导基层卫生机构开展工作。

3. 三级医院　处于三级医疗网的顶部，是指国家高层次的医疗卫生服务机构，是跨地区、省（自治区、直辖市）或向全国范围提供医疗、预防、教学科研相结合的技术中心，如省、市级大医院和医学院校的附属医院。主要任务是提供全面连续的医疗、护理、预防保健、康复服务和高水平的专科医疗护理服务。承担高层次教科研任务，解决疑难危重病症，指导培训一、二级医院和接受二级医院转诊患者。

（三）医院的基本功能

医院的基本功能即医院的任务。原卫生部颁发《全国医院工作条例》指出医院的任务是："以医疗工作为中心，在提高医疗质量的基础上，保证教学和科研任务的完成，不断提高教学质量和科研水平、做好扩大预防、指导基层和计划生育的技术工作。"伴随医学模式的转变，人们对健康观念的改变，医院已从单纯的诊治照顾患者向预防保健医疗康复方向发展。

医院的基本功能有以下四个方面。

1. 医疗　医疗是医院的主要功能。医院医疗工作是以诊治和护理两大业务为主体，与医院医技部门紧密配合，为患者提供整体医疗服务。医院医疗一般分为门诊医疗、住院医疗、急救医疗和康复医疗。门诊、急诊诊疗是患者来院就诊的第一线；住院医疗为中心，是针对需要住院接受连续诊疗、护理的患者，主要解决复杂、疑难、危重患者的问题；康复医疗是运用物理、心理等手段，纠正因疾病引起的功能障碍或心理失衡，促进患者的功能康复和心理健康。

2. 教学　教学即医院有培训医务人员和其他人员的功能。医学教育要求对每个不同专业、不同层次的卫生专业技术人员，经过学校教育后，必须进行临床实践教育和实习阶段。也就是说学校教育仅仅是教育的一部分，即使毕业后的在职人员也需不断进行继续教育，更新知识和技术训练，才能熟练掌握各种医疗技能和提高医疗质量，成为一个合格的医务人员，适应医学科技发展的需要。医务人员终身在职教育也促使医院必须具有教育培训功能，医学教育任务的比重，根据医院性质做决定。

笔记栏

3. 科研　科研是医院另一个基本任务。这是医院提高业务水平的需要，也是发展医学科学的需要。医院是医疗实践的场所，许多临床上遇到的问题也是科学研究的课题，通过研究既可解决医疗活动中的难点，又能推动医疗教学的发展，因此医学科学的发展需要医院的参与。

4. 预防和社区卫生服务　医院不仅诊治患者，更要进行预防保健工作，开展社区医疗服务，成为人民群众健康保健的服务中心。在人人享有卫生保健的全球目标中，各级医院要发挥预防保健功能，大力开展社区医疗和家庭服务；进行健康教育工作和普及卫生知识；指导基层做好计划生育工作、负责健康咨询和疾病普查工作，提倡健康的生活行为和加强自我保健意识；促进寿命延长和生活质量提高等，使医院向社区提供全面的医疗卫生保健服务。

医院的上述四项功能相辅相成、相互联系。医院以医疗为中心，医疗与其他三项功能相结合，紧紧围绕医疗工作系统统筹安排，全面完成各项任务。

二、医院的组织机构和系统

（一）医院的组织机构

我国医院的组织机构设置已逐步形成模式，根据医院的性质和任务、服务区域范围、隶属关系、医疗设备规模及技术力量，分为一、二、三级医院，不同级别的医院所承担的社会职能和服务功能有所不同，但医院的机构设置基本相同。随着现代医院管理的发展，医院组织机构设置应考虑减少管理层次，使得管理层次清晰，职责分工明确，强化院长与各层次之间的直接与间接管理关系，保证最高管理层人员宏观高效管理。

1. 各级医院行政管理组织机构

（1）一级医院：一级医院中各业务组属非行政建制机构，院长办公室中可设立人事、保卫、文秘、档案等岗位，行政科可设财务组、总务组等（图 2－1）。

（2）二级医院：二级医院是在院长的领导下设有院长办公室、门诊部、护理部、医教科、预防保健科、设备科、信息科、人事科、保卫科、财务科、总务科、膳食科等（图 2－2）。

（3）三级医院：三级医院的行政管理组织机构可参照二级医院设置（图 2－3）。

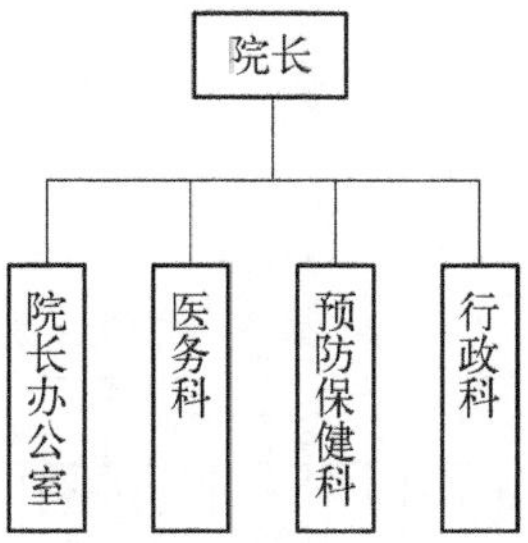

图 2－1　一级医院行政管理组织机构

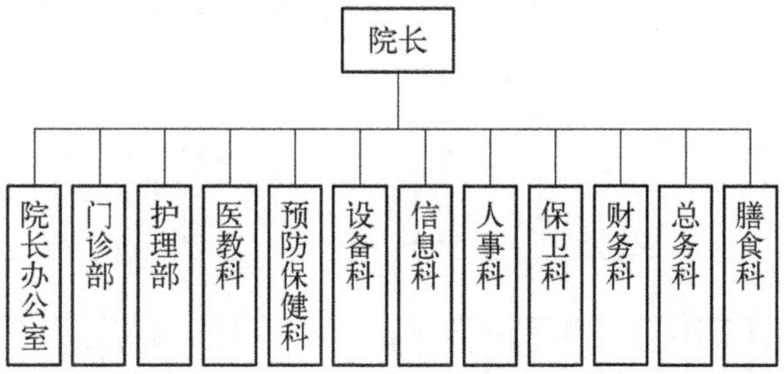

图 2－2　二级医院行政管理组织机构

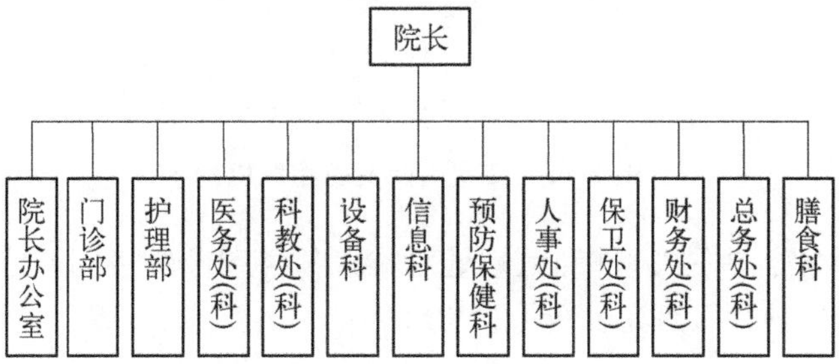

图 2－3　三级医院行政管理组织机构

笔记栏

2. 各级医院业务组织机构　我国医疗机构的体制已形成三级医疗网络，医院的业务组织机构，主要是指临床业务组织和医技组织两个系统的组织机构。由于各级医院的规模、任务不同，医院的机构设置亦不尽相同。

(1) 一级医院：一级医院中业务组织和临床科室的开设数量可根据本院的专业特色、人才情况而增减(图 2-4)。

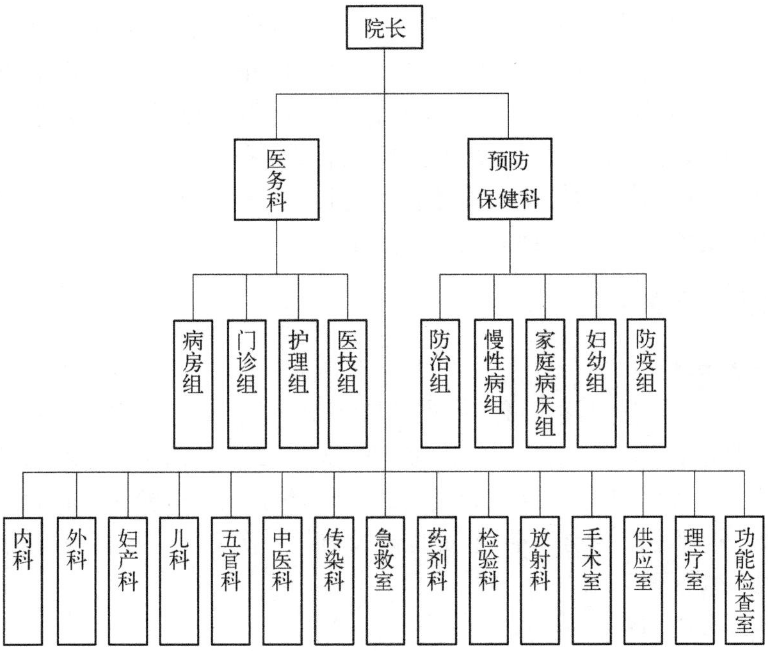

图 2-4　一级医院业务组织机构

(2) 二级医院(图 2-5)。

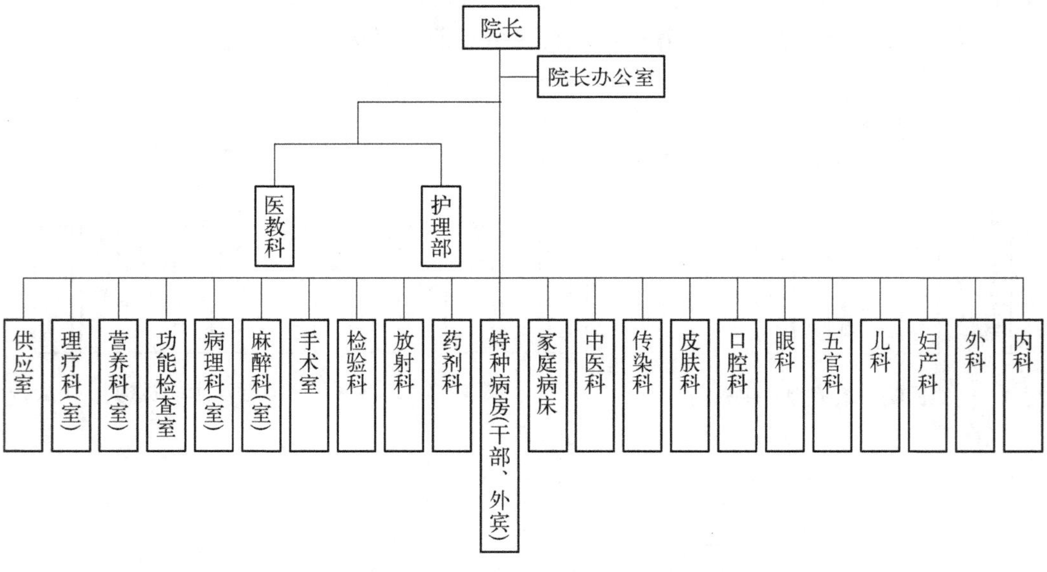

图 2-5　二级医院业务组织机构

(3) 三级医院：三级医院中护理部和医教处对临床各科室做好协同调配管理，而护理部主要承担临床科室和医技科室的护理管理工作(图 2-6)。

(二) 医院的组织系统

医院组织系统根据不同的职能作用，可以分为以下系统。

笔记栏

1. 临床业务服务组织系统　此系统是医院的主要系统，包括以下各科。

(1) 内科：分为呼吸内科、心内科、消化内科、肾内科、肝胆内科、神经内科、老年科、肿瘤内科、医疗保健科等。

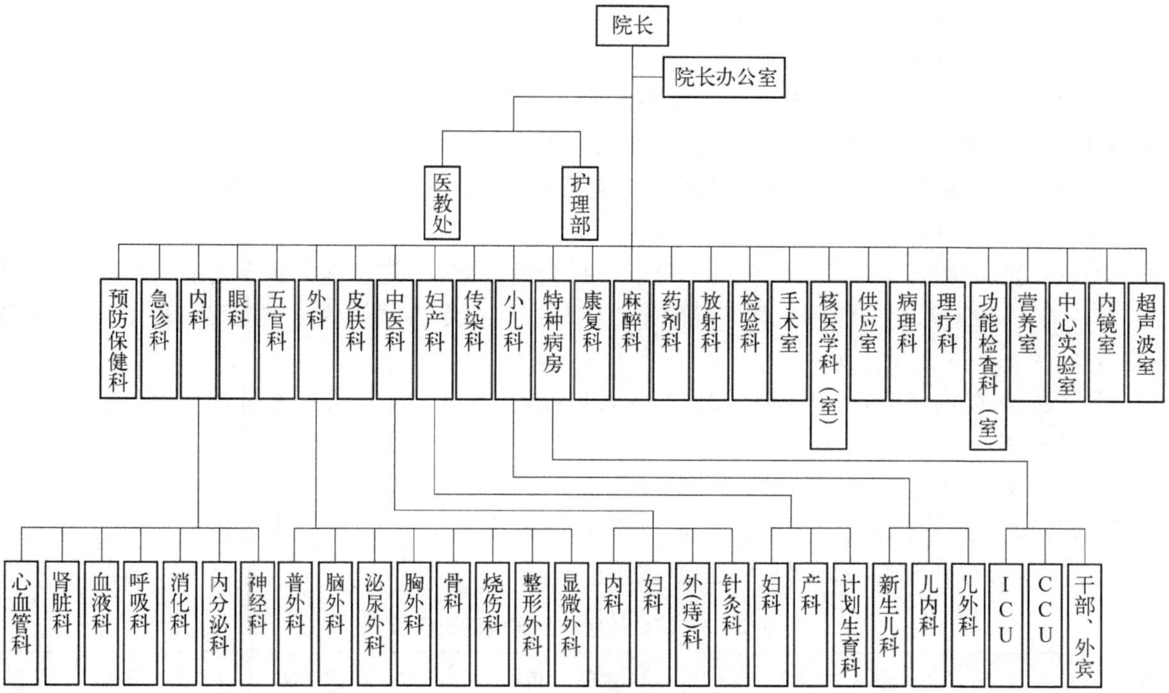

图 2-6　三级医院业务组织结构

(2) 外科：分为普通外科或腹部外科、骨外科(脊柱外科、显微外科、创伤外科等)、肝胆外科、烧伤外科、整形外科、神经外科、心胸外科、泌尿外科、肿瘤外科等。

(3) 妇产科：分为妇科、产科、计划生育科、生殖医学科。

(4) 儿科：分为儿科、新生儿科。

(5) 五官科。

(6) 眼科。

(7) 口腔科：分为口腔内科、口腔外科。

(8) 中医科。

(9) 皮肤科。

(10) 麻醉科。

2. *医技服务系统*　此系统包括药剂科、检验科、放射科、理疗科、特检科(超声、心脑电图、肺功能)同位素室、中心实验室、营养科等部门。

3. *护理组织系统*　此系统包括住院部、门急诊、供应室、手术室及有关医技科室的护理岗位。

4. *党委组织系统*　此系统包括党委书记、党委办公室、工会、共青团、妇联、宣传部、统战部、人事部、保卫科、纪律检查委员会等部门。

5. *行政管理组织系统*　此系统包括院长、院长办公室、医务部(科教科、防保科、医疗科、信息科、病案室、器械科)、护理部、总务处(财务处、维修科)锅炉房、食堂等部门。

三、医院病床的编制

医院病床编设的多少，在一定程度上说明医院的规模和收治患者的能力，但不能用来衡量医院业务水平的高低。根据医院分级管理的标准，一级医院病床数不少于 20 张；二级医院病床数不少于 100 张；三级医院病床数不少于 500 张。

(一) 病床编设原则

笔记栏

根据医院管理实践认为，医院的病床编设不得太少或太多。二级综合性医院病床编设在 100～500 张为宜，病床太少会影响专科发展；三级综合性医院病床编设在 500 张以上，不超过 1 000 张。外科床位数占医院实际开放床位数比例≥30%，重点医学科(含所有专业 ICU)的床位数占医院实际开放床位数比例 2%～8%。保证各个专科病床的编设比例，尤其是重点专科和特色专科，有利于医疗、教学、科研工作的开展。

(1) 医院病床编设与调整，都必须服从当地卫生行政主管部门对医院的业务发展规划和满足本地区人群医疗服务的需要，经过充分论证后，申报上级卫生行政部门审定。

(2) 不同级别医院根据各自所承担的任务，结合医院人力、设备、条件和医院所在地区的医疗机构分布情况进行病床编设。

(3) 不同医院根据本院业务特色的专科以及社会的需求，即使是常见病多发病，也需优先考虑特色专科的病床编设，对三级综合性医院的重点学科或重点专科，要重视它在医疗、教学、科研工作中的需要，保证病床编设比例。

(4) 根据医院内各专科病床使用和实际效益情况，为保证卫生资源的充分使用，可进行合理调整，随机化管理。

(二) 病床编设比例

综合性医院在病床编设分配比例方面，根据病床编设原则，一级医院主要以内、外、妇、儿科建设为重点，二、三级医院要考虑到专科建设(表 2-2)。

表 2-2 综合性医院病床编设比例表

科　别	内	外	妇产	儿	中医	传染结核	眼	耳鼻喉	口腔	皮肤	合计
床位比(%)	30	25	15	10	5	6	3	2.5	1.5	2	100

注：产科的婴儿床和急诊科观察床另外计算。

第二节 医院护理组织系统

一、护理管理组织机构

我国医院护理组织系统经过多次变更，医院护理部几度建立与撤销。20 世纪 50 年代初，医院护理工作为科主任负责制，大多数医院未设立护理部。20 世纪 50 年代末 60 年代初建立护理部，负责全院护士管理。1978 年，卫生部发布《关于加强护理工作的意见》，重新整顿医院护理工作秩序，逐步改善和提高了护理服务质量。1986 年，在全国首届护理工作会议上，卫生部提出《关于加强护理工作领导，理顺管理体制的意见》后，全国各地医院建立健全了护理管理指挥系统，贯彻实施“护理部垂直领导体制”的规定，广大护士积极性日益增高。恢复高等护理教育，举办成人教育，短短几年护理队伍不断壮大，护士知识结构和层次显著提高，学术交流、科研活动蓬勃发展，护理工作逐步按护理程序实施，学科体系加速发展。

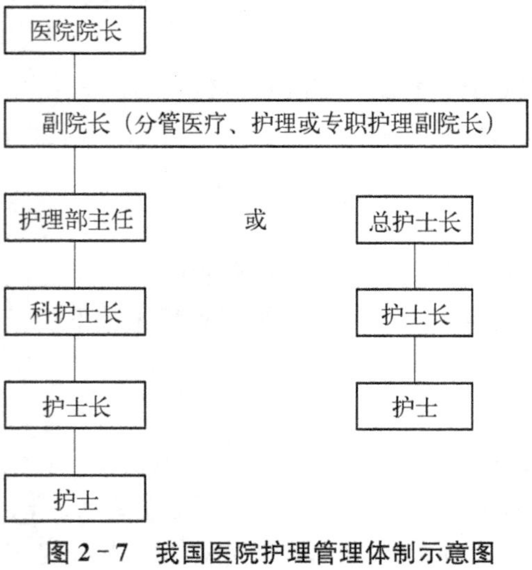

图 2-7 我国医院护理管理体制示意图

1. *护理行政管理体制*　根据 1986 年卫生部规定，县和县以上医院及 300 张床以上的医院都要设立护理部，实行在分管医疗、护理工作或专职于护理副院长之下的护理部主任、科护士长、护士长三级负责制。300 张床以下的医院实行总护士长、护士长二级负责制(图 2-7)。护理部主任或总护士长由院长聘任。100 张床以上或 3 个护理单元以上的大科，以及任务繁重的手术室、急诊科、门诊部设立科护士长 1 名，由护理部主任聘任。护理部主任和科主任全面负责本科的护理管理，有权在本科范围内调配护理人员。病区护理管理实行护士长负责

笔记栏

制。病区护士长由护理部主任或总护士长聘任，在科护士长领导和病区主治医师共同配合下做好病房管理工作。

2. *护理管理组织系统*　　护理管理组织系统是医院总系统中的一个分系统，在医院管理机构设置当中，护理管理机构不但领导临床科室、手术室、门诊、供应室等护理工作，发挥着指挥效能，同时还与后勤、医务等管理机构相互协调，共同讨论医院内各系统的业务工作关系。根据医院不同规模和任务，设立不同的护理组织机构(图 2-8，图 2-9)。

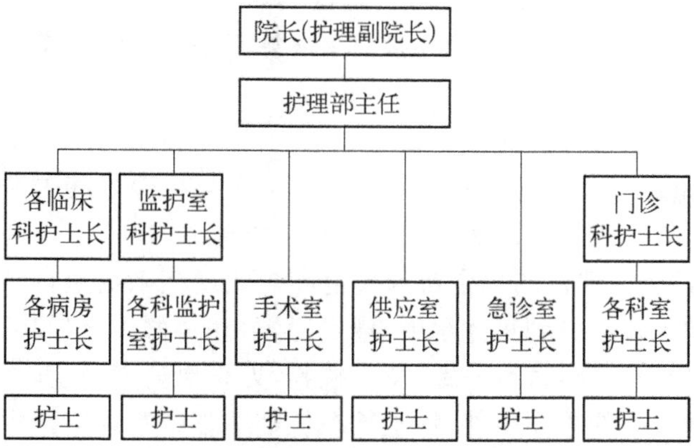

图 2-8　综合医院(300～500 张床)护理管理组织机构

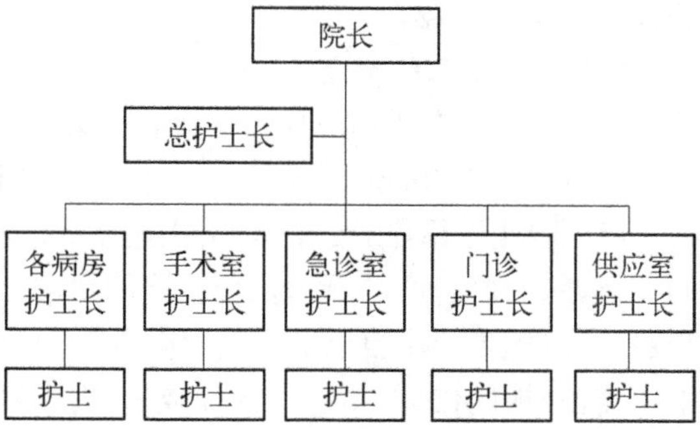

图 2-9　300 张床以下医院护理管理组织系统

二、护理管理者的基本素质

管理者的素质是指管理者应具有的在管理活动中起作用的基本条件和内在因素。领导者的良好素质需要在工作实践中不断积累和提高，并在实践中接受锻炼和考验，护理管理者能力的充分发挥乃至增值，自身素质不可或缺。

(一) 护理管理者的素质

1. *身体素质*　　身体素质是一个人最基本的素质。护理管理者没有健全的体魄和良好的身体素质就失去了事业成功的最起码的条件。身体素质主要包括体质、体力、体能、体型和精力几个方面。

2. *思想素质*　　思想素质是指个人在从事社会政治活动中所必需的基本条件和基本品质，它是个人政治思想、政治方向、政治观点、政治态度、政治信仰等的综合表现。护理管理者的思想政治素质与其在社会生活中的位置、政治生活经历有着密切关系，它是随着个人的成长，在长期社会实践中逐步形成、发展和成熟起来的。

3. *知识素质*　　知识素质是个人做好本职工作必须具备的基础知识与专业知识。基础知识主要包括管理学科的理论知识和医学学科的理论知识两个方面，它是护理管理者知识结构的基础。除了对知识的掌握外，更重要的是要具有运用这些理论、知识和方法的能力，来解决护理管理工作中的实际问题。

专业知识是护理管理者知识结构的核心，它是区别于其他专业领域人才知识结构的主要标志。护理管理者要具备一定的专业知识主要指要掌握本学科护理专业知识领域的理论基础和基本工作方法。

4. *能力素质*　　护理管理者的能力素质从广义上来说，是人们认识世界、改造客观世界和主观世界的本领。从狭义上来说，是指胜任某种工作的主观条件。护理管理者的能力是从事管理活动必须具备的并直接和活动效率有关的基本心理特征。它是行使管理权力，承担管理责任的基础。护理管理者的能力素质是一个综合的概念，它是技术能力、决策能力和交往协调能力等各种能力的有机结合。它包括科学决策能力、组织能力、交往协调能力、激励能力以及识人用人能力等。就能力的主体而言，不同护理管理岗位需要的能力素质不一样，高层的护理管理者主要需要具备科学决

笔记栏

策能力，中层护理管理者主要需要有较强的交往协调能力，而基层护理管理者则主要侧重于技术方面和日常部门运作的能力。

5. 心理素质　人的心理素质是指人在感知、想象、思维、观念、情感、意志、兴趣等多方面心理品质上的修养。心理素质是一个广泛的概念，涉及人的性格、兴趣、动机、意志、情感等多方面的内容。心理素质是管理者素质的一个重要组成部分，从某一种意义上说，它制约和影响着护理管理者的其他素质。良好的心理素质即指心理健康或具备健康的心理。护理管理者的心理素质包括事业心、责任感、权变意识、心理承受能力、创新意识、心理健康状况和护理管理者风格等。

以上是一个护理管理者应具备的素质修养，这些素质不是天生的，而是来源于坚持不懈的学习和长期的工作积累。

（二）护士长的素质

1. 德　“德”即道德，它是依靠社会舆论和内心信念调节人与人之间及个人与社会之间关系的行为规范及其相应的心理意识和行动的总和，护士长的道德修养包括以下三个方面。

（1）职业道德修养：职业道德是指领导者必须以现行的社会行为规范和职业规范来约束自己的言行，从而使自己的行为符合普遍的要求。护士长应做到集体至上，谦虚谨慎，注重群体、组织的利益，并以此来统率自己的行为；作为护士长应忠诚正直，言行一致，待人接物，处事要公平公正，无论亲疏，一视同仁，这是建立管理威信，提高管理效率的重要条件；护士长在长期的临床管理实践中还应大公无私，奖罚分明，敢负责任，敢担风险，这是领导者一种可贵的精神，是一种高尚的管理道德。

（2）政治道德修养：政治道德是个人道德层次的最高阶段，讲政治、讲正气、讲学习是护士长应遵循的宗旨，包括科学的世界观和人生观、崇高的理想、高度的责任感三个方面。

（3）护士长的心理素质包括以下几个方面。

1）意志坚强：在既定目标下，不受内、外各种因素的干扰，紧要关头头脑冷静。能够主动进行心理调适，应对各种心理压力，既经受得住荣誉、地位等各种诱惑的考验，又经受得住各种挫折的考验，以积极乐观的心态对待工作中的各种困难，以取得良好的领导效果。

2）胸怀宽广：护士长应善于团结与自己意见不相同的同志一起工作，对同事和下属尊重，敢于承认自己的缺点和错误，胸怀宽容大度，谦虚谨慎，不居功自傲。

3）自信心：护士长要相信自己有能力，相信自己能够激励和带领下属。自信是克服困难和积极工作的前提，也是激励全体护理人员积极性的重要因素。

2. 识　护士长要想在事业上取得成功和创新，就要有远见卓识，要做到：① 掌握事物发展规律，具有预见性和战略性眼光，看准时代前行的方向；② 善于驾驭各种环境的能力；③ 对事物具有独到的深度见解，有较高的鉴赏能力和判断能力。在平时，应注意生活、政治、专业等见识修养，“见多识广”是领导者“识”的修养要求。

3. 才　才能是通过实践而形成的技能。护士长才能修养主要包括：决断和筹划能力、协调组织能力、人际交往能力、灵活应变能力、改革创新能力。

4. 学　“学”即知识和学问。对于一个护士长，学识是完成本职工作所需要的业务知识和技能，直接影响其领导工作和领导艺术。学识特性主要体现在精通性、广博性、实用性和更新性。护士长不仅要具备护理专业知识，还应知晓与本专业相关的各种知识，即拥有“T”形知识结构的护理管理人才，具备相关的医学、心理学、社会学等学科的知识，还要掌握管理学、计算机、经济学应用等知识，同时要能够灵活运用所掌握的知识，解决工作中的实际问题，增加护理人员的信任感，提高自己的非权力性影响力，达到有效领导。

笔记栏

护士长优化知识结构必须要做到拥有广博的社会科学知识、深厚的专业知识、丰富的文化知识、娴熟的管理科学和领导科学知识；了解护理专业的现状、进展，能跟得上医学科学发展的趋势；把握护理学科发展的主要方向，并能预见可能出现的各种变化，还要有捕捉市场经济变化的现代意识。

5. 体　护士长除了要保持良好的心身健康外，还要特别重视公众形象。公众形象不仅是护士长个人问题，它也代表着整体形象和全局利益，关系到事业的兴衰成败。护士长注重礼仪礼节，衣着和仪表优雅，言谈举止得体，就显得格外重要。

现代医院管理要求护理管理人员不但要有较高的决策、计划、组织、指挥和协调能力，还要具备与医院规模和功能相适应的领导素养、艺术和方法。关于如何提高管理者的素质：首先，管理者应从个人思想上重视素质的提高，增强学习意识，树立终身学习的观念，加强政治理论、业务知识技能和领导艺术和管理理论学习，并注重理论联系实际，创新性开展工作，在实践中不断培养、锻炼和成长；其次，重视提高群体素质，使领导者有机会吸收众人所长，创建优良的群体环境促进领导者个人素质提高。

（三）护士长的管理艺术

护理工作最关键的部分，是人与人的面对面打交道，以人的关怀和技术去实现护理专业的独特性。一个护理团队的成功，在于有杰出护理人才的同时更有出色的人才管理。判断一个部门的发展前景时，该部门的人才管理制度、人才管理思想及其涌现出来的管理活力是判断的三个重要指标。

1. 用人艺术　现代管理工作的核心是管理人，就是调动人的积极性和创造力去实现各项具体的工作任务，管理不好人就什么任务也完成不了。因此，对护士长来说，特别强调知人善用。在用人艺术上，就是要知人之所长和人之所短，用其所长而避其所短。知人善用才能发挥人的潜力和积极性。

2. 激励艺术　激励在人力资源管理中是最关键和最困难的问题，因为人们可以精确地计划、预测和控制财力、物力，而人力资源，尤其是人的潜在能力，至今无法精确预测、计划和控制。激励作为一种调动人积极性的重要手段，贯穿在领导过程的始终。护士长要想在工作中最大限度地调动护士的积极性，充分挖掘其内在潜力，必须要掌握激励这种领导艺术。护士长要善于设置正确和适当的总目标以鼓舞员工士气；应用奖惩激励方法，做到奖惩工作相辅相成、相得益彰；激励人关键的一点就是真正信任人，激发他们的工作干劲和热情，使之努力完成组织的任务和目标；选择一个好的榜样激励大家，同时护士长还必须注意自己的言行，为下属树立榜样，影响下属。在实践中激励方法和手段的使用可以多样化，目的都是为了激发人的积极性，实现最佳领导效能。

3. 协调艺术

(1) 协调的含义及作用：协调是为了实现组织的目标、宗旨和计划，对组织内单位和个人的工作关系进行调节，使之相互配合，工作活动的矛盾、冲突往往表现为人与人的矛盾冲突，协调好人际关系，有利于解决工作和生活中的矛盾和冲突。任何社会组织对内对外都有大量的协调工作。协调可以使护理活动中的各种关系及要素得到科学合理的安排，使护理活动得以顺利开展。有效的协调可以避免或减少护理活动中各种摩擦和矛盾的发生，对内可以形成一个良好的人事环境，充分调动员工积极性。成功的协调可以使护士长活动的诸多因素达到最佳配合，减少人、财、物及时间的浪费，实现科室的最佳整体效益。掌握和使用协调艺术对实现护理目标有重要的意义。

(2) 协调的原则：协调的实质是处理人际关系，护士长应提高道德修养，养成平易近人、平等待人的作风才能进行有效的协调。在制订计划和措施前，及早采取预防和调节控制措施，并注意协调的连续性；护士长应加强各部门、个人之间的信息沟通，在协调沟通过程中护士长须排除个人喜好等主观因素的干扰，合理公平的处理人与事；协调还应具有原则性和灵活性相结合性等。

4. 思维艺术　科学的思维艺术，对于现代管理科学和现代管理艺术的指导作用是十分巨大的。要做好护理管理工作，不但需要管理科学和艺术，而且还需要有思维艺术。它对于帮助理解管理的科学性和艺术性有着重要的意义。要提高科学管理水平，就必须在长期的管理活动中形成自己独具魅力的管理艺术，并不断提高哲学素养。没有相当的哲学素养，尤其是辩证唯物主义的哲学思维方式，也就没有相当的管理和领导艺术水平。

笔记栏

(1) 创造性思维艺术：高科技技术的飞速发展，有力的影响着人们的整个社会生活，促使人们越来越重视在各个领域的变革和创新，护士长创造性思维艺术成为人们关注研究的课题。护士长要以丰富的经验和工作积累，深厚的修养和高超的技巧获得灵感，以求异思维触发灵感的方法来训练思维的灵感点；要有统摄全局的观念，才能在总体上把握发展时机和发展方向，才能拟订创造性的活动方案，有效地组织实施；还要广泛地接触涉猎其他学科、其他业务领域，广取他人之长，从不同角度启发自己的思维，才能大大地提高创造力。

(2) 模糊思维艺术：模糊思维方法为管理者提供了崭新的认识问题和解决问题的思维方式。模糊思维的基础是模糊理论，它所遵循的是亦此亦彼的模糊逻辑，突破了传统的逻辑“是就是，不是就不是”的界限，为人们解决模糊事物中的问题开阔了广泛的天地。模糊思维最根本的特征是在模糊条件下取舍原则，即利取最大，害取最小。

三、医院护士长的角色功能

护士长是医院护理指挥系统中数量最多的管理人员，是医院护理管理工作中最基层的管理者，是病房或护理单元工作的具体护理管理者，在完成医院工作总任务、提高护理管理质量过程中，发挥着极其重要的角色功能。护士长管理角色的完善对于护理管理工作的成效至关重要。护士长不仅要掌握科学的管理理论，管理方法，还要具备良好的管理素质，只有这样才能在现代医院护理管理中胜任角色，获得认可。

（一）角色的概念

“角色”是描述一个人在某个位置状况下被他人期望的行为规范和行为模式的总和。“角色”也可以是社会结构中或社会制度中的一个特定位置，不同角色都有其特定的权利和义务。例如，教师和学生是两个不同的角色，都处于学校人员结构中特定的位置。教师担负有教导学生的权利和义务，学生有向教师请教知识的权利和认真学习的责任和义务。每一种只反映一个人的一个方面，一种角色并不能代表一个人的整体。一个人可以同时担负有多种角色，一种角色也可以由许多不同的社会个体来承担。例如，一个护士长，在护理部主任面前，她是下级；在病区护理人员面前，她是管理者；在子女面前，她又是母亲。她既是护士长，也是她丈夫的妻子，还是她儿子的母亲，又是她父母的女儿等。一个人可以充当多重角色，但是在一定场合中，只能充当一种角色，否则会发生角色冲突。

（二）护士长角色

护士长角色是处于医院护理管理体系中的一个特定位置。由于护士长在管理岗位上承担着一定的责任，因此被赋予相应的权利和义务。在医院护理管理指挥系统中，护士长处于承上启下的中间环节，上面有科护士长、护理部主任或总护士长，下面有科室护理人员。在病区管理中护士长是主要领导者和组织者，在护理管理中主要负责带领病房全体护理人员共同完成部门护理任务，处理病房各种危急或突发事件；在信息沟通中起上传下达作用；在医护之间、护护之间以及护患关系之间起协调作用等。护士长常常扮演多种角色，但主要是管理者角色，良好的适应这一角色，可以满足多方面对护士长的角色期望。

（三）护士长角色期望

护士长角色期望主要来源于医院护理部、科室等组织，以及患者、护理群体等。从组织角度来说，期望和要求主要反映在护士长严格执行规章制度、岗位职责、工作规定及细则中。从患者角度来说，期望取决于依病情及护理质量标准所决定的护理需求等，是由患者权利所决定。从护理人员群体角度来说，期望表现为以个体行为服从群体规范，满足护理人员群体利益的需要等。

笔记栏

（四）护士长角色模式

根据护士长的工作任务和特点，不同的专家对护士长的角色模式做了不同的探讨和分析。

20 世纪 70 年代，行政管理学者亨利·明茨伯格（Henry Mintzberg）提出了著名的管理者角色理论，把护士长在管理过程中需要履行的特定职责分析、归纳为 10 种角色、3 大类型，“三元”角色模式。他认为护士长主要承担有关人际关系、咨询以及决策制定三大方面的角色，即护理管理者、联系者、代表者、监督者、传播者、患者的代言人、企业家、资源调配者、调停者和协调者10种角色。

学者们对护士长角色模式和功能进行着较多的探讨和分析。如霍尔(Holle)和布兰兹勒(Blatchley)根据护士长应具备的领导和管理能力提出了"胜任者"角色模式，认为护士长的角色模式正如英语单词competence，即胜任的意思。

下面是以首写字母组成的这一单词整体内容说明。

C(care-giver professional)，专业照顾的提供者。

O(organizer)，组织者。

M(manager of personal)，人事管理者。

P(professional manager of care)，照顾患者的专业管理者。

E(employee educater)，员工的教育者。

T(team strategist)，小组的策划者。

E(expertin human relation)，人际关系的专家。

N(nurse-advocator)，护理人员的拥护者。

C(change-agent)，变革者。

E(executive and leader)，行政主管和领导者。

综上所述，结合护士长在基层护理管理实际工作中扮演的多种角色，护士长的角色可以归纳为以下十二类。

1. 护理管理者　护士长在病房8小时工作，24小时负责，主持各种病房会议；指挥协调他人工作；组织护理查房；运用绩效管理考核下属行为表现和工作成绩；管理病房教学和科研；负责派班等。工作中以身作则，为人表率，通过自身的影响力和创造力营造和谐的组织环境，运用鼓励、激发、培训、沟通、个人魅力等多种方式和技能，指导并带领下属护理人员共同完成护理任务，实现护理目标。

2. 联络者　护士长要建立沟通和联络的网络关系。在工作中需要不断地与护理人员、上级护理管理者、医师、其他医技人员、患者及家属、后勤等人员沟通，通过与其他部门、其他专业管理者、专家和员工的联络，保证创造一个和谐的工作场所和有利于患者治疗康复的环境，以促进护理工作任务顺利完成。

3. 代表者　作为护士长，必须履行有关专业、社会和礼仪等方面的责任。在处理行政、业务工作中，护士长代表病房参加护理部或院方的各种会议、参加社会活动，代表科室接待来访者、介绍病室环境和设施等。有人称护士长为"病房的象征"。

4. 监督者　护士长有责任对病房的各项护理活动与资料进行关注和监督。护士长经常巡视病房了解患者病情动态，收集患者病情信息，检查护理计划的落实情况；查对处理医嘱执行情况；检查各班护士的护理记录、交班报告、技术操作、护理质量；听取科主任、医师、护士、患者及家属的意见；监督各项规章制度的落实，促进各项护理活动顺利进行。

5. 传达和宣传者　护士长要主持病室各种会议，将上级的文件、指令、命令和政策精神等传达给护理人员，宣传有关的方针、政策、规定及有关护理知识等，同时收集患者、家属及护理人员的意见并汇报给上级管理部门。护士长要在维护组织和谐的基础上，负责任地将收集的信息传达给护理人员并影响她们的行为和态度。

6. 护、患代言人　护士长应维护护士群体利益，代表护理人员与其他医务人员协商解决业务工作，与行政后勤部门协商如何保护护理人员的权益。同时护士长还需了解患者需求，代表患者反映其要求，与相关人员联络沟通以解决患者的实际问题，满足他们的健康需求。

笔记栏

7. 计划者　护士长规划病房有关护理业务工作，如制定年度、季度和月度工作计划，提出工作改进方案，促进护理质量提高；协助护理人员制定、修改护理计划；根据需要修改并完善病房有关规章制度、工作程序和细则；规划护理人员岗位职责等。

8. 冲突处理者　不管一个科室管理得多么科学，在它的运行过程中，总会有一些矛盾和冲突。护士长必须要花时间应付突发事件，处理冲突和解决问题，协调病房人员之间的冲突和矛盾，通过协商、劝告、解释说明等管理手段，使大家相互理解，求同存异，维持科室工作的团结稳定和谐。

9. 资源调配者　护士长进行合理有效的护理人力资源组合，保证各个班次的护理人力能够满足病房护理工作需要；对科室医疗仪器、设备、办公用品等消耗性物质进行有效管理，通过计划、申请、领取、保管、维修和报废等，保证临床医疗护理工作的正常运转。护士长在病房资源的管理工作中，最佳的利用人力资源和其他资源来提高科室绩效。

10. 协商谈判者　护士长管理工作中需要与有关部门人员进行正式、非正式的协商和谈判。如向上级申请增加、调整护理人员，增添医疗仪器设备，改造病室环境，讨论护理人员的培训计划、福利待遇、医护协作等问题，尽力使护理各方面要求得到满足。

11. 教育者　病房是患者健康教育最直接的场所。护士长一方面有责任对自己本单元的护理人员进行教育引导，不断提高护理人员的专业素质，是护理人员、进修护士、护士学生在护理业务技术方面的指导者和教育者。另一方面要和科室护理人员开展患者公休座谈会、患者健康教育讲座等项目，对病房患者展开健康教育。

12. 变革者　护士长是临床一线的管理者，有着丰富的临床管理经验，最能发现护理管理中存在的问题，对病房护理管理有一定的权威性。护士长在病房护理的服务模式上有着较大的自主性，可制定战略性护理计划，大胆变革、创新，提高护理服务质量。

（五）护士长的领导作用与职责

护士长是医院基层护理管理系统中的领导者和管理者，在鼓励、引导和影响科室中个体和群体，为实现科室目标而努力的过程中具有领导作用和职责。

1. 护士长的领导作用

（1）指挥作用：指挥是组织中领导者的一项基本工作。实现正确指挥，领导者必须用好手中的权利。要谨慎细心、大胆创新、坚持原则。要善于学习，创造成绩，建立威信，使指挥有权威性。在指挥过程中要敢于争胜，积极进取，指挥果断、明确、有魄力。要善于听取他人意见，集思广益使得指挥正确。

（2）协调作用：领导者在引导组织成员达到共同目标的过程中，把组织内人员的利益融合在一起，使组织内部建立相互合作的人际关系。协调需要遵守的原则有：关键性原则，即抓住重大和根本问题，标本兼治；及时性原则，即发现问题和矛盾及时解决；沟通和传递信息原则，即及时、准确、全面地传递信息，促使沟通建立；激励性原则，合理使用激励手段，预防问题发生。

（3）沟通作用：有效的领导能力可以促使上下级之间的有效沟通，使上级制定的组织理念、计划等准确清晰地传达给下级，获得下级的积极配合，也可以使下级的工作成果、建议和意见等及时汇报给上级领导，同时良好的沟通也可以促使员工们积极交流思想和信息，认可组织共同的目标，员工之间互相信任，互相了解，消除意见，增加组织的向心力，提高组织的工作效率。

（4）激励作用：适当的激励可以使领导者充分了解员工的需要，针对性地为他们解决困难，满足他们的需要，激发和鼓舞员工的工作热情，激发每个人的工作潜能得到最大限度的发挥，从而获得最大的工作满足感，提高工作积极性，实现组织目标。

2. 护士长的职责　职责是担当某种职务的人员应该履行的责任。护士长是医院护理系统中最基层的管理者，工作责任重大、涉及面广，既要带领科室或本病区护理人员齐心协力按要求完成护理工作任务而承担的护理行政管理职责，又要负责指导督促下属，执行各项护理规章制度、技术操作规程和护理常规，开展业务学习、护理查房和疑难危重病例讨论等解决护理技术上的疑难问题，做好病区护理新业务、新技术的引进和开发，开展护理科研活动，搞好病房管理，提高护理人员的业务技术水平和医院护理质量。

笔记栏

四、优质护理对护理管理的挑战与对策

（一）优质护理服务对护理管理的挑战

随着社会经济的发展，人们物质文化生活水平的提高，生物-心理-社会医学模式和健康观念的改变，医疗消费能力的增强，以及医药卫生体制全面改革的不断深入，医疗服务的多层次性也在不断显现和多元化，与此相适应，医疗市场在不断开放，医疗机构创造良好的经营理念和服务模式，努力改善和提高各种硬件设施水平，在改善就医环境的同时，不断提高医疗质量和护理服务水平。护理工作是医疗卫生工作的重要组成部分，在维护人民健康的过程中发挥着重要的作用，护理工作面临着巨大的改革。医疗卫生主管部门提出：践行全心全意为人民健康服务的宗旨，落实医疗改革各项重点任务，改善医院服务质量，惠及广大患者；开展优质护理服务和各项护理改革工作，建立新的护理管理体制和新的护理管理构架。在当今竞争日趋激烈的医疗市场中，护理服务管理水平的高低和护理质量的好坏，直接反映和影响医院水平的高低。

在2010年卫生部召开的全国护理工作大会，部署了在卫生系统范围内开展“优质护理服务示范工程”活动，把它作为我国公立医院改革的一项重要工作。优质护理服务工程既是公立医院改革的一项利国惠民的民生工程，也是我国护理工作模式变革和学科发展宝贵机遇，重点在于为患者提供全程、全面、连续、专业的优质护理服务，并能促进我国护理事业实现跨越式发展。优质护理服务是以现代护理观为指导，充分满足患者的护理服务需求，保障护理安全，落实护理工作职责，规范临床护理行为，创新护理管理体制，改革护理工作模式，全面提升护理服务质量，促进护理学科向纵深发展的一种护理管理体制和工作模式。

优质护理服务工作的开展在我国推行的是责任制整体护理工作模式，即每一位护士负责一定数量的患者，为他们提供护理服务，这些护理服务内容包括病情观察、基础护理、心理护理、治疗、康复及健康指导等，临床护理服务中充分体现专科特色，丰富服务内涵，保障患者安全，促进患者康复，增强人文关怀意识，倡导人性化服务。护理服务领域也逐步从医疗机构向社区和家庭拓展，服务对象从疾病临床治疗护理向老年护理、慢病护理、康复促进、安宁疗护等方面延伸，以满足人们日益多样化、多层次的健康需求。优质护理服务推动患者对护理的满意度持续提升，护理管理者水平不断提高，护士积极性有效调动。

优质护理服务工作的开展对护理人员的素质和护理服务质量提出了更高的要求，护理工作的内涵不断扩展，护理工作内容也随之增加。人口老龄化、新型城镇化的加速推进和经济社会的发展，进一步释放了人民群众多元化的健康需求，对护理服务内涵建设提出了更高的要求。如何对有限的护理人员进行合理调配及利用以确保基础护理和专科护理质量提高；采取怎样的机制发挥护理人员的工作积极性、稳定护理队伍并激发其学习护理知识提高专业水平等，这都是护理管理者急待解决的问题。

（二）面对优质护理服务的对策

1. 优质护理服务领域拓展　优质护理服务覆盖领域不断扩大，责任制整体护理全面推行，延伸至县级医院和基层医疗机构，护理专业内涵更加丰富。护士能运用专业知识和技能为群众提供医学照顾、病情观察、健康指导、慢病管理、康复促进、心理护理等服务，体现人文关怀。大力推进老年护理，积极面对老龄化进程，拓展护理服务领域。老年护理服务和机构建设得到大力加强，老年护理服务体系逐步健全，不断满足老年人健康服务需求。积极开展老年护理从业人员培训，提升服务能力。充分发展医养结合，为老年人提供治疗期间住院、康复期间护理、稳定期照料、安宁疗护一体化健康养老。加快社区护理发展，鼓励大型医院通过建立护理联合团队发挥护理资源的辐射效应，帮助扶持基层医疗卫生机构发展家庭病床和居家护理，为长期卧床、晚期姑息治疗患者等人群提供优质护理服务。开展形式多样的延续性护理，将护理服务扩大到社区、家庭、逐步完善服务内容和方式，保障护理服务的连续性。加大护理服务供给，提升优质护理服务能力，推进优质护理服务资源合理有效配置，促进基层护理服务能力，为全面实现小康社会奠定良好的基础。全面建成小

笔记栏

康社会的新任务给护理事业提出了新要求。

2. 优质护理服务是优化医院服务、加强内部管理、改善患者就医体验的切入点 “十三五”护理事业发展规划，提出了加强护士队伍建设，护士队伍的数量、素质、能力要能满足卫生计生事业发展和人民群众健康需求；责任制整体护理服务模式全面推行，解决护理连续性的问题等措施，确保基础护理、专科护理和各项治疗措施落到实处。深入推进优质护理服务，护士为患者提供整体护理，履行基础护理、病情观察、治疗、沟通和健康教育等护理职能，使患者获得感显著提高；提升护理服务能力和管理水平，使护理管理科学化水平明显提升；推进优质护理服务，促使广大护理工作者为群众提供专业、规范、人性化的护理服务，更加体现“以患者为中心”的服务理念。

3. 提升护理管理科学化水平 要推动护理管理体制和运行体制的改革，建立符合护理工作的人事管理制度和用人机制，护士执业管理制度和医院护理岗位管理制度健全完善，与医院的人事分配制度改革相配套。护士从身份管理转向岗位管理，护士分层管理制度初步建立，根据护士临床服务能力、结合职称等，对护士进行分层管理，并建立与绩效考核挂钩的薪酬分配制度，体现优劳优得，保证护理服务质量。对护士人力配置、绩效考核、岗位培训和执业规则等进行科学管理，提升护士工作积极性，可推进优质护理服务向纵深发展。

五、人才、技术对护理管理的挑战与对策

（一）人才竞争对护理管理的挑战

由于我国人事和分配制度改革力度加大，近年来各地吸引优秀人才政策和措施纷纷出台，护理骨干人才的流动性呈上升趋势。新形势下人才竞争日益成为护理管理的突出问题，病床周转率的提高，平均住院日的缩短，使护士在单位时间内的工作量增加，护理任务日趋繁重。社会经济和文化的发展，使得社会在质与量两个方面对护理服务的需求均呈明显的上升趋势，护理服务供需矛盾逐渐突出。我国护理人才队伍面临的挑战包括：许多的医院都存在护士缺编问题；“外向型”护理人才缺乏或被浪费；学科带头人及高素质护理人才短缺；有些护理专业毕业生被其他服务性行业所挖走；护士执业教育成本上升等问题。这些问题不仅制约了临床护理服务质量提高，而且制约了护理人才队伍建设和护理事业的发展。

（二）新技术对护理管理的挑战

日益扩大的健康保健需求为护理专业的职能赋予了新的内涵，对护理从业人员和管理人员提出了更高的要求。护士不光是患者医疗护理措施的提供者，还要是健康教育的执行者和心理问题的疏导者。护士不仅仅是作为医生的助手，而将与医生、药剂师等其他技术人员一样，成为整个医疗保健队伍中的重要一员，共同承担医疗保健服务。护理服务对象也从原来单纯照顾患病的人，扩展到整个人群；工作领域从医院扩大到社区；研究范围从单纯疾病护理扩展到所有影响人群健康的领域。因此，护士不但要掌握医学基础知识和护理专业知识，还应掌握一定的社会学、人文学、心理学等多学科的知识。伴随着医学的飞速发展和科学技术的进步，大量高精尖仪器设备和技术应用于医疗护理领域，大数据、移动互联网等信息技术快速发展，新业务、新技术在广泛开展，使护理操作技术范围日益拓展。目前我国护理队伍中接受过全日制大学专科、本科护理教育的比例偏少，中专学历护士依然是护理队伍的主体，人们日益增长的健康保健需求与护理人员的素质不相适应，护理队伍整体素质有待提高。许多护理人员缺乏开展健康教育、心理护理所需的相关知识和技巧，难以满足社区的健康保健需求。新业务和新技术的开展应用对护士知识水平提出了更高要求，临床护理实践和护理教育的发展也在面临与国际接轨的挑战。因此，提高现有护理人员的综合素质将成为护理管理者的重要任务。

笔记栏

（三）面对人才、技术护理管理的对策

当历史跨进21世纪，我国加入WTO后，护理专业的内外环境发生了深刻的变化，我国医疗市场也面临着国际化竞争，护理管理体制在计划经济时期发挥的良好积极作用，现已不能满足目前的市场经济运行机制和医疗卫生与护理事业发展的需要，不能满足社会对多元化和高品质化护理服

务的需求。面临挑战护理管理者应该做好以下工作。

1. *实现护理人力资源社会化管理*　在全面贯彻落实《中国护理事业发展规划(2011～2015年)》进程中,我国护士队伍建设和护理事业发展取得了显著成效。护士队伍建设取得长足进步,护理人力资源得到有效保障,截至 2015 年底,我国注册护士总数达到 324.1 万人,较 2010 年增长 58%。每千人口护士数从 2010 年的 1.52 提高到 2015 年的 2.36。全国医护比由 2010 年的 1∶0.85 提高到 2015 年到 1∶1.07,扭转了长期以来医护比例倒置问题。护士队伍的学历水平专科护理水平逐步提高。具有大专以上学历的护士占总数的 62.5%。

在社会主义市场经济体制下,护理人力资源实行社会化统一管理和市场化配置,通过市场经济机制的调节促进护理资源的合理配置和有效利用。护理管理组织社会化可以为护理人员提供就业与再就业,可以给用人单位、个人和家庭的护理用人与用工提供多方面的管理与服务,并严格执行有关规定。

护理人力资源社会化管理组织的建立,可实现管理与服务两大功能,遵循市场的价值规律、竞争机制,护理人员平等就业,公平竞争,优胜劣汰,使护理人员在市场竞争压力下和自身利益的驱动下,开拓进取不断进步。

新形势下实现护理发展目标,必须把人作为最重要的资源来挖掘。护理管理人员要加大人力资源的开发力度,努力优化护理人才培养环境,做到人才的选拔、使用、培养、提高和管理一体化。进一步完善和探索按职上岗的管理模式,增加护理专业对护士的吸引力,更有效地实现护理管理目标。

借鉴国外的一些做法,高级护理管理者须既有专业学位又要有管理学位。为提高医院护理管理人员的管理能力,在选拔护士长或护理部主任级别的护理管理人员时可建立一套科学规范的做法。建立完整的继续教育体系,保证具有真才实学的护理人员走上护理管理岗位。改变传统的领导任命提拔护理管理人员的做法,引入竞争机制,按照民主、公开、平等、择优的原则,公开竞选护士长。给具有护理管理才能者提供一个施展才华的工作环境,逐步形成能者上、平者让、庸者下的竞争氛围。

2. *建立完善护理法律法规,规范护理市场及护理活动秩序*　法律是由国家立法机关为国家长治久安所提供的政策性与行为准则,它具有严肃、公正、平等和强制性的鲜明特征。卫生法规是我国法律体系中的一部分,是医疗护理工作顺利开展、维护医、护、患合法权益的行为规范。护理规章制度可保证医院工作正常秩序和护理工作正常进行,在提高医疗护理服务质量,改善服务态度,防止护理差错事故发生等方面都起到了重要的作用。新形势下护理人员必须学法、遵法、用法、增强法制观念,自觉掌握和运用各项法律法规,健全护理管理制度、操作标准和岗位职责,提高护理服务水平,保证护理服务质量,适应市场经济发展的需求。大力宣传在护理工作中做出突出贡献的护士,依法严惩伤害护士的行为,创造良好的护士职业环境。随着我国医疗卫生体制建设与卫生法规的不断完善,医疗卫生护理服务市场会日趋成熟。

3. *解放思想,开拓创新*　开拓创新工作是推动护理事业发展的动力,21 世纪开拓创新依然是我国护理管理永恒的主题。护理管理者创新意识主要有:① 管理创新,从医疗资源高消耗的粗放型管理模式向"优质、低耗、高效"的集约化管理转变;② 技术创新,使高精仪器设备和高新技术应用于医疗领域,使医学护理水平和质量进入新的高度;③ 服务创新,树立市场观念,掌握供求、竞争、价格三要素,根据市场需求确定服务方向、服务方式和服务手段。

4. *建立护士培训机制,提升护士专业内涵*　建立院校教育、毕业后教育和继续教育相互衔接的护理人才培养机制,全面提高护理人才培养质量。注重护理专业人文教育和职业素质教育,强化临床实践教学,注重护士职业道德、创新精神和护理实践能力培养。重点加强新入职护士、专科护士、护理管理人员、社区护士等培训,切实提高护理专业素质和服务能力。对护士实行分层培训,明确护士职业发展规划,拓宽护士队伍发展空间。通过全方位、多层次、多渠道方式开展与国际及港澳台地区护理领域护理交流合作,学习和借鉴护理先进理念、教育和实践经验,实现护理人才培养、业务技术、管理等方面进一步提升。

5. *加强成本核算*　目前,国外普遍采取计算机管理进行系统化的护理成本核算,配备专职人

笔记栏

员，建立专门的机构，将每项护理活动及时输入电脑进行核算，确定了护理成本核算的内容。护理成本核算机构能帮助评估护理服务成本，做出预算，进行决策，提高护理服务经济效益，达到合理分配护理资源的目的。我国护理经济研究虽然起步较晚，但已有学者进行护理价格、效益、需求等方面的研究。

面对挑战，护理管理者们应该从全球的角度、从战略的高度树立科学发展观，认识和思考我国医院护理管理的发展，从重视具体工作内容控制向多层次多元化目标管理转变，逐步提高管理效率和组织竞争力。

知识拓展

我国台湾地区护理管理特点有以下几个方面。

(1) 实行护理部主任、督导(相当于大科护士长)、护理长三级管理，在科室内部有护理长、护理组长管理。

(2) 人事福利委员会，负责护士的招募、护士激励、护士调配、护士关爱、护士活动等工作。

(3) 教育研发委员会，负责护士的在职教育、护理科研、护理论文等。

(4) 护理质量管理委员会，负责护理质量品质监测和提升。

(5) 信息发展委员会，负责护理信息系统的制定、完善和修订。

案例分析

小王是某医院刚聘任的神经内科护士长，对于如何管理好一个病区还不是清楚，小王主动找科护士长请教。小王问："您从事了这么多年管理工作，请问您是如何做好管理工作的?"科护士长说道："从我多年的管理经验来看，管理其实就是管理人，人管好了，什么事都好。""那么依您看，管理工作要怎么做才能让护士心服口服呢?"小王问道。科护士长答道："虽然管人非常重要，但管理也不仅仅是管人，管理者还必须做决策、激励、组织和协调各部门的工作等。""那就是说，做计划、定目标、选拔人才、组织实施和控制等活动就是管理啦?"小王说。"也可以这么说，我们搞管理的基本啥都得懂，搞好管理工作确实不容易。"科护士长深有感触地说。"那你怎么解释'管理就是通过其他人来完成工作'这句话呢?"小王问道。"努力做好带头和表率作用。"科护士长说："管理者不是发号施令者，管理也并不是叫别人帮你做事。管理者是'总舵手'是'领航员'，他必须带领其他人一起为组织既定目标的实现而奋斗"。

【问题】

作为护理管理者你认为该如何做好一个护士长?

【分析与解答】

(1) 用人艺术，学会知人善用。

(2) 要能发挥指挥、协调、沟通、激励作用。

(3) 作为护士长，自身素质(德、识、才、学、体)高，才能发挥引领作用。

小　结

笔记栏

1. 医院的基本功能
   - 医疗
   - 教学
   - 科研
   - 预防和社区卫生服务

2. 护理管理者的基本素质
   - 护理管理者的素质
     - 身体素质
     - 思想素质
     - 知识素质
     - 能力素质
     - 心理素质
   - 护士长的素质
     - 德
     - 识
     - 才
     - 学
     - 体
   - 护士长的管理艺术
     - 用人艺术
     - 激励艺术
     - 协调艺术
     - 思维艺术

3. 优质护理服务对策
   - 服务领域拓展
   - 优化医院服务
   - 护理管理科学化

【思考题】

(1) 护士长的素质特点包括哪几方面?

(2) 如何在临床护理管理工作中运用护士长的角色功能?

(3) 怎样运用护士长的管理艺术指导护理管理实践?

(4) 作为护理管理者如何应对护理管理面临的挑战?

(王 艳 钱桂云)

笔记栏

第三章

计　划

学习要点

● **掌握：**① 计划与计划职能的概念及应用中的注意事项；② 目标与目标管理概念、目标管理分类与特征及应用中的注意事项；③ 时间与时间管理的概念及应用中的注意事项。

● **熟悉：**① 计划的分类与特点、原则和一般步骤，计划管理在护理管理中的应用；② 目标管理的内容与基本过程、目标管理在护理管理中的应用；③ 时间的本质与特征、时间管理的条件与基本程序、时间管理的策略与方法和时间管理在护理管理中的应用。

● **了解：**护理计划管理、目标管理的作用、护理目标管理和护理时间管理。

计划是管理职能中最基本的职能，与组织几乎所有管理活动有关。计划工作的核心问题是通过多个方案择优实现组织目标。古语“凡事预则立，不预则废”。“预”即计划的含义，古往今来，人们从不断的实践中发现，凡事要先订立计划，才能达到预期的结果，这些结果在未来实现之时，便是目标。

第一节　计划概述

一、计划的基本概念和特征

（一）计划的基本概念

计划是指组织（个体或群体）在工作或行动之前预先拟订的方案，包括工作要实现的具体目标、工作内容、方法和步骤等。计划本身是一个连续不断的过程，经过这一过程，管理者组织需要完成的目标和步骤。

计划的内容通常可用“5W1H”表示：①（What）预先决定要做些什么？明确计划工作的具体任务和要求。②（Why）论证为什么要这样做？明确计划工作的宗旨、目标战略。③（When）什么时间开始做？规定计划中各项工作的开始和完成的进度，以便有效的控制。④（Where）在什么地方做？规定计划的实施地点或场所，掌握计划实施的环境条件和控制。⑤（Who）由何人来做？即何人监督、执行？⑥（How）如何做？制定实施计划的措施、相应的政策和规则。

（二）计划的基本特征

笔记栏

计划的基本特征包括为四个方面。

1. 主要性计划　主要性计划是管理工作的第一步，是首要关注的。有了计划才有组织，有组织就有领导，有人领导就可以加以控制，故计划是很重要的。

2. 理性计划　理性计划在本质上属于一种理性的运作过程。计划中的目标、选择的策略是基于一种客观中的事实与评估。

3. 时间性计划　时间性计划就计划的时间性而言，可分为短期、中期、长期。计划制定时须考虑到完成它所需要的时间，能 1 年完成的不要计划 2 年，争取时效很重要。

4. 连续性计划　连续性是一个连续不断的过程，是一个计划的结束，而另一个计划或业务需要的开始。

二、计划的种类和形式

（一）计划的种类

1. 按计划的时间划分

（1）长期计划：长期计划一般指 5 年以上的计划。

（2）中期计划：中期计划一般指 2～4 年的计划。

（3）短期计划：短期计划一般指 1 年或 1 年以下的计划。

2. 按计划的规模分类

（1）战略性计划：战略性计划是指制定整个组织的目标和发展方向的计划。

（2）战术性计划：战术性计划是为实现战略性计划而采取的手段，是某些战略性计划的一部分。

3. 按计划的约束程度分类　分为指令性计划和指导性计划两类。

4. 按计划的覆盖面分类　分为整体计划和局部计划两类。

（二）计划的形式

计划的内容非常广泛，形式也多种多样。从计划作为管理的基本职能的角度出发可以把计划的表现形式分为目的或任务、目标、策略、政策、规程、规则、规划、预算等。

三、计划的步骤

计划是管理的最基本的一项职能，是一种连续不断的程序，经过此程序，组织可预测其发展方向，建立其整体目标，发展行动方案以达到组织目标。计划工作一定要体现目的性、纲领性、效率性、普遍性和前瞻性的特点。

计划的步骤可分为以下八个阶段：评估形势，确定目标，评估资源，拟定备选方案，比较各种方案，选定方案，制定辅助计划，编制预算。

四、计划职能在护理管理中的运用

1. 有利于实现组织目标　计划工作使人们就当前的现状、组织要求以及实现目标的途径做出事先的安排，由此明确组织的发展方向，使各方面的行为获得明确的指示和指导。护理工作繁杂琐碎，但解决的每一个具体问题都与组织目标相联系。计划可以使行动对准既定目标，经过周详的计划过程，将工作统筹安排，使工作运转井然有序，有利于实现组织目标。

2. 有利于应对突发事件　计划工作针对未来的组织活动，而未来有很多不确定因素。计划虽然无法完全消除未来的不确定性和事物的变化性，但通过计划设计过程，可以预测变化趋势及变化对组织的影响，并制定适应变动的最佳方案，可有效回避风险，保证组织长期稳定的发展。

3. 有利于合理使用资源　计划职能可使组织中的成员对人力、物力、财力、时间和信息等资源合理分配使用，减少重复行动和多余的投入，可有利于管理效益和经济效益的提高。例如科学、合理地排班计划可使各级护理人员充分发挥各自的作用，使人力资源达到合理而有效的利用，并可为患者提供优质服务；病房物资领取、使用、保管、维护计划可使被服、药品、仪器、设备妥善保管，物尽其用，减少不必要的物资损耗。

笔记栏

4. 有利于控制工作　控制是管理人员为保证下属执行结果与计划相一致，对执行中出现的偏差采取纠正措施，实现预期目标和计划的管理活动。计划是控制的基础，控制与计划密切联系，计划和控制是管理职能中两个重要环节。由于临床护理工作复杂、多变，所以在制定和执行计划中可能会出现偏差现象。但是管理者可以通过控制工作及时发现工作偏差，并通过组织反馈来修订原计划。没有计划规定的目标作为测定的标准，就无法检查工作，也无法纠正偏差。例如，检查整体护理模式病房的运转情况，就必须按照整体护理模式病房的计划制定质量检查标准，衡量实施效果。

5. 有利于提高护理质量　具体科学的管理计划保证了护理工作正常有序的进行。护理质量管理计划可帮助临床护理人员减少不良事件的发生，保证患者和护理工作的安全，有利于提高护理质量。医院各项护理规章制度、各项护理常规、各项护理操作方法都是计划的表达形式。这些计划使护理人员在护理活动中有章可循，对增强护理人员的工作责任心、规范职业行为、保证护理质量和效果都具有积极的促进作用。

知识拓展

计划是管理过程的中心环节，计划在管理活动中具有特殊重要的地位和作用，计划是组织生存与发展的纲领。我们正处在一个经济、政治、技术、社会变革与发展的时代，在这个时代里，变革与发展既给人们带来了机遇，也给人们带来了风险，特别是在争夺市场、资源、势力范围的竞争中更是如此。如果管理者在看准机遇和利用机遇的同时，又能最大限度地减少风险，即在朝着目标前进的道路上架设一座便捷而稳固的桥梁，那么，组织就能立于不败之地，在机遇与风险的纵横选择中，得到生存与发展。如果计划不周，或根本没计划，那就会遭遇灾难性的后果。

第二节　目标管理

1954 年，美国著名企业管理专家彼得·德鲁克在《管理的实践》一书中提出，目标管理后即成为工商管理的指标，目标管理是计划的有效执行。

一、目标管理概述

（一）目标的概念

目标是一个计划或方案要实现的最终、具体的、可测量的预期结果。是人们有意识的行为所要达到的境地，是一个组织的任务或目的的具体体现。

（二）目标管理

目标管理是在组织内管理人员和工作人员共同参与目标的制定，在工作中实行自我控制并努力完成工作目标的管理方法。

1. 目标管理的含义　目标管理是一种管理思想，也是一种管理方法。目标管理是由组织中的管理者和被管理者共同参与目标制定，在工作中由员工实行自我控制并努力完成工作目标的管理方法。目标管理就是组织内管理人员与下属在具体和特定的目标上达成协议，并写成书面文件，定期以共同制定的目标为依据来检查和评价目标达到情况的过程。

2. 目标管理的目的　有以下几个方面：① 每位员工清楚地知道自己努力的方向；② 提供员工参与组织的机会，发挥个人潜能；③ 客观的评价，使员工有成就感；④ 全体员工共同参与，向一个方向努力，使经营成效达到最高。

3. 目标管理特点

（1）目标管理是参与管理的一种形式。

笔记栏

(2) 目标管理是将组织的总目标转换成各单位及成员个人的目标，目标的确定者也是目标的执行者，上下级协商一致，形成一个"目标-手段"链。

(3) 强调"自我控制"：因为我们管理的对象是社会性的"人"，因此我们"控制"的是行为的动机，而不是行为本身。目标管理基于人性行为的管理理论，主旨是"自我控制的管理"，它使管理人员能够控制自己的成绩。这种自我控制可成为强烈的动力，激励他们更好地完成目标。

(4) 强调"自我评价"；目标管理有一套完善的目标考核体系，员工可按照实际情况作自我评价，强调了执行者自我检讨执行过程中的缺点和错误，为下一步进行目标管理创造更好的条件。

二、目标管理的基本程序

目标管理分为计划阶段、执行阶段、检查评价三个阶段。

（一）计划阶段

制定一套完整的目标体系是实施目标管理的第一步，同时也是最重要的一步。目标制定越合理明确，则后阶段的具体过程的管理和评价越容易。这一阶段可分为四个步骤：即高阶层领导制定总体目标、重新审议组织结构和职责分工、制定下级目标和个人目标及形成目标责任。

（二）执行阶段

目标管理强调执行者自主、自治、自觉和自行解决实现目标，但不等于达成协议后领导可以放手不管。相反，由于形成了目标体系，管理者应对目标实施过程进行定期指导、检查。检查方法是自下而上，由下级主动提出问题和报告，管理者主要是协助、支持、提供良好的工作环境和信息情报。上下级要定期检查双方协议的执行情况。

（三）检查评价

1. 考评成果　预定期限达到后，要及时进行检查和评价，以各自目标及目标值为依据，对目标实施的结果进行考核，评价管理绩效。

2. 实施奖惩　目标实施者自检后，管理者与自检者进行沟通，讨论预先制定的评价和奖惩协议并实施奖惩，如工资、奖金、职务的提升和降免、物质奖励等。

3. 考核评价　将目标管理中的经验及教训进行总结，找出不足，同时讨论下一轮的目标，开始新的循环。在此阶段，新资料、信息、资源的输入，应随时提供给下属。如果目标没有完成，管理者在评价中应主动承担必要的责任，并启发下级自检，以维持相互信任的气氛，为下一循环奠定基础。

三、目标管理的必要性与局限性

（一）目标管理的必要性

1. 利于提高计划工作水平　目标管理使管理者根据目标制定工作计划，并同时考虑实现目标的方案。

2. 利于调动下级的积极性和责任感　下级人员不是等待和执行上级指示、政策，而是每人都有个人目标，促使他们积极主动工作，并承担责任。

3. 利于有效控制　目标管理使得考核目标明确，并作为管理监督、控制的标准。对于在执行过程中出现的偏差可及时发现及时纠正，做到有效控制。

（二）目标管理的局限性

1. 对目标管理的原理及方法宣讲不够　要进行目标管理，就必须使组织内各级人员对目标管理的概念、目的、方法、特点等都有一致的认识，才能取得成效。否则目标管理易于失败。

2. 目标难以确定　一方面可考核的目标是难以确定的，尤其是定性目标，难以量化；另一方面，使同一级管理人员的目标具有正常的"紧张"和"费力"程度更为困难。这两方面恰是目标管理能否取得成效的关键。

3. 目标是短期的　目标一般是短期的，而且很少有目标超过一年的；短期目标易导致短期行

笔记栏

为，与长期目标脱离。

4. 目标管理的不灵活性　目标既已定出，如果经常改变，就难以说明它是周密计划的结果，否则会导致目标体系不一致，造成连锁性的工作困难。

四、目标管理在护理管理中的应用

目标管理在护理工作中的应用，就是将护理部总体目标逐次转变为各层次各部门或个人的分目标，建立护理服务或管理的目标体系，最后落实行动，实施目标管理可调动护理人员的积极性，促使护理管理者集中精力进行综合性管理。

在护理工作中推行目标管理时应注意以下几点。

（1）对各级主管人员和护理人员实施“目标管理”的宣传教育。

（2）护理部应使下属了解护理部的任务、工作标准、资源及限制，并给予指导及咨询。

（3）组织内分目标的制定应围绕总目标进行，在充分调研、讨论分析的基础上进行，目标应具体、选择要恰当。

（4）目标制定中各级部门职责一定要明确并有相应的进度和时间安排，使目标做到可测量。

（5）实施目标管理期间应根据进度和时间安排经常进行评价，强调成果，并给予正强化刺激。

（6）目标制定和实施过程中应充分预见和考虑影响目标成功的相关因素。如实施环境、实施方式等，并能根据变化随时进行目标的调整。

第三节　时间管理

一、时间管理概述

在历史长河中，时间是取之不尽，用之不完的。但对于个人来说，时间却是有限的，是不可能任意增加的。世界每天都在变化，而我们一天仍旧只有24小时，时间对于每个人都是公平的，成功和不成功的人一样，过去的时间将不会倒转。管理大师德鲁克说：“不能管理时间，就什么也不能管理……我们称为工作成就的生产程序里，最稀有的资源就是时间。”时间被人们认为是生命、是金钱、是速度，由此可见时间在人的生命活动中的珍贵性。在竞争激烈和信息飞速发展的时代，时间的价值更进一步体现在管理活动中。

（一）时间的本质

时间的本质是一种有价值的无形资源。时间赋予每一个人的是固定而有限的。做任何事情都需要花费时间，但对时间而言一个人在单位时间内所付出的劳动所获得的社会价值及个人价值是不同的。从管理角度看，时间是分配各种活动过程所需要的周期及其起点和终点，规定各种活动衔接和循环的连续性。时间是管理者要考虑的重要资源，需要有效的安排和使用。

（二）时间的特征

时间具有客观性、方向性和无储存性三个特征。

（三）时间管理的概念

时间管理是指在时间消耗相等情况下，为提高时间的利用率和有效性而进行的一系列活动，它包括对时间进行的计划和分配，以保证重要工作的顺利完成，并能及时处理突发事件或紧急变化。

笔记栏

（四）时间管理的意义和作用

1. 提高工作效率　通过研究时间消耗的规律，认识时间的特征，探索科学安排和合理使用时间的方法，可提高工作效率。时间管理可使管理者自行控制时间而不被时间控制，控制自己的工作而不被工作左右，从而对时间资源进行合理分配。

2. 有效利用时间　　学会科学时间管理方法可帮助管理者在有限的工作时间内通过合理安排,提高时间的使用效率。

3. 激励员工的事业心　　有效利用时间可以使员工获得更多的成功和业绩,从而激发成就感和事业心,满足自我实现的需要。

二、时间管理的策略

人总是无时无刻面对“时间运用”问题。每天,我们都会有意想不到的事情、挑战、契机、理由、借口,使我们无法按照计划行动,我们如何应付,采取什么样的选择,是否因为无法做到每件事而产生挫折感,或是因为急着想做每件事情而筋疲力尽。我们都必须面对“如何善用时间”的挑战。

(一) 抓住“黄金时间”

每个人都有两种黄金时间。一种是内部黄金时间,是一个人精神最集中、工作最有效率的时候。内部黄金时间因人而异,在您通过观察掌握了自己的内部黄金时间时,建议您用这个时间段处理最为重要的工作。外部黄金时间是指跟其他人交往的最佳时间。这须遵循他人的日程,但您可以利用这段时间充分表达自身的优势。

(二) 运用帕金森定律,合理安排时间

帕金森定律提出,只要还有时间,工作就不断地扩展,直到用完所有的时间。根据这一定律,管理者不能给一项工作安排过多的时间,否则就会使工作缓慢进行,直到用完安排的所有时间。因此应做出合理的时间安排和达到目标的计划;并进行时间预分配,对自己实际的时间支出要按标准有效控制。

(三) 评价浪费时间和分析影响因素

1. 浪费时间　　是指花费的时间对实现组织和个人目标毫无意义。评价浪费时间是时间管理的反馈,以便有针对性地克服。浪费时间的原因可分为主观和客观两方面,常见客观因素为过多地社交活动、沟通不良、信息不畅、协作者能力不足等,常见主观因素为时间计划不周或无计划、工作拖拉、授权不足、不善于拒绝非本职工作等。

2. 消除浪费时间策略

(1) 对于电话干扰,要缩短谈话时间,尽量谈重要的事情,手边准备纸、笔,可随时记录。

(2) 有计划、有选择地参加会议及社交活动。

(3) 有意识地锻炼自己的沟通交流能力,包括保持上下沟通渠道的畅通、有效倾听、管理指示明确等。

(4) 学会拒绝非职责范围内的工作及责任。

(5) 制定具体而切合实际的计划。

(6) 合理而实际地安排管理活动,及时完成各项工作,避免拖拉。

(7) 决策果断,处理问题得当,工作有条不紊。

(8) 在安排时间时留出一定的自由时间以处理突发事件,并设立突发事件或危机处理机构及预案。

(9) 利用5S技巧(整理、整顿、清扫、清洁、养成习惯),及时清理办公桌和办公室,丢弃无用的文件。

(10) 适当的授权。

要做出合理的时间安排和达到目标的计划,对自己的时间使用要有标准,并进行时间预分配,对自己的实际的时间支出要按标准进行有效控制。

(四) 保持时间利用的相对连续性和弹性

笔记栏

根据心理学家研究,人们专心做一件事或思考一个问题时,最好能连续完成,避免把整块时间拆散。为了充分利用时间,应把一天中工作效率最高的时间段作为整块的可支配时间来安排。在此期间,尽量减少一切干扰。为防止干扰,集中处理不重要的事情,并安排在效率周期的低谷阶段。

在计划时间时要留有余地，以防出现意外情况。并需注意劳逸结合，以利于工作的持久性。

三、时间管理的方法

（一）ABC时间管理法

美国管理学家莱金（Lakein）建议为了有效管理及利用时间，每个人都需要将自己的目标分为三个阶段，即今后5年内欲达到的目标（长期目标），今后半年实现的目标（中期目标），以及现阶段要达到的目标（短期目标）。将各阶段的目标分为ABC三个等级，A级为最优先（必须完成的）目标，B级为较重要（很想完成的）目标，C级为不重要（可暂时搁置的）目标。

1. ABC时间管理法的核心　ABC时间管理法的核心是抓住主要问题解决主要矛盾，保证重点工作，兼顾一般，有效利用时间，提高工作效率。ABC时间管理法的特征及管理方法（表3-1）。

表3-1　ABC时间管理法的特征及管理方法

工作类型	比　例	特　征	管理方法	时间分配
A类	占每日工作量的20%～30%	最紧迫、重要的事情对实现目标影响大	重点管理，立刻亲自花时间去做好	60%～80%
B类	占每日工作量的30%～40%	迫切、重要的事情，对实现目标有一定影响	一般管理，最好亲自执行，亦可授权下属	20%～40%
C类	占每日工作量的40%～50%	不迫切、不紧急的事情，对实现目标影响不大	不必管理，授权下属	0

2. ABC时间管理的步骤　① 列清单，每天工作开始时列出全天工作日程清单；② 工作分类，对清单上的工作进行归类，常规工作按程序办理；③ 工作排序，根据事件的特征、重要性以及紧急程度确定ABC顺序；④ 划出分类表，按ABC类别分配工作项目、各项工作预计的时间安排以及实际完成的时间记录；⑤ 实施，首先全力投入A类工作，直到完成，取得效果再转入B类工作，若有人催问C类工作时，可将其纳入B类，大胆减少C类工作，以避免浪费时间；⑥ 总结，每日进行自我训练，并不断总结评价，提高时间管理效率。

（二）时间管理统计法

时间管理统计法的目的是对时间进行记录和总结，并分析时间浪费的原因，以采取节约时间的措施。方法可利用台历或效率手册。记录时应注意真实性与准确性，以达到管理时间的目的。

（三）四象限时间管理法

著名管理学家斯蒂芬·科维提出了一个时间管理的理论，把工作按照重要和紧急两个不同的程度进行了划分，基本上可以分为四个“象限”：既紧急又重要、重要但不紧急、紧急但不重要、既不紧急也不重要（表3-2）。

表3-2　四象时间管理法

	紧　急	不紧急
重　要	Ⅰ（危机任务）	Ⅱ（新的机遇）
不重要	Ⅲ（日常事务）	Ⅳ（杂乱琐事）

注：Ⅰ（重要而且紧急），需要护理管理者马上去处理，如抢救患者、人员短缺、资源缺乏等。

Ⅱ（重要但不紧急），包括那些对于完成工作目标很重要，但可能不会引起即刻注意的工作，如制订计划、训练下属、定期检查工作质量、建立人际关系等，需要好好规划。在这上面花费时间可以减少紧急状态下需花的时间，科维指出主要的精力和工作时间应有重点地放在此类工作上。这样可以做到未雨绸缪，防患于未然。

Ⅲ（不重要但很紧急），常常占有管理者大部分的时间，如按照上级要求书写报告、建议、计划、电话铃声、不速之客等，对于单位或管理者的目标却非必需。

Ⅳ（不重要也不紧急），常是时间浪费的主要原因。如组织不完善的会议、电话漫谈、重复性公文等，可等有空再做。

笔记栏

案例分析

所有的护士长都承认每个月的护士长月报是一件极其重要的事，但若现在距离上交护士长月报的时间尚有一个月的话，则部分护士长不会把它视为“今天应该做的事”，更不会把它视为“今天必须做的事”，既然今天可以不做这件事，那么就可以不断地拖延下去。直到截止日期的前几天，她们才如临大敌般地处理“紧急事件”，结果不是迟交了护士长月报，就是草率应付了事。

【问题】

(1) 部分护士长在处理护士长月报的事情上存在什么问题？

(2) 如何避免再次发生？

【分析与解答】

(1) 护士长工作时缺乏计划性：护士长工作时应采取四象限时间管理法。护士长月报应该是重要但不紧急的事情，但是由于护士长做事拖沓，把该项工作变成了重要而且紧急的事情，护士长由于忙于该项工作，有可能影响真正重要而且紧急的事情，如抢救患者、人员短缺、资源缺乏等，最终影响管理的效能。

(2) 护士长学习使用 ABC 时间管理法、四象限时间管理法、时间管理统计法，树立极强的时间观念、时间成本效益观念和时效观念，控制自己有限时间的能力，对时间进行的计划和分配，以保证重要工作的顺利完成，并能及时处理突发事件或紧急变化。

四、时间管理在护理管理应用中的注意事项

(1) 要求管理者保持极强的时间观念、有时间成本效益观念和时效观念，有定量控制自己有限时间的能力。

(2) 要求管理者熟练掌握提高工作效率的技巧及节约与灵活运用时间的技巧。

(3) 要求管理者必须为自己和所管理的部门设定工作目标。

(4) 要求将工作目标进行排序，以保证有限的时间内能确保对最重要的目标给以最高的优先权。

(5) 要求列出为实现目标所必须进行的具体活动，并将活动排序。

(6) 要求管理者按照事件的优先顺序排出活动日程，制定每日工作计划。

小 结

1. 计划职能
   - 计划的基本特征
     - 主要性
     - 合理性
     - 时间性
     - 连续性
   - 计划管理的意义
     - 有利于实现组织目标
     - 有利于应对突发事件
     - 有利于合理使用资源
     - 有利于控制工作
     - 有利于提高护理质量

笔记栏

- 2. 目标管理
  - 目标管理特点
    - 参与管理的一种形式
    - 组织总目标与各单位及成员个人的目标
    - 强调“自我控制”
    - 强调“自我评价”
  - 基本程序
    - 计划阶段
    - 执行阶段
    - 检查评价
- 3. 时间管理
  - 时间管理的意义
    - 提高工作效率
    - 有效利用时间
    - 激励员工的事业心
  - 时间管理的策略
    - 合理安排时间
    - 抓住“黄金时间”
    - 评价浪费时间和分析影响因素
    - 保持时间利用的相对连续性和弹性
  - 时间管理的方法
    - 时间管理统计法
    - ABC 时间管理法
    - 四象限时间管理法

【思考题】

(1) 制订计划时必须具有哪些特征？

(2) 制订计划的步骤有哪些？

(3) 计划在临床护理管理工作中有哪些意义？

(4) 目标管理特点有哪些？

(5) 时间管理的方法有哪些？有何意义？

（左四琴）

笔记栏

第四章

组 织

学习要点

- **掌握**：① 组织的基本要素；② 组织的基本原则；③ 护理组织文化特征。
- **熟悉**：① 组织的基本结构、类型，正式和非正式组织的特点；② 护理组织文化内涵；③ 护理组织文化管理；④ 护理组织文化创建的过程。
- **了解**：① 组织的基本原则；② 组织结构的基本概念和组织图；③ 护理组织文化作用；④ 护理组织文化的管理。

组织职能是进行人员配备、领导、控制管理的前提，能促进组织目标实现和计划有效执行。组织工作就是分工和协作的过程，是管理者为实现组织目标而建立与协调组织结构的工作过程。组织职能一般包括：组织结构设计与建立、职权的分配与职责的落实、人员的选拔与配置、组织的协调与变革等。护理组织管理是运用现代管理科学的组织理论，研究护理系统的结构和人的管理，通过组织设计，建立适合的工作模式，把人员的分工和协作，上下级的相互关系，时间和空间的连接等各个环节都合理地组织起来，形成一个有机整体，创造和谐的工作环境，运用护理人员的能力和智慧，达到提高工作效率而实现护理总目标。

第一节 组织概述

一、组织的概念和作用

1. 组织的概念　组织一般指群众的集合体，如医院、病房、学校、军队、商店等，是集职、责、权、利四位一体的机构，具有共同目标、任务的社会团体都是组织。

2. 组织的作用　组织是实现组织目标和提升工作效率的工具，其职能是对人、财、物、信息、时间进行有效组合，为实现目标而采取的活动。如病区护理单元组织承担特定的护理任务，设置护士长、总责任护士、责任组长、护士等岗位，建立专科各项护理制度，通过岗位责任明确各岗位责权，有分工有合作，各层级需要相互配合，才能产生较高的团体效率。

二、组织的基本要素

组织要素是保证每个组织生存及发展的基本条件，概括为有形要素和无形要素。

1. 有形要素　指达到组织目标的人、物、财、信息、技术方面的要素。

(1) 人力是组织有形要素最主要因素，合理的人才结构梯队是组织生存发展的保证。

笔记栏

(2) 物力是组织实施活动的物质条件，如活动场所、设备、机器、原材料等。

(3) 财力是组织的资金状况。

(4) 信息随着当代科技进步，全球实现网络化，信息在推动组织活动中发挥着越来越重要的作用。

(5) 技术良好的技术力量为组织发展提供了重要保障。拥有一支具有现代化技术水平的医护队伍，是医院满足社会需求和自身发展的关键。

2. 无形要素　指组织相关的法律、道德以及精神条件的要素。

(1) 组织目标：只有组织及组织成员都自愿追求共同目标，该组织才会有存在的意义，各层级人员才有工作动力，达到圆满完成工作任务。

(2) 分工及协作：组织目标建立后，为了实现共同目标，必须把目标和任务进行分解，人员之间进行分工和协作，即组织各成员分配任务，为了完成任务，组织成员之间需要团结协作。组织中的每个成员完成所分配的任务，是保证组织目标实现的基础。另外各个岗位人员及岗位之间需要保持密切的协作关系。

(3) 各层级的权力与责任：为了实现组织目标，赋予分工后各部门以及每个人相应的权力和责任。完成任何工作，都需要有完成相应工作所必需的权力，只有权力而无责任会导致滥用权力，权力和责任是实现组织目标的必要保证。

(4) 团结和信念：组织成员要团结协作，对组织的发展前途要充满信心，完成己任，实现共同目标。

(5) 适应和更新：组织的内外环境会不断变化，组织只有根据环境变化实时调整自己的方案，才能在激烈的竞争中求得生存和发展。医院外界环境的变化如随着国家医疗政策的变化、技术革新，市场竞争日益激烈、医疗服务内涵不断丰富等，使得医院的运行模式必须随之调整，才能不断适应社会发展需求。

三、组织的基本原则

组织原则是组织工作的指南方针，为实现组织目标，最有效地配置组织各层资源，在组织设计时须遵循以下基本原则。

1. 目标明确及统一原则　组织的建立必须具有明确的总目标，各层也必须有明确的分目标，分目标必须围绕组织的总目标运行。

2. 分工和合作原则　分工合作原则要求根据组织内部职责类型、专业要求及岗位分工的需求建立组织、各层级成员承担相对有限的任务，能更熟练地工作，迅速完成任务；同时强调各部门之间保持协调配合，以实现组织有效运转。

3. 精简效率原则　任何组织都要以一定的社会效益和经济效益为基础，各环节各成员必须组合成精简、高效的组织结构形式，建立以少花钱多办事、办好事为原则。

4. 集权与分权管理结合原则　集权管理指上级指挥下级，下级必须服从上级命令和指挥。分权管理指上级掌握总权限，其他权限分给下级，下级在执行具体任务时能行使一定的权力；分权能起到锻炼下属、提高工作积极性的目的。

5. 权责相称原则　组织设计时应使每个组织单元或职位所承担的责任与享有的权利、利益相匹配。

6. 层幅适当原则　组织管理从最高层到基层领导以 2～4 个层次为宜，层次越多，下达和上报情况沟通越不利。另外组织中各层次直接管理的下属人数应是合理有限的，层次越高，管理的下属人数应相应减少，以保证有效控制。

7. 稳定性与适应性原则　在组织设计时，既要考虑组织的稳定性，又要关注内外环境变化时组织结构能够灵活调整及变革，使组织正常运转的同时具有一定的发展空间和适应能力。

笔记栏

四、组织类型

组织类型很多，按照不同的标准可有不同的类型。如按照组织形成方式划分为正式组织和非正式组织；按社会功能分为政治组织、文化组织、群众组织、经济组织等。以下重点介绍正式组织和非正式组织。

1. 正式组织　正式组织(formal organization)是指为了实现组织目标而明确规定组织各成员之间职责范围和相互关系的一种结构，组织制度、规范及规定对成员有正式约束力。正式组织有组织系统图、组织章程、职位及工作标准说明的文件资料。组织结构、各成员职责、权力、义务及相互关系由上一级管理部门制定，其成员的活动要服从组织的规章制度和纪律。正式组织具有以下几个特点。

(1) 有正式的机构编制、组织赋予的领导权力和上下级隶属关系。

(2) 有共同目标，有明确的组织宗旨和组织章程。

(3) 有各项管理制度约束个人行为以利于实现组织目标。

(4) 有明确角色关系、分工专业化，强调协调配合，确保高效运转。

(5) 有明确的信息沟通系统，各成员在组织内积极协作，服从组织目标需要。

2. 非正式组织　非正式组织(informal organization)是指人们在共同工作或活动中，基于相同的兴趣爱好，以共同利益和需要为基础，自发形成的组织群体。非正式组织重要功能是为了满足人们的心理需要，成员间自觉相互帮助，又称心理社会体系。非正式组织具有以下几个特点。

(1) 成员间基于共同的思想和兴趣爱好彼此吸引，是自发形成的团体，不一定具有明确的组织目标和规章制度。

(2) 有较强的内聚力，成员间自觉相互帮助。

(3) 有不成文的行为规范和奖惩办法控制成员的行为，无法定的组织结构和职位。

(4) 非正式组织领袖无法定地位和权力，但具有较强的影响力和情感吸引力。

正式组织结构中有非正式组织的存在。一个员工可以既属于正式组织，听从组织安排，遵守组织规章制度；该员工也可能和其他同事一起组成非正式组织。当非正式组织的目标跟正式组织一致时，对正式组织具有积极作用，对管理者是极大的帮助；当非正式组织与正式组织的目标相违背时，非正式组织对正式组织起消极作用。由于非正式组织的双刃剑作用，管理人员应该高度重视和充分利用非正式组织，使两者目标最大程度协调一致，互相补充，这样将更有利于提高正式组织的运作效率，确保正式组织目标的实现。

一般情况下正式组织与非正式组织目标总会呈一定的角度关系(图 4-1)。当两维目标变量 0°(即完全一致)，非正式组织对正式组织实现目标将产生最大的促进作用；当两维目标变量成 0～90°(即大体一致)，非正式组织对正式组织实现目标将产生促进作用；当两维目标变量成 90°～180°(即基本不一致)，非正式组织对正式组织实现目标产生阻碍作用；当两维目标变量成 180°(即完全不一致)，非正式组织对正式组织实现目标有最大的阻碍作用(图 4-1)，从非正式组织目标 1 到非正式组织目标 5，非正式组织对正式组织实现目标从最大促进作用逐步到最大阻碍作用。

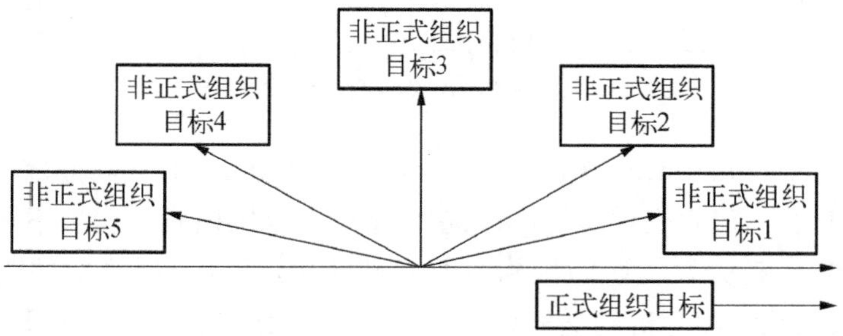

图 4-1　正式组织与非正式组织目标关系

笔记栏

第二节 组织结构

一、组织结构的基本概念和组织图

1. 基本概念　组织结构(organizational structure)是组织内各成员为实现组织目标，通过任务、责任关系以及连接各部门沟通渠道所构成的系统模式。它是表现组织各个部门排列顺序、空间位置、聚集状态、联系方式以及各要素之间相互关系的模式，使组织工作中的人、财、物、信息正常流通，是管理系统实现工作目标的框架。组织能否顺利达标，很大程度上取决于组织结构的完善程度。

2. 组织图　组织图(organization chart)又称组织树，是用图表阐明正式组织整体结构、各组织部门职权关系和主要功能。其垂直形态显示权力和责任关系，水平形态表示部门间的关系。组织图可以为管理者提供组织的相关信息。

二、组织结构的基本类型

传统的组织结构有五种基本类型，即直线型、职能型、直线-职能参谋型、矩阵型、委员会组织。

1. 直线型结构(pure line structure)　又称单线型，是一种最简单的组织类型(图 4－2)。其特征是有一个纵向权力线，从最高领导逐步到基层管理者构成直线结构。设立权力线主要目的是维持组织的正常运转、实现组织目标。这种结构的优点是个人责任和权力明确，组织的各层次管理者负责行使该层次的全部管理工作，容易迅速做出决定；该结构的缺点是权力高度集中于最高领导者，容易发生掌权者主观臆断、滥用权力，管理集中由个人承担，不利于专业分工。所以直线组织结构适合于组织结构简单的小企业，不适用于较大规模、业务复杂的组织。

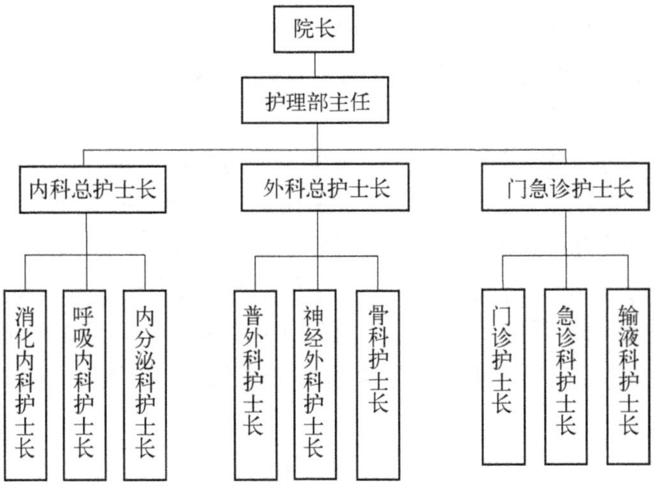

图 4－2　直线型组织结构

2. 职能型结构(functional structure)　又称多线型(图 4－3)。职能部门或岗位是为分管某项业务而设立的部门，有一定职权，各职能部门在分管业务范围内直接指挥下属。职能型组织结构的优点是管理分工明细，充分发挥职能机构专业管理作用，减轻上层管理的负担。缺点是多头领导，不利于统一指挥；组织内职能机构横向联系差，信息沟通困难；管理者协调耗费时间较多；对环境变化的适应性差。实际工作中，纯粹的此类结构较少。

笔记栏

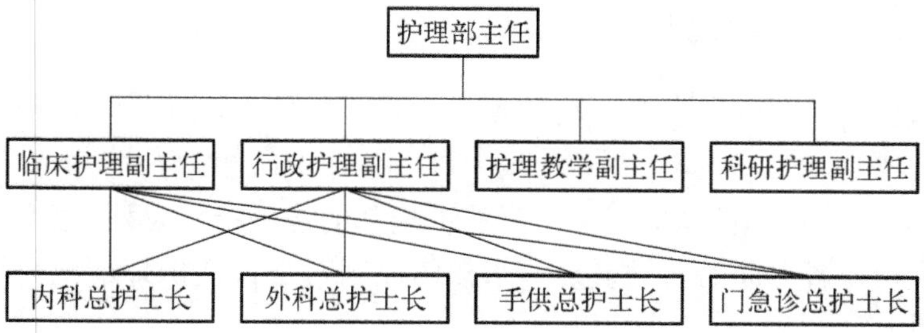

图 4-3 职能型组织结构

3. 直线-职能参谋型结构 (line and staff structure) 是在直线型和职能型的基础上,使职能部门变为参谋部门,参谋部门只能给主管领导充当参谋,参谋部门不能对下级发号施令。该结构优点是实现统一指挥、严格责任制、避免多头领导,参谋可弥补主管领导的不足之处,实施有效管理。缺点是信息沟通困难,管理者需要耗费很多时间协调工作(图 4-4)。

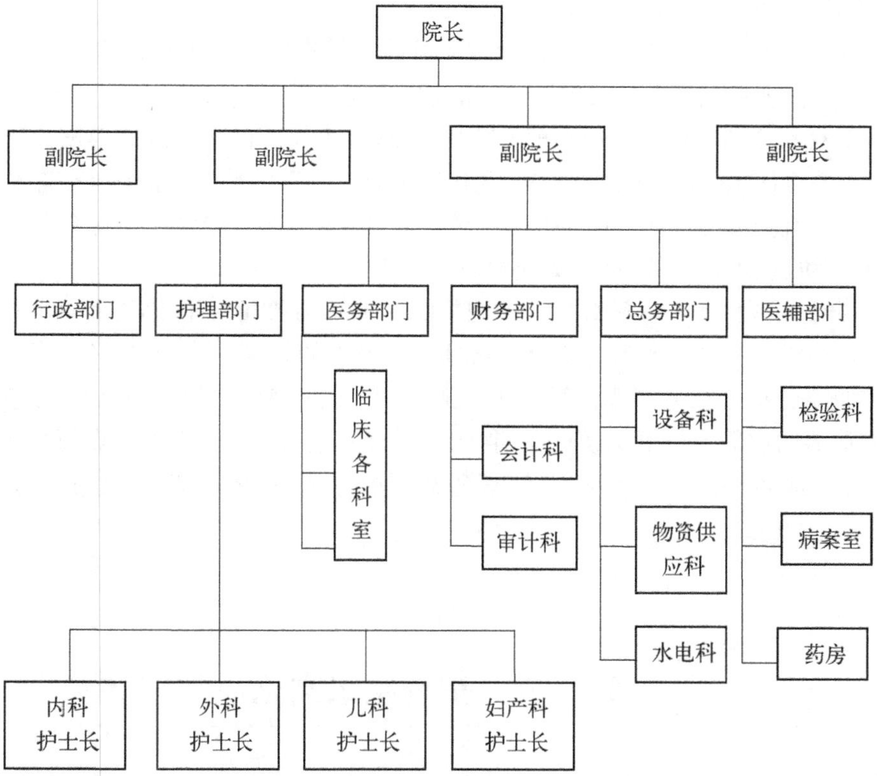

图 4-4 直线-职能参谋型组织结构

4. 矩阵型结构(matrix structure) 是按组织目标管理和专业分工管理相结合的组织类型。这种组织形式保留直线-参谋型结构,还设立了按项目划分的横向领导系统,纵横交错形成矩阵。该结构的优点是不打乱垂直系统的领导下,将各职能部门专业人员集中起来,使多专项任务在一个组织内平衡协调完成,由于横向可以发生联系,增加管理的灵活性。该结构的缺点是需要领导全面管理、协调、平衡和处理各种关系。

5. 委员会(committee) 委员会成员是来自不同领域的专业人员,研究各种管理或学术问题,常与上述组织相结合起咨询、合作、协调的作用。该组织结构可以是永久的,也可以是临时的。如护理职称评定委员会由护理专家、护理行政领导者等组成。委员会的优点是可以集思广益、利于沟通、防止权力过分集中、具有一定权威性、能代表集体利益、易获得群众的信任。缺点是费时间、职责分离,部分人只参与讨论并不负责,不利于落实组织决定。

笔记栏

三、医院护理组织设计的原则

护理组织结构是否科学、合理直接影响护理组织运行的效率。在设计护理组织时应该遵循以下原则。

1. 统一指挥原则　每个护理单元必须听从护理部的统一指挥，最大限度地防止责任相互推诿，保证有效统一和协调各方面的活动。统一指挥的原则对于保证护理组织目标的实现和工作效率的提高起关键作用。

2. 目标统一原则　每个护理单元的分目标必须服从护理部的总目标。

3. 专业化分工与协作的原则　各个专科划分给专人负责，从而使专科技能得以强化和提高。分专科原则强调每个护士需要掌握本专科技能并娴熟应用；同时注重加强各专科合作。如在某一专科遇到困难时，采取会诊的形式请求相应护理部门的专业人员帮助，这样极大提高护理部工作效率的目的，产生 1+1>2 的效果。

4. 层次扁平化原则　护理管理层次应遵循扁平化原则和最少化原理，因为层次增多，逐层下达、上报次数增多，增加沟通困难。

5. 管理幅度的原则　管理幅度是指管理人员能直接有效管理下属的人数。一般来说，护理管理层级 2-4 级，护理单元护士长管理 8～20 名护士为适宜。

6. 职责与职权相应的原则　从护理副院长-护理部主任-科护士长-护士长，管理层级越高赋予的权力和担当的责任越大，有多大权力就承担多大责任。责任是权力的约束，有了责任，权力拥有者在运用权力时就会考虑可能产生的后果，不会滥用权力。有责无权，有权无责，或者责权不对等，或者责权利不协调、不统一等，都会降低护理组织结构的运行效率。

7. 稳定性与适应性相结合的原则　护理组织内部结构要相对稳定，才能保证日常组织工作的正常运转。另外建立起来的护理组织不是一成不变的，可随着医院内外环境条件的变化做出适当的调整。如随着社会疾病谱和人民对卫生服务要求的改变，护理组织结构也随之发生变化，如根据卫生主管部门政策导向和人们对卫生行业要求的改变，护理工作重点可能会向进一步深化优质护理服务、预防、社会医疗服务、慢病管理、康复、开展家庭随访、提供健康咨询等方面转移。

第三节　护理组织文化

广义的组织文化是指组织发展中形成的物质文明和精神文明的总和，包括组织管理中硬件和软件。狭义的组织文化是指组织创造的精神财富，如价值观、精神、道德、习惯、作风、行为准则、传统美德等，是一种“软性”的协调和融合力量，反映了组织成员的精神面貌、共同的价值标准。正是这种被称为管理之魂的组织文化以无形的“软约束”力量成就了组织有效运行的内在驱动力。目前组织文化已成为管理界的热门话题，并逐步成为一种管理思想和理论。

一、护理组织文化

笔记栏

护理组织文化(organizational culture)指有护理行业特点的管理方式和行为模式，包含所有护理人员在职业过程中共同遵循的行为规范、信念和价值观，是医院管理的重要内容和医院内部文化建设的一部分。应将护理服务理念、服务态度、服务效率、服务氛围作为护理组织文化建设的重点，护理领导者应高度重视护理队伍的文化建设。

二、护理组织文化的内涵

护理文化是由物质、制度和精神文化构成。护理物质文化指存在于物质产品中的文化，如护理设备、护理人员的工作环境、护理人员的技术水平等，反映人与自然的关系；护理制度文化指存在于各种制度中的文化，如实行护理目标管理责任制，各级护理人员对这种制度的认识态度、保证各项护理工作的正常进行，各种护理技术规范和操作制度等也属于制度文化，它反映护理人员之间的关系；护理精神文化指存在于护理人员自身的思想、观念、言论、行为的文化，如以患者为中心的服务精神、救死扶伤的精神、严谨治学的精神等，反映了护理人员与其自身角色的关系。

三、护理组织文化的内容

1. *护理组织环境* 包括内环境和外环境。内环境是指护理人员的工作环境和人际关系。外环境是指医院所处社会中的经济、文化传统、政治等方面的环境。

2. *护理组织目标* 提高护理人员的素质，造就优秀的护理专业人才。

3. *护理组织制度* 是保证护理工作正常运行、协调护理组织与各部门之间关系的纽带。

4. *护理组织精神* 护理组织精神集中反映了护理人员的思想活动，提高护理组织的凝聚力。

5. *护理组织形象* 护理组织的形象是护理服务质量、技术水平、人员素质、公共关系等给社会人群的总体印象。

6. *护理组织理念和价值观* 护理理念决定了护理工作的价值取向和护理人员的奋斗目标，护理组织的价值观是在护理组织为获得成功而形成的基本信念和行为准则。

四、护理组织文化特征

护理组织文化属于"软文化"管理的范畴，是护理人员的自我意识所构成的精神文化体系，因此既具有文化的共同属性，又具有自身独有的特征，其基本特征主要包括以下几方面：

1. *护理成员的价值观是护理组织文化的核心* 护理成员的共同价值观，促成了护理组织内部强有力的凝聚力和整合力，成为全体护理成员共同遵守的行动指南。价值观制约和支配着护理组织的宗旨、行为规范及追求目的。

2. *以人为本是护理组织文化的中心* 做好人民健康服务是护理组织活动的中心，因此护理组织只有充分重视人的价值，尊重人、依靠人、培养人，充分调动积极性，发挥主观能动性，提高全体护理成员的责任感和社会使命感，这样，就能不断增强护理组织的内在活力，实现护理组织的总目标。

3. *软性管理和硬性制度规定相结合* 是护理组织文化的主要管理方式，护理哲理、价值观、护理信念等能规范护理行为标准和协调友爱和谐气氛，提高护理管理者管理的效率。

4. *增强护理群体的凝聚力是护理组织文化的重要任务* 护理成员来自五湖四海，他们有着不同文化、不同民族、不同行为方式、不同的风俗习惯和不同的目标。不同的人们聚集在护理组织中给护理领导者带来挑战，因此护理组织文化需要建立共同的愿望和价值观，需要强化组织成员之间的合作、信任和团结，达成共识，才能使组织有巨大的向心力和凝聚力。

五、护理组织文化在护理管理工作活动中的作用

护理组织文化除具有"软性制约"和"内化激励"的特点外，主要还表现了以下五大作用。

1. *导向作用* 护理组织文化能够把护理人员的价值观和行为引向医院总目标。如护理组织文化倡导的理想、价值、行为就像一把尺，摆在每位护理人员面前，使每个人的认识、评价在潜移默化中达成一致。

笔记栏

2. 约束作用　护理组织文化是使院内全体护理人员的工作态度和行为尽可能符合医院的要求。

3. 凝聚作用　要增加护理组织的吸引力和向心力，护理组织需要有内聚作用，保证护理队伍的稳定性，要让每个成员有归属感才能激发他们的使命感责任感，这些都有赖于护理组织文化这种黏合剂。

4. 激励作用　当护理组织文化形成了护理领导者尊重和信任护理人员，员工的工作热情就会激发，从而增加护理人员自信自强、团结进取精神，调动护士的积极性、创造性，达到提高工作效率的作用。

5. 辐射作用　护理组织文化会通过各种渠道迅速对社会产生影响，能向社会展示白衣天使的精神风貌和良好形象，提高医院的美誉度，同时提高全社会对护理人员的尊重、信任和支持。

知识拓展

一个医院的护理组织文化反映该医院护理团队的价值观、对护理团队内部正能量发挥强有力的促进，支配着护理的精神追求，对管理者来说护理组织文化能够将护理人员的行为引向医院总目标，对提高医院的总体工作效率将发挥不可低估的积极作用。因此，对于护理管理者来说，必须重视所管辖范围内的护理组织文化建设，因为一个充满正能量的护理组织文化的团队对调动护士的积极性、创造性、增加团结进取精神方面有着不可估量的作用。

六、护理组织文化创建的过程

护理组织文化是医院资源的重要组成部分，根据护理专业特点，营造良好的护理组织文化是护理管理的重要任务之一，护理组织文化创建的过程包括以下几个方面。

1. 分析、判断　首先全面收集资料，对护理组织现存的文化进行系统分析，自我判断确定组织已经形成的工作作风、行为模式；挑选出积极向上、需要发扬的文化，抛弃保守落后文化，确立护理文化建设的新目标。

2. 概括　在分析判断的基础上归纳总结，将最优秀的文化内容加以完善和概括，形成制度、规范、口号和守则。

3. 设计　在现有的护理组织文化基础上，根据专科特色，发动全体成员参加设计具有特色的组织文化。

4. 倡导、强化　大力提倡护理新文化，使新观念人人皆知，护理管理者要强化新的价值观念，使之约定俗成，为全员接受和认可。

5. 实践、提高　用新的价值观指导实践、从实践上升到理论、把感性认识上升为理性的认识，不断提高组织文化的层次。

6. 更新、优化　在护理发展的不同阶段，应根据形势的发展和需要，使护理文化在不断更新中再塑造和优化。

通过护理人力资源管理手段，倡导员工具备真正的职业能力；通过员工培训方式来推广护理组织文化；鼓励变革、促进创新；有效的领导和激励；积极倾听员工的意见和建议；与下属适时沟通；建立反馈控制机制等。不断建立护理组织文化并不断完善；组织文化做到层层落实，渗透护理临床一线；组织文化要注重创新和发展，即注意服务内容和服务手段的创新；组织文化注重执行力度，即管理和文化渗透要有力度；组织文化与实施人性化管理的统一；通过对价值观，组织精神，组织目标，组织理念等因素进行分析，以塑造成功的护理组织文化作为管理模式，将护理管理工作推向一个新的发展阶段。

笔记栏

小 结

1. 组织的基本要素
   - 有形要素
     - 人力
     - 物力
     - 财力
     - 信息
     - 技术
   - 无形要素
     - 组织目标
     - 分工及协作
     - 各层级的权力与责任
     - 团结和信念
     - 适应和更新

2. 组织的基本原则
   - 目标明确及统一原则
   - 分工和合作原则
   - 精简效率原则
   - 集权与分权管理结合原则
   - 权责相称原则
   - 层幅适当原则
   - 稳定性与适应性原则

3. 组织结构的基本原则
   - 直线型结构
   - 职能型结构
   - 直线-职能参谋型结构
   - 矩阵型结构
   - 委员会

4. 护理组织文化的作用
   - 导向作用
   - 约束作用
   - 凝聚作用
   - 激励作用
   - 辐射作用

【思考题】

(1) 说说护理组织文化特征。

(2) 简述护理组织文化在护理管理工作活动中的作用。

(3) 浅谈护理组织文化创建及如何管理。

(左四琴)

笔记栏

第五章

护理人力资源管理

学习要点

● **掌握**：① 医院护理人员配置依据、方法、配置状况、遵循的基本原则；② 护理人员排班基本原则及方法；③ 护理人员绩效评价的基本原则。

● **熟悉**：① 护理人力资源管理的目标和特点；② 护理工作模式；③ 护理人员岗位管理及人力资源配置与调配质量改进；④ 护理人员绩效评价的概念及作用；⑤ 绩效评价程序。

● **了解**：① 护理人力资源管理体系、管理职能；② 护理管理岗位设置；③ 护理人力资源管理存在的问题与策略；④ 护理人员绩效评价工具及评价责任。

护理人力资源管理通过履行选人、用人、育人、留人四个主要管理职能，提高护士的专业能力，激发护士的工作活力；有效利用竞争机制、激励机制和约束机制，不断降低人力成本，提高护理工作效率，促进医院的可持续发展。本章将围绕医院护理人力资源规划、护理人员配置及管理岗位设置、绩效评价等方面进行讨论。

第一节　人力资源管理概述

人力资源管理是有效利用人力资源实现组织目标的过程。人力资源管理概念包括两个主要内容：一是吸引、开发和保持一个高素质的员工队伍，二是通过高素质的员工实现组织使命和目标。护理人力资源指经职业注册取得护士职业证书，依照护士条例规定从事护理活动的护士，以及未取得护士执业证书，经过岗位培训考核合格，协助注册护士承担患者生活护理等职责的护士和护理员。护理人力资源管理是管理部门以实现“以患者为中心”的护理服务目标为核心，从经济学角度来指导和实施护理人力与护理岗位匹配的管理活动过程。

一、护理人力资源管理的目标和特点

护理人力资源管理的根本目的是最大限度提高组织效率，让组织中每个护理人员的长处都能得到发挥并取得最好的护理工作绩效。归纳起来讲，护理人力资源管理需要做好三方面的工作：一是人与岗位的匹配，二是人与人的科学匹配，三是人的贡献与工作报酬的匹配。护理人力资源具有主观能动性、可塑性、组合性、人力资源闲置过程的消耗性、流动性等特点。

笔记栏

二、护理人力资源管理体系

护理人力资源管理活动需要通过医院人力资源管理部门与护理人力资源管理体系及其相关部

门共同完成，由此构成组织的人力资源管理系统。医院护理人力资源管理架构一般分三个层次：高层、中层和基层（护士长或一线护理主管）。高层护理管理者，如护理副院长、护理部主任，主要任务是护理人事决策，制定护理人力资源发展规划；对中层护理管理岗位的配置设计、护理人员的任用和选择、绩效评价、参与组织护理人事政策的策划制定等。中层护理管理者，如科护士长，在人力资源管理方面主要承担三种职能：直线主管职能、协调职能、服务职能。基层护理管理者，如护士长，又称一线主管或经理（manager），对所管辖护理人员进行直接护理业务活动管理。

三、护理人力资源管理职能

医院护理人力资源管理职能主要包括：护理人力资源规划、选择聘用、人员培训、考核、开发和发展、人员薪酬管理、护理人员健康和劳动保护，以及制定相关的人事政策等。

1. *护理人力资源规划*　护理人力资源规划是医院人力资源管理部门和护理职能部门根据组织护理业务范围评估和确认护理人力资源需求并做出策划的过程。主要包括两个层面的规划：医院护理人力总体规划和人力资源子系统规划。总体规划包括医院护理人力总体需求与供给预测，人力短缺与过剩预测、人力资源规划的定期评价与调整。护理人力资源子系统规划主要包括人员的更新规划、晋升规划、培养开发规划和配备规划等。

2. *护理人员招聘*　招聘是组织及时吸引足够数量具备应聘条件的个人并与具体工作岗位匹配的过程。招聘活动的关键点是：寻求足够数量具备护理岗位任职资格的申请人，以供组织在护理人员的选择上具有更大自主性，保证组织护理人员的质量。

3. *护理人员培训*　是通过对医院护理人员的工作指导、教育和业务技能训练，使护理人员在职业态度、知识水平、业务技能和工作能力等方面得到不断提高和发展的过程。护理人员的培训对帮助护理人员在工作岗位上保持理想的职业水平、高效率完成组织和部门工作任务、促进个人职业的全面发展和自我价值实现具有积极的现实意义。

4. *护理人员绩效评价*　护士绩效评价的目的是帮助护理人员把今后的工作做得更好，更加富有成效。护理人员的绩效评价结果还是护理管理人员、部门和组织做出对护理人员关于奖惩、培训、调整、升迁、离退、解雇等人事决策的依据。

5. *护理人员的薪酬管理及劳动保护*　通过薪酬体系有效调动护理人员的工作积极性，建立医院和部门具有相对公平的分配系统，是医院和护理管理人员长期以来不断改革探索的关键问题。护理人员薪酬设计的关键在于体现“对内具有公平性，对外具有竞争性”的特点。管理者应根据各级护理人员的岗位、资历、工作能力、工作表现和绩效等方面因素制定科学合理、具有吸引力的薪酬标准和制度并有效实施。此外，采取有效措施为护理人员提供健康、安全的工作环境，按照国家劳动政策提供相应的医疗保险、养老保险、劳动保护和福利也是人力资源管理的内容。

第二节　医院护理人员配置及管理岗位设置

一、医院护理人员配置

（一）护理人员配置依据

1. *概念*　护理人力配置是以组织护理服务目标为宗旨，根据护理岗位数量填补适当护理人员，保证护理人员、护理岗位、护理服务目标合理匹配的过程。护理人力资源配置主要包括两项活动：一是人员的合理分配，二是人力资源科学组合。护理人力配置是护理人力资源管理的重要环节，侧重于对护理人力资源潜力的有效开发和利用。

2. *依据*　护理人力资源配置受许多直接、间接因素的影响，主要依据是：我国卫生行政主管

笔记栏

部门的相关政策和规定；国家卫生人事制度改革和各地卫生部门的要求；社会对护理服务的需求；医疗卫生的业务服务范围；护理单元承担护理工作量的大小；护理群体素质的数量和质量标准；组织支持系统及资源保障情况及其他有关因素。

3. 护理人员配置状况　近年来，全国各地的护理人力配置调查结果显示，全国大部分医院的护理人力配置未达到配置标准。各级医院努力通过提高护理人员的绝对数量、合理配置护理人力资源、完善激励机制、建立规范的培训体系等方面来进行改进。

（二）护理人员配置方法

护理人员配置的方法有：以国家规定的编制原则为依据，对人员配置进行宏观预测；根据护理任务定性定量指标分析，制订护理人员数量规划；运用直接、间接护理工作量综合平衡各护理单元的人员配置。

1. 按国家规定的编制原则配置　2011 年卫生部发布的《中国护理事业发展规划纲要（2011～2015 年）》明确要求：到 2015 年，全国三级综合医院、部分三级专科医院全院护士总数与实际开放床位比不低于 0.8∶1，病区护士总数与实际开放床位比不低于 0.6∶1；二级综合医院、部分二级专科医院全院护士总数与实际开放床位比不低于 0.6∶1，病区护士总数与实际开放床位比不低于 0.4∶1。按照医院的规模合理配置护理人员；每位护士平均负责患者数≤8 人，并体现护理人员能力与患者危重程度相符的原则；能够依据护理人员能力、专业特点，合理配置护理人员资源；有护理人员储备，可供紧急状态或特殊情况下调配使用；临床一线护理人员占护理人员总数≥95%；手术室护士与手术间之比不低于 3∶1；ICU 护士与床位比≥（2.5～3）∶1；护理人员具大专以上学历≥50%；基于护理工作量配置护理人员，在部分科室和部分专业实施弹性人力资源调配；护理人员由护理部统一调配。

2. 工时测量法　指根据按需设岗的原则科学测量完成某项护理工作全过程每一个环节必须进行的程序所消耗的时间，是确定护理工作量的最基本方法。主要步骤包括：① 确定被测量者；② 列出测定项目的所有操作步骤；③ 测定工时；④ 计算护理工时和人员编制，工时测量是按病房护理的实际工作动态进行计算。

3. 患者分类法　患者分类法制定的目的是确认护理工作负荷以及护理人员的数量需求。主要方法是根据患者的病种、病情等来建立标准护理时间，通过测量和标准化每类患者每天所需的直接护理时间和间接护理时间，得出总的护理需求或工作量，从而预测护理人力需求。

（三）护理人员配置遵循的基本原则

1. 人员保障原则　医院和管理部门在进行护理人员配置时要以卫生行政主管部门护士人力配置要求为依据，以医院服务任务和目标为基础，配置足够数量的护理人员以满足患者需求、护士需求和医院需要。

2. 科学配置原则　科学合理的护理人员配置可以有效避免因患者数量和病情变化等带来的护理人力不足或人员过剩的现象发生。护理管理部门应在分析护理业务范围、种类、服务对象需求和护士人力结构现状的基础上确定人员配置数额。

3. 成本效率原则　在护理人力资源配置过程中，管理者要结合实际不断寻求和探索灵活的护理人员配置模式，重视护理人员的能级对应及分层次使用，根据护理工作量的变化及时调整人员配置，由此降低人员成本，提高组织效率。

4. 结构合理原则　护理单元群体结构是指科室不同类型护理人员的配置及其相互关系。结构合理化要求护理人员在专业结构、知识结构、智能结构、年龄结构、生理结构等方面形成一个合理的整体护理群体，形成护理人员能级对应、优势互补的群体，有效发挥护理人力的整体价值。

5. 个人岗位对应原则　护理人员的个体素质包括个人的年龄、性格、智能、气质、价值观、工作动机、专业技术水平、工作经验等。这些因素不仅对部门的护理工作有直接的影响，而且同构成个人素质的各要素之间也存在一定的制约关系。管理者在分析个人特点与岗位要求的基础上实现个体与具体岗位的最佳组合，也是有效利用护理人力资源，调动护理人员工作积极性的配置原则之一。

笔记栏

二、护理管理岗位职责及任职资格

（一）护理管理岗位设置

按照中华人民共和国卫生部等级医院标准要求，护理管理层次可以根据医院的规模设置两个或三个层次。我国的三级医院要求三级管理体系，即护理部主任或护理行政主管（executive）、科护士长或管理协调者（coordinator）、护士长或护士管理者（nurse manager）。两级管理体制主要是护理部主任或总护士长、护士长两个层次。

（二）护理部主任岗位职责及任职资格

1. 护理部主任职责　履行医院护理管理职能、以决策者角色参与医院的发展策略和远期规划的制定；在护理临床和护理管理的目标和方向中起领导作用；获取和分配与实现组织目标相关的护理人力、物力和财力资源；制定和评价护理服务标准和程序，推进护理服务预期目标的实现；在护理人力资源的培养、使用和管理等方面起领导作用；确保对护理服务单元和护理整体服务质量进行连续的评价和改革；促进临床护理、健康管理和护理管理领域中科学研究的实施、总结和应用；激励、培养、招收和保留未来的护理管理人才；帮助所有护理人员理解创新的重要性和必要性。

2. 护理部主任任职资格　护理部主任任职资格因医院要求和地区差别而定，不宜统一。但需符合基本要求：国家注册护士，具备护理专业学士以上学位；接受过管理方面专业知识和技能的培训教育；10 年以上护理工作经验；5 年以上护理管理经验；良好的语言和书面沟通能力；出色的人际交往能力；高度的责任心和敬业精神；良好的组织才能；身心健康，满足岗位需要。

（三）科护士长岗位职责及任职资格

1. 科护士长职责　履行医院护理管理职能；负责将医院及上级护理管理部门的宗旨、目标、规划转化为本部门护理人员的行动；负责所管辖科室的护理质量，参与护理部门临床护理质量的督察与评价、护理人力资源管理、病室环境管理、所管辖科室相关护理活动的组织、沟通与交流、积极参与各级护理专业活动；负责个人及管辖科室护理人员的专业发展、科室临床护理教学、意外事件和特殊任务的协调处理；参与信息管理，确保对医院信息处理的及时和准确等。

2. 科护士长任职资格　科护士长的任职资格因医院要求和地区而异。基本条件包括：国家注册护士，护理专业学士以上学历；接受过管理专业知识和技能培训教育；5 年以上护理实践经验，至少 3 年以上护理管理经验；具有良好的沟通能力和人际关系能力；高度的责任心；良好的组织能力；身心健康，满足职位需要。建议具备国家级护理机构认可的护理管理证书。

（四）护士长岗位职责及任职资格

1. 护士长职责　在所管护理单元范围内履行护理管理职能。对本护理单元的护理工作目标、任务、计划和护理服务标准的实施负责；以患者为中心，为患者提供全面整体的护理服务，保证本单元护理服务的质量和安全；为下属提供工作指南并对下属的日常护理服务活动进行督导；维护和营造良好的临床治疗和护理环境。负责本护理单元护理人力资源使用和管理；有效沟通，协调与护理工作有关的人际关系。评价护理人员绩效和工作表现；负责本单元护理人员的培训，开发护士工作潜力，促进职业发展；控制本单元护理人力资源成本等。

2. 护士长任职资格　护士长的任职资格因医院要求和地区而异。基本条件包括：国家注册护士，护理专业学士学位。接受过管理专业知识和技能培训教育；5 年以上护理实践经验，具备护理管理经验；具有良好的沟通能力和人际关系能力；高度责任心；良好组织能力，身心健康，满足职位需要。具备省级护理行政机构认可的护理管理证书。

三、护理工作模式、排班基本原则及方法

笔记栏

（一）护理工作模式

1. 个案护理　个案护理是一名护理人员负责一位患者全部护理内容的护理工作模式，又称为“特别护理”或“专人护理”。这种护理工作模式主要适用于病情复杂严重、病情变化快、护理服务

需求量大，需要 24 小时监护和照顾的患者，如入住 CU 类护理单元的患者，多器官功能障碍、器官移植、大手术或危重抢救患者等。

2. 功能制护理　是以各项护理活动为中心的护理工作方法。主要模式是护理管理人员将护理活动按照功能分类，再根据本科室护理人员的个人能力及任职资格进行分工，每个护理人员从事相对固定的护理活动，如治疗护士主管病房的治疗任务，基础护理护士承担病房患者的各种生活护理等，护理单元所有的护理活动由各班护理人员共同协作完成。功能制护理在护理人员数量方面的要求不太高，在护理人员有限的情况下，便于病房护士长进行病房护理人力的组织安排，人力成本较低；但由于功能制护理的工作模式是分段式，因而存在满足服务对象的整体需要不足和不利护患沟通等弊病。

3. 小组护理　是将护理人员和患者分成若干小组，一个或一组护士负责一组患者的护理方式。小组成员由不同级别的护理人员组成，小组组长负责制订护理计划和措施，指导小组成员共同参与和完成护理任务。小组护理的优点是，小组任务明确，成员需要彼此合作，互相配合，维持良好工作氛围；小组中发挥不同层次护理人员的作用，调动积极性，护理人员能够获得较为满意的结果。其缺点是，护理工作是责任到组，而不是责任到人，护士的责任感受到影响；同时患者没有固定的护士负责，缺乏归属感。对于组长的组织、业务能力有一定要求。

4. 责任制护理　是由责任护士和相应辅助护士对患者进行有计划、有目的的整体护理，要求患者从入院到出院，由责任护士和其辅助护士负责。每个护理人员负责一定数量的患者，以患者为中心，以护理计划为内容，对患者实施有计划的、系统的、全面的整体护理。护士的工作内容包括进行入院教育、完成各种治疗、基础护理和专科护理、护理病历书写、制订护理计划、观察病情变化、进行心理护理、健康教育、出院指导与评价等。

责任制护理的特点有以下几点：一是整体性，即护理评估及护理计划包括对患者的生理、心理、社会方面的护理问题，从整体认识患者。二是连续性，即患者从入院到出院由一位固定的责任护士负责全部护理活动的计划、执行与评价，保持连续性。责任护士不在班时，由辅助护士或者其他责任护士按照护理计划连续性实施护理。三是协调性，责任护士为患者负责与其他医务人员沟通、联系、协调各种事物满足患者需要。四是个体化，护理活动依照患者个体化需求制订，患者与家属参与护理计划活动，尤其是健康教育等。这种护理模式的优点是，护士能够全面了解患者的情况，为患者提供连续、整体的个体化护理，护理人员责任感增强，患者安全感增强。护患之间关系比较熟悉密切，增加了交流，护士独立性强。但要求责任护士有更高的业务水平。护理人力需求也会大一些。

将责任制护理和小组护理结合起来，是近年来发展的一种护理方式。将一组护士，根据不同层次护士的工作能力、技术水平负责不同数量、不同病情轻重的患者，责任到人，明确分工，进行整体护理。这种小组式责任制护理工作方式也是目前创建优质护理服务示范医院活动中倡导的护理工作模式。

5. 系统性整体护理　是自 20 世纪 90 年代以来开展的新型护理模式，是责任制护理的进一步完善。整体护理是一种模式也是一种理念，整体护理是以患者和人的健康为中心，以现代护理观为指导，以护理程序为核心，为患者提供心理、生理、社会、文化等全方位的最佳护理，并将护理临床业务和护理管理环节系统化的工作模式。2010 年卫生部提出优质护理服务模式核心就是提倡责任落实的整体护理，这对促进临床护理工作模式改革，丰富护理内涵，突出护理专业特点，提高和保证临床护理服务质量起到积极的作用。

（二）护理人员排班基本原则

1. 满足需求原则　指各班次的护理人力在质量和数量上要能够完成所有当班护理活动，从全面整体角度满足患者需要。除了满足服务对象的需要外，从人性化管理和管理的服务观点出发，管理者在排班过程中不要忽略了值班护理人员的需求。护士长在具体安排时要注意考虑不同年龄段护理人员的特点和个人需求，在两者不发生冲突的情况下，护士长应做到合理调整和安排，在保证护理质量的同时为下属提供方便。

笔记栏

2. 结构合理原则　科学合理地对各班次护理人员进行搭配是有效利用人力资源，保证临床护理质量的关键。对各班次护理人员进行科学合理搭配是有效利用人力资源，保证临床护理质量的关键。护理人员合理搭配的基本要求是：做到各班次护理人员的能力要相对均衡，尽量缩小各班次护理人员在技术力量上的悬殊；保证各班次能够处理临床护理疑难问题，避免因人力安排不当出现的护理薄弱环节，保证各班护理质量。

3. 效率原则　效率原则是管理的根本。护理管理者排班面临的另一挑战是用尽可能少的人力完成尽可能多的护理任务，同时保证护理质量。在具体排班时，护士长应以护理工作量为基础，结合病房当日实际开放床位数、病危人数、等级护理比例、手术人数、床位使用率、当班护理人员实际工作能力等对本病区护理人力进行弹性调配，在保证护理质量的前提下把人员的成本消耗控制在最低限度。

4. 公平原则　受到公平对待是每一个人的基本需求，也是成功管理的关键。护士长应根据护理工作的需要，合理安排各班次和节假日值班护理人员，做到一视同仁。是否受到公平对待对加强组织凝聚力，调动护理人员工作的积极性具有直接影响，值得管理者引起重视。

5. 分层使用原则　除上述原则外，护士长还应对科室护理人员进行分层次使用。其基本原则是：高职称护理人员承担专业技术强，难度大，疑难危重患者的护理工作；低年资护士承担常规和一般患者的护理工作。这样可以从职业成长和发展规律的角度保证护理人才培养和临床护理质量。

（三）护理人员排班方法

1. 周排班法　排班以周为周期的方法称为周排班法。一般由病房护士长根据病房现有护理人力及护理工作情况进行安排。国内许多医院都采用周排班方法。周排班的特点是对护理人员的值班安排周期短，有一定的灵活性，护士长可根据具体需要对护理人员进行动态调整，做到合理使用护理人力。一些特殊班次，如夜班、节假日班等可由护理人员轮流承担。周排班法较为费时费力，且频繁的班次轮转使护士在对住院患者病情连续了解方面存在一定局限。

2. 周期性排班法　周期性排班即每隔一定周期使各个固定班轮回，使工作人员熟悉排班规律及值班与休假时间，利于个人安排。此排班的优点为：节省排班时所花费的时间；人员公平地获得休假机会；预先知道自己的上班、休假时间；上班人力固定；班次与时间变化较少。

3. 自我排班法　是一种班次固定，由护理人员根据个人需要选择具体工作班次的方法。这种排班方法适用于护理人员整体成熟度较高的护理单元，国外一些医院采用这种排班方法。自我排班能较好地满足护理人员的个人需求，但也给管理者带来一些问题。一般情况下，多数护理人员更愿意上白班，不愿意节假日和晚上值班。这种情况需要由护士长做好协调工作。

4. 功能制护理排班　指按功能制护理工作模式进行排班。即根据工业流水作业方式对护理人员进行分工，如“办公室护士”“总务护士”“治疗护士”“巡回护士”等，再将护理工作时间分为白班、早班、中班、前夜班、后夜班等，各班护士根据分工不同承担相应的工作，如治疗班、护理班、抽血班等。其优点是分工明确，工作效率较高；缺点是岗位和职责不分层级，班次不连续，交接班频繁，不利于护士全面掌握患者的整体情况。

5. 整体护理排班　指按整体护理工作模式进行排班。主要服务理念是以患者为中心，护理工作方式围绕全面、整体、连续提供优质护理进行。临床护理工作和治疗护理措施以患者疾病情况和个人特点为依据，以责任护士全面负责制和护理程序方式提供护理服务。主要特点是从工作模式上保证了服务的整体性、全面性和连续性。

6. 弹性排班　是在周期性排班的基础上，根据临床护理人力和收住患者病情特点、护理等级比例、床位使用率进行各班次护理人力合理配置。增加工作高峰时间人力，减少工作低峰时间人力，以达到人力资源的充分利用，缓解人力不足和避免人力浪费。

7. 小时制排班　是国外医院使用较为普遍的排班方法，护理人力在各班次较为均衡。为保持护理工作的连续性特点，根据各班次工作时间的长短，一般采用每日三班制。三班为日班、小夜班、大夜班；两班为日班和夜班。各种班上下班时间应根据工作需要而定，例如，日班可有 7:00～

笔记栏

15:00、7:00～12:00、15:00～18:00、8:00～16:00、8:00～12:00、14:00～18:00 等多种选择方法。

8. APN 连续性排班　是为保证向患者提供优质护理服务，使护士对患者病情全面整体连续掌握，借鉴国外排班模式，从 2010 年以来我国许多医院根据需要开始探索的排班模式。这种排班模式是将一天 24 小时分为连续不断的 3 个班次，即 A 班(早班，8:00～15:00 或 7:30～15:30)，P 班(中班，15:00～22:00 或 15:00～22:30)，N 班(夜班，22:00～8:00)，并对护士进行分层级管理，各班时间可根据不同科室具体专科患者及护理特点进行调整。这种排班主要不足是夜班时间过长，护士可能疲劳，不适用于护理人力资源不足的科室。

四、护理人力资源管理存在的问题与策略

1. 护理人力资源不足及对策　可以从加强专业素质教育，减少护理人力资源的流失；应用网络技术，实现动态调配；开发运用新技术，使护理人力资源“增值”；充分发掘现有护理人员的潜能等方面进行改进。

2. 护理人力资源浪费现象及对策　目前一方面护理人力资源非常缺乏，而另一方面存在着资源的很大浪费。主要表现在护理人员的有效工时较低，各科室工作量的不均衡，人力资源的能级浪费，没有分层次使用护理人员，有部分非护理岗位占用护理编制等。可采取以下几方面的对策：突出以患者为中心的人力资源投放方向；建立护士档案库，明确职责；加强支持系统，提高护理人力资源利用率；合理使用高层次护理人才。

3. 适应社会需求培训体系的缺乏及对策　对策包括加强管理，保证护理人力资源培训的真正落实；积极探索多层次、多途径的培训方式。

4. 缺乏合理的测算人员编制的方法体系　我国护理人力资源的配置与使用，目前尚未达到科学、合理的要求。目前美国广泛使用的罗斯麦迪可斯量表在患者分类、测定护理工作量方面确有推广应用的价值，但还需要结合我国的具体情况进行修订。

五、护士岗位管理及人力资源配置与调配

在 2011 年卫生部发布的三级医院评审标准中对护理人员岗位管理及人力资源配置与调配质量改进提出了明确的要求，有专家结合评审标准提出了详细的建议，如要对护士分层级管理，并进行岗位管理；部分护理人事管理规定要护理部与人力资源部门共同制定；对各级护士资质管理、岗位管理，护理部执行跟踪、评价，保证有资质的护士承担患者护理工作；护理部对护士岗位职责、岗位技术能力、岗位工作标准等要严格执行，提高护士岗位胜任能力；对护理人员资质审核管理中存在的问题与缺陷及时修正，遵守国家法规，保证有资质的护士安全执业；聘用护理人员与在编人员应实现同工同酬，稳定护理队伍；对护理人员绩效考核需针对工作量、工作风险、工作质量、患者满意度，体现多劳多得、优绩优得；科学、合理、动态地预测本院护理人力需求，掌握全院护士直接、间接护理时间，非护理岗位工作时间，将不属于护士执业范围的外勤、收费等项目以数据形式提供给院领导，使其了解本院护士的应配数量，缺编状况，及时补充；关注医疗数据，如床位使用率、周转率、平均住院日，以最科学、真实的数据，计算本院护理人力配备的实际情况，提出书面人力补充报告；建立护理部、临床护理单元紧急护理人力调配规定或预案；护理部建立有患者数量>10%～30%患者安全的管理规定等。

知识拓展

由李冰、侯明珍主编，人民军医出版社于 2013 年 11 月出版的《新编护理质量持续改进指南》第 3 章对护理人力资源管理的质量改进结合卫生部等级医院评审标准进行了详尽的阐述，对于护理人力资源管理知识的学习和护理管理者对标准的理解、掌握、执行有非常好的帮助。

笔记栏

第三节 护理人员绩效评价

一、护理人员绩效评价的概念及作用

1. 概念 绩效评价(performance appraisal)是组织采取特定的方法和工具对组织成员的工作效果进行考查评价的过程。近年来,一些学者在绩效评价的基础上提出了绩效管理。绩效评价侧重于管理人员对员工的工作评价过程,而绩效管理是依赖于管理人员与员工之间达成的协议来实现组织或工作目标的一个动态的沟通过程。由于护理人员工作行为和效果受诸多因素影响,使绩效评价工作的客观性、准确性、公正性等均增加了难度。如何科学有效地进行护理人员绩效评价并发挥绩效评价的作用,是新时期护理管理人员面临的挑战。

2. 护理人员绩效评价的作用

(1) 人事决策作用:医院护理人员的晋升晋级、培训、人事调整、奖惩、留用、解聘等都是以绩效评价结果为依据的。科学合理的绩效评价机制,有利于护理管理者对护理人员作出公正的评价,为医院和部门正确识别人才和合理使用护理人员提供了客观依据。

(2) 诊断作用:是绩效管理的重要功能。管理者能够应用绩效评价结果,及时发现部门绩效现状及存在的问题,对科室每位护理人员的绩效进行及时分析沟通,确认护理人员的职业素质与护理岗位任职要求之间的差距,确认影响绩效的组织、部门和个人原因,有针对性地采取措施,达到管理不断完善,绩效持续提高的目的。

(3) 激励作用:奖优罚劣是护理人员管理中起重要作用的激励和约束机制,对调动人员的积极性具有促进作用。绩效评价结果可以帮助管理人员确定护士个人和群体对组织的贡献水平,以此作为组织奖惩决定的依据。

(4) 教育和管理作用:绩效考核的教育作用是在绩效诊断的基础上确定培训需求,制定有针对性的培训计划,通过人员知识技能等相关培训,达到组织期望的绩效水平。绩效评价的主要目标是促进与维持组织成员绩效的高水平。绩效评价的管理是管理者结合岗位要求和个人特点,对绩效水平持续达不到组织要求的人员采取调整、培训、转岗、留聘等多种措施,促进绩效改进的过程。

二、护理人员绩效评价的基本原则

1. 评价标准基于工作的原则 护士绩效考评标准应根据工作岗位内容来建立,用以评价护理人员绩效的标准必须与护理工作相关,制定标准的依据是具体岗位的职责。如一般护士、护士长、护理部主任的岗位职责在内容上有不同要求,其评价指标就应当有所区别。制定评价标准时应尽量使用可衡量的描述,以便提高评价标准的可操作性。

2. 评价标准公开化原则 建立的护理人员工作评价标准应尽量具有客观性,并在实施前公之于众。使护理人员明确知道组织对他们的期望行为和绩效要求,帮助他们找准自己努力的方向。

3. 评价标准化原则 绩效评价的标准化有几层含义:第一,是指在同一管理者领导下从事同种护理工作的人来说,应使用同一评价方法进行评价。第二,评价的间隔时间应该是基本相同的。第三,重视评价反馈并有效落实。第四,提供正式的评价文字资料,被评价人应在评价结果上签字。

4. 评价激励原则 绩效评价的目的是激励下属更加努力地工作。通过绩效评价结果比较,使护理人员之间拉出区别距离。对工作出色的护理人员进行肯定奖励,实行成就激励,以巩固和维持组织期望绩效水平;对工作表现不符合组织要求的护理人员要给予适当批评教育或惩罚,帮助其找出差距,建立危机意识,促进工作改进。

笔记栏

5. 评价结果公开化原则 好的评价体系会随时保持向护理人员提供持续性的反馈,以帮助他们把工作做得更好。从提高护理人员业绩的观点看，不公布评价结果对促进工作持续改进不利，最终影响医院和部门的工作效率。允许护理人员询问评价结果，也就是允许他们发现任何可能或已经出现的错误。

6. 评价面谈原则　评价面谈为管理者和下属双方提供了一个交流思想的极好机会，无论护理管理人员工作多么繁忙，都必须进行绩效评价面谈。面谈对护理人员本身的发展也是极为重要的。评价面谈一般包括三个方面的内容：讨论被考评人的工作业绩；帮助被评人确定改进工作的目标；提出实现这些目标所采取的措施和建议。评价面谈一般安排在评价期结束后不久进行。

有效评价面谈的基本原则包括：建立和维护彼此信任；明确说明面谈目的；鼓励下属说话；管理者认真倾听下属陈述，沟通过程优缺点并重，避免对立和冲突；面谈焦点集中在绩效及工作方面，而不是被评价人的性格特征方面；当面谈目的达到或交谈状况不利继续时应适时终止面谈；谈话重点侧重于未来而不是过去；以积极的方式结束面谈。

三、护理人员绩效评价工具、评价程序

（一）护理人员绩效评价工具

护理人员绩效评价方法的选择取决于绩效考评目的。为了达到评价目的，评价方法必须具备可靠性和有效性。选择评价方法主要考虑的因素包括：体现组织目标和评价目的；评价能对护理人员的工作起到积极正面引导作用和激励作用；使用的评价方法能客观真实的评价护理人员的工作；评价方法简单有效易于操作；评价方法节约成本。目前运用的绩效评价方法较多，下面分别介绍。

1. 绩效评价表　是一种根据限定因素对员工表现进行考核的工作效率衡量方法。其具体操作是根据评定表上所列出的指标（评价要素），对照被评价人的具体工作进行判断并记录。护理人员所选择的指标一般具有两种类型：一是与工作相关的指标，如工作质量、工作数量；二是与个人特征相关的指标，如积极性、主动性，适应能力、合作精神等。除了设计评价指标外，还应对每一项指标给出不同的等级，评价者通过指明最能描述被评价人及其业绩的各种指标比重来完成评价工作。对各项指标和等级定义得越确切，其评价结果就会越完善可靠。当每一个评价者对每个指标和等级都按同样的方法解释时，就会取得整个组织评价的一致性。

2. 排序法　是评价者把同一护理单元中的所有护理人员按照绩效顺序排列起来的方法。如病房中业绩最好成绩的护士被排在最前面，最差的排在最后面。排序评价法的特点是简单，省时省力，便于操作。其主要局限是当护士业绩水平相近时难以进行排序。平行比较法是排序法的一种演变。这种方法是将每个成员的绩效与团队中其他成员的绩效进行比较，这种比较常基于一个单一的标准，如总绩效。在所有比较人员中获得对比结果最多的员工被排列在最高的位置。

3. 比例分布法　是将工作单元或小组的所有护理人员分配到一种近似于正态频率分布的有限数量类型中去的一种评价方法。如将一个病房中最好的5%的护士放在优秀等级组中；良好的20%的护士放在次一个等级的小组中；再次之的50%放在中间的平均水平等级组中；再次的20%放在低于平均水平等级组中；剩下的5%在最低的等级组中。

4. 描述法　是评价者用陈述性文字对组织人员的能力、工作态度、业绩状况、优势和不足、培训需求等方面作出评价的方法。这种方法侧重于描述组织成员在工作中的突出行为，而不是日常业绩。使用这种方法与评价者的写作技巧和能力关系较大。描述法由于没有统一的标准，在进行护理人员之间的评价比较时有一定难度，使用时应视评价目的和用途结合其他方法。但一些管理者认为，描述法不仅是最简单的评价方法，而且是对员工评价的最好方法。

5. 关键事件法　是将被评价人员在工作中的有效行为和无效或错误行为记录下来作为评价依据的方法。当护士的某种行为对部门或组织的工作和效益产生无论是积极还是消极的重大影响时，护理管理人员应当及时把它记录下来，这样的事件称为关键事件。使用这种方法进行的绩效评价应贯穿于整个评价阶段，而不仅仅集中在工作的最后几周或几个月里。在绩效评价后期，评价者应综合这些记录和其他资料对护士业绩进行全面评价。

笔记栏

6. 目标管理法　目标管理重视护士对医院或科室的个人贡献，也是一种有效评价护士业绩的方法。运用目标管理评价可以将评价关注的重点从护理人员的工作态度转移到工作业绩方面，评价人的作用则从传统评价法的公断人转变为工作顾问和促进者；被评价护理人员在评价中的作用也从消极的旁观者转变成积极的参与者。

7. 360 度绩效评价方法　360 度绩效评价又称为全视角评价，是由被评价者的上级、同事、下级和(或)客户以及被评价者本人从多个角度对被评价者工作业绩进行的全方位衡量并反馈的方法。由于此种评价方法强调反馈，以达到促进行为改进，提高绩效的目的，因此 360 度绩效评价法又称为 360 度绩效反馈评价、全方位反馈评价或多源反馈评价。360 度绩效评价的出发点是扩大评价者的范围和类型，从不同层次的人员中收集关于被评价者的绩效信息，集中各种评价者的优势，多视角对组织成员进行综合客观评价，使评价结果公开全面。360 度绩效评价与传统自上而下评价的本质区别是信息来源具有多样性，由此保证了评价的准确性、客观性。

（二）护理人员绩效评价程序

绩效考核是一个系统的过程。一个有效的绩效考核系统一般由三部分组成：确定绩效标准，界定绩效的具体考核指标以及各指标的内容和权重；评价绩效，即制定出有效、可操作性强的考评方案并实施的过程；反馈绩效，即部门或管理人员与被考评者沟通和应用绩效考评结果的过程。

1. 确定绩效目标　制订考核标准绩效管理目标和考核标准要以具体护理岗位职责为依据。绩效目标要尽量具体、可测量、可实现，还要有完成绩效目标的时限。护理绩效评价的标准一般包括两类基本内容：一是明确被评价者应该做什么，这类指标包括：工作职责、工作的质和量以及相关的指标等。二是明确被评价者做到什么程度，相应指标有具体的工作要求和工作表现标准描述。由于各项评价指标对护理工作的影响存在程度上的差异，因此应给予每项护理岗位职务的各项评价指标不同的权重数，以反映各个护理工作要素的相对重要程度。

2. 绩效考核实施　护士绩效考核是医院绩效评价的关键环节，主要活动包括：制订护士绩效评价实施计划，落实评价人员、确定评价对象和时间；选择科学实用操作性强的评价工具；将被评价对象如护理人员或护理管理人员的实际工作表现与所制定标准进行比较；评价信息的收集、处理、分析、总结、评价结果反馈等。护士绩效水平持续提升是一个长期的过程，管理者对护理人员的绩效考核应注重将定期综合评价与经常性日常工作表现等几方面结合起来，强调平时在工作中的自我约束和规范，从而更准确、客观、公正地评价每一位护理人员。

3. 绩效评价结果反馈及应用反馈　绩效的目的是让医院和护理部门了解护士整体的绩效水平，让被考核护士了解自己的工作情况，促进管理者与护士一起分析工作中存在的不足以及确定改进的措施。护士绩效反馈的重点既要强调护士工作表现中的积极方面，同时也必须就护士在工作中需要改进的方面进行讨论，并共同制定今后的改进计划，持续提高护理工作绩效。

四、护理人力资源的绩效管理

（一）概念

绩效管理是组织管理者与被管理者就工作行为与工作结果达成一致，有利于组织目标实现的相互沟通的过程。绩效考核和绩效管理虽然只是两字之差，但在其人力资源管理理念上却蕴涵着更深刻的变革。绩效考核侧重于主管人员对员工的工作评价过程，而绩效管理则更强调通过员工的积极参与和上下级之间的双向沟通来提高员工的绩效和组织效率。

（二）影响护士绩效的因素

绩效指工作中员工的工作效果、效率、效益及其相关能力和态度的总称。护理单元绩效是护理单元为了实现部门目标所完成各种任务的数量、质量和效率。护士绩效就是护士的工作效果、业绩和贡献。绩效是护士知识、能力、态度等综合素质的反映。部门和个人绩效水平的高低，受诸多主、客观因素影响，主要涉及的因素有外部因素、组织因素和个人因素。

1. 外部因素　外部因素主要指与护理工作有关的外环境。外环境包括行政部门政策与法

笔记栏

规、行业标准、社会风气、经济形势、人文环境、劳动市场状况等。

2. 组织因素　与护士绩效有关的组织因素包括护理工作条件、工作场所布局、工具设备、工作人际关系及部门工作氛围、护理管理组织结构、护理文化、医院战略及发展目标、护理工作性质、护理团队结构、工作流程、护理管理者的风格及经验等。

3. 个人因素　护士绩效水平与个人知识水平、工作技能、工作态度直接相关。① 知识水平：在其他条件相同的情况下，有较高知识文化水平的护士通常能取得较好的工作绩效。② 工作技能：工作技能指护士工作的技巧和能力。一般情况下，具备较高技能的护士会取得较好的工作成绩。护士的工作技能主要取决于本人的知识水平、智力、工作经历和受教育程度。③ 工作态度：指护士在岗时的工作积极性和工作热情，是护士在工作过程中主观能动性发挥的具体体现。

案例分析

某医院肿瘤内科的赵护士长受到科室绝大多数护理下属的普遍称赞。赵护士长是一个随和的人，她总是尽个人最大努力在物质上和工作上帮助她的护理人员。护理人员有什么困难，她都及时帮助，谁有事情让她帮忙顶班是常有的事，每件事都在顺利进行。韩护士年龄大，比护士长资历深，科室护理人员绩效评价开始了，由于医院的奖金与科室和个人的绩效考评结果紧密挂钩，护士长为了工作好落实，决定将尽自己最大努力帮助韩老师，虽然韩老师在工作量方面不如普通护士，家里事情多，又经常请假，她还是将评价项目的所有指标都给韩老师评价优秀，护士长向韩老师解释自己给她那么高评价的原因，韩老师很感激护士长，并向自己的亲戚朋友宣传自己多么有幸遇到这样的好护士长。

【问题】

(1) 从管理者角度看，医院的护士评价实践可能存在哪些方面的操作问题？

(2) 护士长的绩效评价做法会给科室其他护理人员带来的哪些消极影响？

【分析与解答】

(1) 部门和个人绩效水平的高低，受诸多主、客观因素影响，主要涉及的因素有外部因素、组织因素和个人因素。

(2) 影响其他护士工作积极性和工作热情。护士长违背了绩效评价标准公开化原则和评价激励原则，建立的评价标准尽量具有客观性，并在实施前公开透明，使全体护士知晓科室对他们的期望行为和绩效要求，帮助他们找准自己努力的方向，对工作出色的护士进行肯定奖励，对工作表现差的护士给予适当的批评教育或惩罚，帮助找出差距，改进工作。

小　结

1. 护理人员配置基本原则
   - 人员保障原则
   - 科学配置原则
   - 成本效率原则
   - 结构合理原则
   - 个人岗位对应原则

2. 护理人员排班基本原则
   - 满足需求原则
   - 结构合理原则
   - 效率原则
   - 公平原则
   - 分层使用原则

笔记栏

3. 护理人员排班方法
   - 周排班法
   - 周期性排班法
   - 自我排班法
   - 功能制护理排班
   - 整体护理排班
   - 弹性排班
   - 小时制排班
   - APN 连续性排班

4. 护理人员绩效评价的基本原则
   - 评价标准基于工作原则
   - 评价标准公开化原则
   - 评价标准化原则
   - 评价激励原则
   - 评价结果公开化原则
   - 评价面谈原则

【思考题】

(1) 医院护理人员配置依据有哪些？
(2) 医院护理人员配置方法有哪些？
(3) 医院护理人员配置遵循的基本原则有哪些？
(4) 护理人员排班的基本原则及方法有哪些？
(5) 护理人员绩效评价的基本原则有哪些？

（陈　虹）

笔记栏

第六章

护理质量管理

学习要点

- **掌握**：① 质量的概念及其含义；② 护理质量管理的概念；③ 护理质量管理的原则；④ 临床路径的概念。
- **熟悉**：① 质量观演变四个不同历程，用实例说明不同阶段的特点；② 护理质量管理过程；③ 护理质量管理标准的重要性；④ 护理评价指标及内容；⑤ PDCA 循环步骤及特点。
- **了解**：运用 PDCA 循环理论制定护理质量改进方案。

质量是医院生存与发展的基础，是医院管理工作的核心内容。护理质量是医院质量的重要组成部分，在满足患者需求，保证医疗服务效果，树立医院形象方面占有重要地位。护理质量管理是应用质量管理的基本原理和方法，对构成护理质量的各要素进行计划、组织、控制与持续改进，以保证护理工作达到规定的标准，满足并超越服务对象需要的过程。强化护理质量管理是护理管理永恒的主体，是为患者提供安全，优质服务必不可少的重要保证，是提高医院核心竞争力的重要举措。本章将重点围绕质量管理相关概念、质量观演变历程、护理质量管理过程、方法进行讨论。

第一节　质量管理概述

一、质量管理有关概念

1. 质量(quality)　　质量又称为“品质”在管理学中是指产品或服务的优劣程度。国际标准化组织对质量的定义是：“反映实体满足明确和隐含需要的能力的特性总和。”质量一般包含 3 层含义：规定质量、要求质量和魅力质量。规定质量是指产品或服务达到预定标准；要求质量是指产品或服务的特性满足了顾客的要求；魅力质量是指产品或服务的特性超出顾客的期望。质量随着社会的发展、技术的进步而不断更新和丰富，是动态的、变化的、发展的，具有经济性、广义性、时效性、相对性。

2. 质量管理(quality management)　　质量管理是组织为使产品或服务质量能满足质量要求，达到顾客满意而开展的策划、组织、实施、控制、检查、审核及改进等有关活动的总和。质量管理包括制定质量方针，确定质量目标和标准，并实施所有管理职能活动的过程，其主要目的是达到服务对象的满意。

3. 质量体系(quality system)　　质量体系是质量管理的基础，指为保证产品、过程或服务质

笔记栏

量，满足规定(或潜有)的要求，由组织机构、职责、程序、活动、能力和资源等构成的有机整体。从三方面来体现：① 完善的质量管理组织机构，明确管理职责、职能，机构网络有效进行质量信息的传递与反馈；② 为达到质量目标所规定的标准过程，所有工作都通过质量管理在规定的过程内完成；③ 人员和物质保障是实施质量管理，达到质量目标的前提和基础。按体系目的可分为质量管理体系和质量保证体系两类。

4. *质量策划*(quality planning)　质量策划是质量管理的一部分，通过制定质量方针，明确质量目标，确定工作内容(措施)、职责及权限，规定程序和要求，最后付诸行动的过程。质量策划类型包括：① 服务策划，即对服务质量特性进行识别、分类和比较，并建立其目标、质量要求和约束条件。② 管理和作业策划，即对实施质量体系进行准备，包括组织和安排。③ 编制质量计划和做出质量改进规定。

5. *质量控制*(quality control)　质量控制指为达到质量标准要求所采取的监视质量形成的活动过程，是将实际的质量结果与标准对比，以发现问题和纠正计划执行中的偏差，消除差异，达到质量标准要求的管理过程，质量控制是质量保证的基础。

6. *质量保证*(quality assurance)　质量保证是为了向服务对象提供足够的信任，表明组织能够满足质量要求，而在质量体系中实施并根据需要进行证实信任度的全部有计划和有系统的活动。质量保证是一种特殊的管理形式，其实质是组织机构通过提供足够的服务信任度，阐明其为满足服务对象的期望而做出的某种承诺。

7. *质量改进与持续质量改进*(quality improvement)　质量改进指为了向本组织及其顾客提供增值效益，在组织范围内采取措施提高质量效果和效率的活动过程。质量改进的目的是对某一特定的质量水平进行变革，使其在更高水平下处于相对平衡的状态。持续质量改进(continuous quality improvement)是指为了增强组织满足服务对象需求的能力所开展的质量改进的循环活动。质量改进的方法是实施 PDCA 循环。持续改进是指质量改进不是一次性的活动，而是长期的不间断地实施 PDCA 循环的过程。它不仅强调提高体系、过程及产品或服务的有效性，同时还着眼于提高体系、过程及产品或服务的效率。

二、质量观的演变

质量观(quality concept)是人们对质量的认识与看法。人们对质量的认知是一个发展变化的过程，它经历了四个不同的阶段。

1. *“符合性质量”阶段*　这一理念始于 20 世纪 40 年代，其基本观点是，质量以符合现行标准的程度作为衡量依据。“符合标准”就是合格的产品，符合的程度反映了产品质量的水平。只有被定义出来产品的规格标准可以被有效地检查，才能确定其产品的符合度。由此使用“符合性质量”概念更适合于描述产品的标准化程度，这个阶段只局限于产品本身的指标而衡量之。

2. *“适用性质量”阶段*　这一理念始于 20 世纪 60 年代，其基本观点是，质量应该以适合顾客需要的程度作为衡量的依据，就是从使用产品的角度来定义产品质量。从“符合性”到“适用性”，反映了人们在对质量的认识过程中，已经开始把顾客需求放在首要位置。两者根本的区别是：前者是以明确的规格作为生产过程中检查的标准；而后者则认为衡量产品最终的质量标准不能仅仅是产品的规格，还应该包括客户“隐含”的期望。

3. *“满意性质量”阶段*　满意性质量产生于 20 世纪 80 年代。这一时期提出的“全面顾客满意”概念将质量管理带入一个新的阶段，即全面质量管理(total quality management)阶段。全面质量管理的理念是组织应该以“全面顾客满意”为核心，它涉及组织运行的全部过程，组织的全体员工都应具有质量责任意识。全面质量满意体现在产品整个生命周期中所有用户的满意。开展全面质量管理四个基本要素是：全员参加、顾客至上、树立标杆、不断改进。

4. *“卓越性质量”阶段*　“卓越性质量”理念产生于 20 世纪 90 年代。摩托罗拉、通用电气等世界顶级企业相继推行六西格玛(6Sigma)管理，逐步确立了全新的卓越质量观念。六西格玛的质

笔记栏

量标准之所以称为卓越质量，它的合格率达到 99.999 66%，也就是说，每 100 万次操作或服务机会中仅有 3.4 次错误，这几乎趋近到人类能够达到的最为完美的境界。六西格玛管理法是菲利浦·克劳士比“零缺陷”质量管理的思想在实践中的应用。“零缺陷”管理的主旨是采取预防控制和过程控制，通过流程的设计、优化与持续改进，其核心是追求零缺陷生产，防范产品责任风险，降低成本，提高生产率和市场占有率，提高顾客满意度和忠诚度。认为产品质量是设计与制造出来的，而不是检查出来的。强调第一次就把事情做对，而不是事后去纠正。如果说“符合性质量”和“适用性质量”都是为了防止顾客不满意，那么“满意性质量”和“卓越性质量”则是创造了顾客的满意和忠诚。

第二节　护理质量管理概述

护理质量管理是医院质量管理的重要组成部分和护理管理工作的核心，是衡量护理领导管理水平、护理人员素质、护理业务技术和工作效果的重要标志。通过质量管理过程及持续的质量管理活动，使护理服务更加科学化、规范化，也是护理学科发展的需要。随着医改的不断深入，医疗市场竞争的日益加剧，用优质服务、高质技术、低效成本去获得患者的认可，在获得社会效益的同时取得经济效益，赢得市场竞争力，是医院发展的根本。

一、护理质量管理的概念

护理质量管理（management of nursing quality）是指按照护理质量形成的过程和规律，对构成护理质量的各要素进行计划、组织、协调和控制，以保证护理工作达到规定的标准和满足服务对象需要的活动过程。开展护理质量管理，首先必须建立护理质量管理体系并有效运行，护理质量才有保证；其次，要制定护理质量标准，有了标准管理才有依据；第三，要对护理过程构成护理质量的各要素，按标准进行质量控制，才能达到满足服务对象需要的目的。在护理质量管理过程中，各个环节相互制约，相互促进，不断循环，周而复始，质量一次比一次提高，形成一套质量管理体系和技术方法，以最佳的技术、最短的时间、最低的成本达到最优质的护理服务效果。

二、护理质量管理基本任务

1. 建立质量管理体系　完善护理质量管理体系，明确各级护理人员的工作任务、目的、权限是有效保障质量方针、目标实现的重要保证。是协调各级护理人员、各个部门、各种质量要素及各项工作的纽带。只有这样，才能有效地实施护理质量管理活动，保证护理服务质量的不断提高。

2. 进行质量教育　进行质量教育是护理管理者一项重要的基础工作。一个人的意识和观念将直接影响其行为活动及结果，要搞好质量工作，关键在于提高人的质量意识。护理管理者要不断向护理人员进行多元化质量培训教育，灌输质量意识，使护理人员熟悉标准，掌握标准，自觉执行质量标准，运用质量管理的方法和技术，提高管理水平和技术水平，不断地提高护理工作质量。

3. 制定和更新护理质量标准　护理质量标准是规范护士行为和评价护理质量的依据。护理管理者的一个重要任务就是建立护理质量标准，结合实际情况不断更新护理质量标准。建立系统的、科学的和先进的护理质量标准，有利于提高护理质量和护理管理水平。

4. 进行全面质量控制　对影响护理质量的各要素和各个过程进行全面的质量控制；建立质量可追溯机制，利用标签、标识、记录等对服务进行唯一标识，以防物质误用和出现问题时能追查原因。

笔记栏

5. 持续改进护理质量　质量持续改进是质量管理的灵魂，在护理工作中树立第一次就把工作做好，加强质量管理，不断对护理服务工作的过程进行评价、判断，及时发现问题解决问题，使护理过程中影响质量的因素都处于受控状态，不能安于现状，要追求卓越的意识，力争对护理质量进行持续改进。

三、护理质量管理基本原则

1. *以患者为中心原则*　　患者是医疗护理服务的主体，是医院赖以存在和发展的基础。以患者为中心的原则强调：无论是临床护理工作流程设计、优化，护理标准制定，还是日常服务活动的评价等管理活动中都必须打破以工作为中心的模式，建立以尊重患者人格，满足患者需求，提供专业化服务，保障患者安全的文化与制度，进而提升医院整体竞争力。

2. *以人为本、全员参与原则*　　护理服务的各环节和每个过程都是护理人员劳动的结果，各级护理管理者和临床一线护理人员的态度和行为直接影响护理质量，对护理质量起决定性作用，因此，护理管理者必须重视人的作用，对护理人员进行培训和引导，增强护理人员的质量和服务意识，使每一位护理人员能自觉参与护理质量管理工作，充分发挥全体护理人员的主观能动性和创造性，不断提高护理质量。

3. *预防为主的原则*　　护理质量管理必须坚持预防为主、前馈控制的原则，对形成护理质量的要素、过程和结果的风险进行识别，建立应急预案，采取预防措施，降低护理质量缺陷的发生，质量是做出来的而不是检验出来的，实行防检结合，管理者要做到质量管理三预防：一级预防争取不发生质量问题；二级预防及时发现问题解决问题；三级预防减少质量问题造成的不良损害和影响。

4. *质量标准化原则*　　质量标准化是质量管理的基础，对护理各项规章制度、操作规程、工作流程、应急预案做到检查质量标准化，并依照标准来组织、协调各项护理工作，进行质量控制，使护理人员在工作中有章可循，有据可依，一切按标准要求执行，护理行为做到科学、规范。

5. *系统管理原则*　　医院是多部门协调完成医疗护理服务的系统。在质量管理中，用系统观点去认识和组织质控活动，对各种问题、现象采用系统方法加以识别、理解和解决，才能达到质量管理的目标要求。

6. *数据化管理原则*　　护理质量管理是对护理过程及服务进行测量和监控，护理管理者要运用统计技术，对护理质量要素、过程及结果进行测量和监控，分析各种数据和信息之间的逻辑关系，寻找内在规律，比较不同质量控制方案优劣，结合过去的经验和直觉判断，做出质量管理决策并采取行动。

7. *持续改进原则*　　质量持续改进是质量管理的核心，是一个不间断的过程，没有终点，体现在质量管理上不断改进，以满足医疗护理服务需求的管理过程。要强化各层次护理人员，特别是管理层人员追求卓越的质量意识，以追求更高的过程效率和有效性为目标，主动寻求改进机会，确定改进项目，而不是等出现了问题再考虑改进。

第三节　护理质量管理的方法

一、护理质量管理的基本方法

护理质量管理常用的方法有 PDCA 循环、5 常法、六西格玛、JCI 认证、临床路径管理、品管圈等，其中 PDCA 循环是护理质量管理最常用的质量管理方法之一。

（一）PDCA 循环

笔记栏

1. *PDCA 循环的概念*　　PDCA 循环是由美国著名的质量管理专家爱德华・戴明（W. Edwards Deming）于 20 世纪 50 年代初提出的，又称“戴明环”（Deming cycle），PDCA 循环（PDCA cycle）是计划（plan）、执行（do）、检查（check）、处理（action）四个阶段的循环反复过程，是一种程序化、标准化、科学化的管理方式。PDCA 循环的过程就是发现问题和解决问题的过程，是解决复杂和多方面临床护理质量问题的一种系统的、逻辑的和准确的管理方法。这种方法作为质量管理的基本方法，已经广泛应用于医疗和护理领域的各项工作中。

2. PDCA 循环的步骤　每一次 PDCA 循环都要经过 4 个阶段，8 个步骤。

(1) 计划阶段：包括制定质量方针、目标、措施和管理项目等计划活动，是管理循环的第 1～4 个步骤。第一步：调查分析质量现状，找出存在的问题；第二步：分析影响因素，查出产生质量问题的原因；第三步：找出影响质量问题的主要因素；第四步：针对主要因素制定出明确的改进行动计划，并预测实际效果，包括实施方案、计划效果、时间进度、负责部门、执行者和完成方法等 5W1H 内容。

(2) 实施阶段：是管理循环的第五步，即按照预定计划和措施具体组织实施和执行的步骤，按计划对策和实施方案组织实施。

(3) 检查阶段：是管理循环的第六步，把执行结果与预定的目标对比，即检查计划实施情况，根据原始记录和统计资料，分析进展情况，纠正出现的偏差。

(4) 处理阶段：是管理循环的第七、八两个步骤。第七步：总结经验教训，肯定成功的经验，形成标准，以便坚持巩固。失败的教训作为前车之鉴，防止类似情况的发生；第八步：把不成功和遗留的问题转入下一个循环中去解决。

3. PDCA 循环的特点　PDCA 循环四个阶段环环相扣，大环套小环，直至把任务具体落实到每个人，反过来小环保大环，下级层次的 PDCA 循环是上级层次的 PDCA 循环的组成和实际保证，每一个循环都紧密衔接，周而复始，呈阶梯式的上升运行。每循环一次，就解决一部分问题，都要进行总结，提出新目标，再进行第二次 PDCA 循环，这种螺旋式的逐步提高，使管理工作从前一个水平上升到更高一个水平。

(二) 5 常法管理

5 常法管理是指整理、整顿、清扫、清洁、素养五个项目，5 常法起源于日本，是指在生产现场中对人员、机器、材料、方法等生产要素进行有效的管理，因日语的罗马拼音均为“S”开头，所以简称为 5S。

1. 1S-整理　必须对现场全面检查，建立需要与不需要的判别基准，区分要与不要的物品，不要的清除掉，现场只保留必需的物品，并每日检查，达到现场无不用之物。

2. 2S-整顿　要用的必需品依规定定位、定方法摆放整齐有序，明确标示，通过“定点、定量、定容”三定原则，以便用最快的速度取得所需之物，在最有效的规章、制度和最简捷的流程下完成作业，提高工作效率和产品质量，保障生产安全。

3. 3S-清扫　清除工作现场的垃圾，保持现场干净、明亮，并防止污染发生。清扫设备要同设备的检查、保养结合起来，着眼于对设备的维护保养，主要是在提高设备完好率。

4. 4S-清洁　将前面 3S 的做法制度化、规范化，使其保持最佳状态。通过对整理、整顿、清扫活动的坚持与深入，从而消除发生安全事故的根源，创造一个良好的工作环境，使职工能愉快地工作。

5. 5S-素养　通过前 4S 的活动，使员工严格遵守规章制度的习惯和作风，培养对任何工作都讲究认真的人，提升了员工素质。

5S 是现场管理的基础，通过 5S 活动，从现场管理着手改进企业“体质”，则能起到事半功倍的效果，5S 管理在护理质量管理上常用于室间规范管理及药品规范管理等，可达到很好的效果。

(三) 六西格玛管理

六西格玛(Six Sigma)又称 6σ、6 Sigma、6 - Sigma 管理，来源于希腊字母“σ”，在统计学中表示与平均值的标准偏差。在护理质量管理领域中，6σ 意味着“每 100 万个操作仅有 3～4 个缺陷或失误”。主要用于流程管理，包括界定、测量、分析、改进、控制几个方面。

1. 界定　确定需要改进的目标及其进度，界定前，需要辨析并绘制出流程。

2. 测量　以灵活有效的衡量标准测量和权衡现存的系统与数据，了解现有质量水平。

笔记栏

3. 分析　利用统计学工具对整个系统进行分析，找到影响质量的少数几个关键因素。

4. 改进　运用项目管理和其他管理工具，针对关键因素确立最佳改进方案。

5. 控制　监控新的系统流程，采取措施以维持改进的结果，以期整个流程充分发挥功效。

六西格玛质量代表了极高的对顾客要求的符合性和极低的缺陷率，它将重点放在产生缺陷的根本原因上，认为质量是靠流程的优化，将顾客的期望作为目标，并且不断超越这种期望。所有的生产表现、执行能力等，都量化为具体的数据，成果一目了然，追求完美成为企业中每一个成员的行为。用于护理作业每一个环节的改善，适用于提升患者满意度和改进护理工作流程。

（四）JCI 认证

JCI 是世界卫生组织认可的全球评估医院质量的权威评审机构，JCI 认证是医院质量管理和改进的有效手段，属于国际医院质量评审方法。国内目前已有部分医院通过 JCI 评审认证。在借鉴国外评审经验的基础上，逐渐形成我国医院评审体系。JCI 标准的最大特点是以满足服务对象的全方位合理需求作为主要的依据，其理念是最大限度地实现医疗服务"以患者为中心"，并建立相应的政策、制度和流程以鼓励持续不断的质量改进，规范医院管理，为患者提供周到、优质的服务，并且每三年对被认知单位进行复审，以确保质量。JCI 标准建立的意义不仅是提供一套标准，更是协助医院进行科学管理的工具，只要医院按照标准管理，对医院的各项工作将有非常好的提升作用。

（五）临床路径管理

临床路径是指由临床医师、护士及支持临床医疗服务的各专业技术人员共同合作为服务对象制定的标准诊疗护理工作模式，同时也是一种新的医疗护理质量管理法。其核心是将某种疾病（手术）关键性的检查、治疗、护理等活动标准化，确保患者在正确的时间，正确的地点，得到正确的诊疗服务，以期达到最佳治疗效果。临床护理实施过程是按 PDCA 循环模式进行的，主要包括前期准备、制定临床路径、实施临床路径、测评与持续改进几个阶段。护理路径是针对特定的患者群体，以患者住院时间为横轴，各理想护理措施为纵轴为患者实施治疗护理工作。临床路径管理常用于政府指定病种的管理及护理服务路径管理。

（六）品管圈

品质圈又称质量管理圈（QCC），由日本品管权威石川馨博士发起的，是全面质量管理中的具体操作方法之一，基本十个步骤包括：主题选定、活动计划拟定、现状把握、目标设定、解析、对策拟定、对策实施与检讨、效果确认、标准化、检讨与改进。

1. 前期准备　做好组圈工作，根据同一部门或工作性质相关联、同一班次之原则，组成品管圈。选出圈长，由圈长主持圈会，并确定一名记录员，担任圈会记录工作。以民主方式决定圈名、圈徽。圈长填写"品管圈活动组圈登记表"，成立品管圈，并向 QCC 推动委员会申请注册登记备案。

2. 品管圈活动步骤

（1）主题选定：每期品管圈活动，必须围绕一个明确的活动主题进行，结合部门工作目标，每人提出 2～3 个问题点，以民主投票方式产生活动主题，讨论并定案，主题决定后必须经主管部门同意才可展开活动，主题的选定以品管圈活动在 3 个月左右能解决为原则。

（2）活动计划拟定：制定活动计划及进度表，并决定适合每一个圈员的职责和工作分工。活动计划以甘特图形式向上级汇报，并取得上级核准。如果医院同时开展多个品管圈，也可在活动开始时，由推动人员拟定一份全院共用的活动计划书，提供给各圈使用，这样可使全院品管圈活动进度较为一致。

（3）现状把握：明确工作流程，将工作过程以流程图形式体现出来，针对选定的主题，尽可能地收集正确、有用的数据，对数据加以整理分类，分层分析，缩小范围，确定改善重点。

（4）目标设定：拟定改善目标，对目标进行可行性分析，目标要具体明确，不要设定太多的目标值，最好是一个，最多不超过两个，要有一定难度，既有挑战性，又有可行性。

（5）解析：根据现状把握中找到的重点问题，一一对应分析，找出原因，通过科学分析，得出其中起主要和决定作用的少数几个原因，即"要因"，在此基础上，继续对现场、现物进行数据收集，找

笔记栏

出问题产生的真正原因，即“真因”。

(6) 对策拟定：针对存在问题的要因，探讨改善对策，从中选出最合适的方案，对方案拟定实施顺序及时间并进行工作分配，同时报上级主管审核批准实施。

(7) 对策实施与检讨：对策实施前需对相关人员进行培训，实施过程中，连续收集数据，动态掌握每一个改善过程，对无效的对策需开会研讨决定取消或重新提出新的对策实施，直至效果产生。

(8) 效果确认：效果确认分为总体效果及单独效果。每一个对策实施的单独效果，通过合理化建议管理程序验证，由圈长最后总结编制成合理化建议实施绩效报告书，进行效果确认。总体效果将根据已实施改善对策的数据，使用 QCC 工具用统计数据来判断，数据最好与管理层数据一致。

(9) 标准化：标准化是品管圈改善历程的重要步骤，为使对策效果能长期稳定的维持，必要时对取得有效成果的改善措施进行标准化。

(10) 检讨与改进：检讨与改进是对整个品管圈实施过程进行全面反省与评价，通过检讨与改进，明确残留的问题或新出现的问题，检查本次标准化遵守的情况，定期检查是否达到预计的效果。

知识拓展

源于日本的品管圈活动，作为一种优秀的管理方法，因其具有良好的实践效果和持续改进医疗护理服务质量的示范效应，已经成为广大医务工作者进行质量改进的必要工具。人民卫生出版社 2012 年 4 月出版的由张幸国等主编的《医院品管圈辅导手册》，内容包括品管圈概述、组织和文化、基本步骤、案例演练及附录五大部分。书中对品管圈十大步骤作了详尽的解释和说明，内容紧贴实际运作流程，具有简洁易懂，便于操作的特点，即使是管理学基础相对薄弱的从事业务工作的管理人员也能对照手册，结合实际工作开展品管圈活动，使管理工作逐步走向规范。该书集创新性、实用性于一体，是指导一线管理者科主任、护士长、班组长、部门负责人及广大护理人员学习、培训、实践品管圈活动的良好工具书。

二、护理质量管理的最新方法

(一) 追踪方法学

追踪方法学(TM)是一种过程管理的方法学。是 2004 年美国医疗机构评审联合委员会(JCAHO)全新设计的现场调查方法。2011 年 9 月我国卫生部发布了《医院评审暂行办法》，陆续出台了《等级医院评审标准》，并在评审工作中尝试引入追踪方法学作为评价方法之一。追踪主要分类：

1. 个案追踪　追踪患者在接受治疗、护理或服务过程中的实际经历和体验，了解和评价医院职能部门所制定的规章、制度、流程、质量与安全标准的执行、监管及效果评价等。重在评价医疗护理服务内涵质量，评价对诊疗规范、临床路径的执行力等。

2. 系统追踪　关注个案追踪中发现的系统问题，尤其是高风险流程，了解这些系统的运行、执行、监管及评价效果等。重在评价对各种质量与安全管理制度与流程的执行力、医院服务的连贯性及多学科综合服务能力。

追踪方法以查找问题为基本方式，从“患者”的角度来评价医院，仅花费少量时间来检查书面形式的制度，将利用超过 60%的时间由评价者与员工和患者的交流记录、医疗记录、评价者观察，构成动态现场调查过程。依据患者就医流程，通过看、问、查、追全面进行检查，充分利用了信息系统和数据，克服了医院弄虚作假的可能性，这正是传统医院评审方法的主要缺陷之一。

笔记栏

(二) 根因分析法(RCA)

RCA 是回顾性的失误分析方法，美国 JCAHO 1997 年引入医院用于调查不良事件。RCA 的目标是找出问题、原因、措施，主要内容是对系统运行过程中差错或事件发生的背景、人员、地点、时间等进行系统的、详细的分析和归纳，以找出直接原因，同时分析和直接原因相关的辅助因素所起的作用，再根据所占的比重确定各类根源相互之间的因果关系，在此基础上确认引发事件的根本原因，最后列出改善计划、实施步骤和评价标准。RCA 有以下几个常用步骤。

1. *采用 5W2H 法对问题进行描述* ① Why 为什么它是个问题？② When 什么时候发现的？③ Where 在哪里发现的？④ Who 谁发现的？⑤ What 发生了什么问题？⑥ How much 发现了多少？⑦ How 怎么发现的？

2. *建立因果关系表* 不断地问为什么前一个事件会发生，直到回答"没有好的理由"或新的故障模式被发现，解释根本原因防止问题重复发生。

3. *采取有效措施* 找到根本原因采取有效措施。

分析者要将重点放在整个系统及过程面，而非个人执行上的责任，找出预防措施的工具，避免类似事件再次发生，要制定切实可行的防范措施，营造安全医疗护理过程。

（三）失效模式(FMEA)

失效模式(FMEA)是指先期质量策划中评价潜在失效模式及其起因与后果的一种分析工具，用来识别并帮助消除产品/过程的潜在失效模式。在护理工作中通常指对护理风险构成因素分析，计数预见风险系数，提出控制方案，达到护理风险的预控，目前较多的用于减少用药差错、降低医院感染和规避跌倒损伤等项目研究。FMEA 有以下几个常用步骤。

(1) 制定主题，主题应是高风险或很薄弱的方面，值得团队在时间和资源上投资的。

(2) 团队组建成员包括各个级别，选定组长获得领导支持。

(3) 将过程制定成流程图，流程图要能正确地描述过程。

(4) 详细阐述所有失效模式，后果及原因。

(5) 识别风险顺序数，确定少数关键或重大的失效模式。

(6) 采取降低风险的行动拟定行动计划并确定评估行动方案成效的测量方法及指标。

FMEA 是一种前瞻性的管理模式，就是在行动之前找出可能在哪个环节会发生失效？如何发生？可能造成的后果？并以量化的形式来确定哪些环节需要改进以预防失效的发生？然后采取积极措施预防失效模式的发生。它强调的是"事前的预防"而不是"事后的追悔"，及时性是成功实施 FMEA 的最重要因素之一。

案例分析

患者诊断：膝关节退变，于 2014 年 4 月 27 日在椎管内麻醉下行左膝关节表面置换术，术后椎管内镇痛泵一根，胶管引流管一根，术后患者情况较好，术后第二天遵医嘱停止监护仪及氧气吸入。患者神志清楚，精神好。术后第二天小夜班，由于天气炎热，患者在床上活动不安，夜班护士 22:00 巡视病房时，协助患者翻身，检查镇痛泵在位，运转正常，因患者后背汗液较多，协助患者擦干汗液同时予胶布再次加固镇痛泵，嘱咐患者活动时注意后面镇痛泵，以免镇痛泵管脱落。00:00 左右，再次巡视患者，翻身时发现后背敷贴松脱，镇痛泵管滑脱。安抚患者及家属，观察镇痛泵管滑脱位置的情况，予以碘伏消毒待干后，敷贴保护。

【问题】

(1) 该患者镇痛泵管为何滑脱，请用 5W2H 法进行描述。

(2) 请对该患者镇痛泵管滑脱事件进行根因分析。

【分析与解答】

(1) 该患者镇痛泵管滑脱的原因：① 该事件是护理不良事件；② 00:00 左右发现；③ 在患者床边发现；④ 值班护士发现；⑤ 发生椎管内镇痛泵滑脱；⑥ 发现 1 例；⑦ 护士巡视病房时发现。

(2) 该患者镇痛泵管滑脱事件的根因分析：① 采用 5W2H 法对问题进行描述；② 建立因果关系表；③ 找到根本原因采取有效措施。分析者要将重点放在整个系统及过程面，而非个人执行上的责任，找出预防措施的工具，避免类似事件再次发生，要制定切实可行的防范措施，营造安全医疗护理过程。

笔记栏

三、护理质量管理常用工具及用途

无论是选择 PDCA 还是品管圈进行护理质量管理，任何方法都离不开质量管理工具的运用，正确掌握其使用方法，能够帮助我们科学地对数据、资料进行分类整理，分析原因，发现问题，指导改进措施落实，评价改进效果，最终达到护理质量的持续改进，护理质量管理常用工具及用途（表 6－1）。

表 6－1 护理质量管理常用工具及用途

序号	常用工具	主要用途
1	特征要因图（鱼骨图）	鱼骨图追寻原因，寻找因果关系
2	柏拉图	柏拉图寻找重点，找出“重要的少数”
3	查检表	查检表收集数据，调查记录数据用于分析
4	层别图	层别图用作解析，按层分类，分别统计分析
5	散布图	散布图显示相关，找出两者的关系
6	管制图	管制图寻找异常，了解制程变异
7	直方图	直方图显示分布，了解数据分布与制程能力
8	甘特图	甘特图描述计划，标明何时做何事，计划和实际完成情况
9	流程图	流程图描述作业流程的所有步骤，将步骤按序排列
10	关联图	关联图表示事物相互关系，用于分析问题的复杂要因
11	系统图	系统图描述方法或原因，以寻找最恰当的方法和最根本的原因
12	雷达图	雷达图描述效果，可用来比较改善前后各指标的变化

四、护理质量管理与持续改进

护理质量管理的目的是通过对护理工作的监控，使护理人员在业务行为、思想职业道德等方面都符合客观的要求和患者需要，使护理工作能够以最短的时间、最好的技术、最低的成本，产生最优化的治疗护理效果，最终实现为患者提供优质服务的目的。

护理质量持续改进包括寻找机会和对象，确定质量改进项目和方法，制定改进目标、质量计划、质量改进措施，实施改进活动，检查改进效果和不断总结提高。护理质量改进机会，一是出现护理质量问题后的改进，是及时针对护理服务过程进行检查，体系审核，收集顾客投诉中呈现出来的问题，组织力量分析原因予以改进。二是没有发现质量问题时的改进，主要是指针对护理服务过程主动寻求改进机会，主动识别顾客新的期望和要求，在与国内外同行比较中明确方向和目标，寻求改进措施并予以落实。持续质量改进是组织的一个永恒的目标，是新时期医院管理发展的重点，是护理质量管理的灵魂。

第四节 护理质量管理体系

一、护理质量管理体系的概念及基本要素

笔记栏

护理质量管理体系是指实施护理质量管理所需的组织结构、程序、过程和资源，是为实现质量管理方针、目标而建立的相应管理体系，可有效地开展各项质量管理活动，在护理质量管理中具有指挥和控制作用。基本要素包括：质量体系结构、管理者职责、护理资源、护理对象的沟通等，各要素之间互为关联，相互协调一致才能获得满意护理效果。

二、护理质量管理体系运作

（一）建立质量管理组织，明确管理效用

管理组织主要起决策作用，负责制定质量工作计划，并组织质量管理活动。

(1) 制定质量管理计划，确定质量管理方针和目标，实行目标管理，责任到人，质量方针和目标是建立健全护理质量管理体系的依据。

(2) 调查现状，科学分析，确定质量管理重点和质量改进的方向。

(3) 明确管理网络内各层级机构及人员工作职责和权限，合理配置人力及物力资源，以保证管理活动的实施。

(4) 编制护理质量管理体系文件，文件要求涵盖护理质量体系的全部要素、要求和规定，是确保护理服务符合规范要求的一种手段。

(5) 开展质量培训，协调处理体系运行中各环节、人员之间的问题，保证质量管理体系有效运行。

(6) 畅通信息反馈，及时分析处理质量信息，定时对质量管理体系进行评审和审核，有效保障和提高管理体系的质量。

（二）完善质量管理网络，实施质量监控

护理质量管理网络通常指个人、科室、护理部及医院三级质量管理网络。

1. 个人质控　指护士工作中按照岗位职责、工作质量标准对自身工作行为进行自我质控，自我质控往往与护士个人素质、质量教育结果呈正相关。

2. 科室质控　主要由护士长及科室质控组成员完成，质控方式主要有按计划检查、护士长随机与跟班检查及重点时段检查。

3. 护理部质控　主要由院级护理质控组完成，质控组由护理部成员、护士长、专科护士等人员组成，质控方式主要有常规检查、随机抽查、专项检查等方式。

（三）护理质量评价

1. 评价指标　主要对效率效益指标及护理工作质量指标进行评价，随着医改的不断深入，医疗市场竞争激烈，经济效率指标在护理质控中越来越受到重视，护理管理者对影响医院效率指标运行的护理质量问题要引起足够的重视。

2. 评价内容　主要包括对构成护理基本要素的基础质量（人、机、料、法、环）、护士护理行为过程的环节质量及护理服务行为结果的终末质量，其中环节质量影响着终末质量，更为值得我们关注。

3. 评价时间　主要分为不定期评价与定期评价，不定期评价一般用于随机抽查及专项检查，定期评价一般用于按质量计划项目检查后。科室评价频率常为周、月；护理部评价频率常为月、季、半年及年度，月度及季度质量评价适用于按质量计划项目检查结果的反馈、质控效果对比；半年及年度评价适用于全面质量总结评价、质量趋势分析及持续改进项目评价。

4. 评价方式　分为内部评价与外部评价。内部评价由护理部、科室、护士长等护理质量管理者完成；外部评价则由各级卫生行政主管部门专业检查评价及新闻媒体、社会舆论评价形成。

（四）护理质量分析

护理质量分析常月定性分析法和定量分析法，借助于信息系统对护理质量评价结果进行数据分析处理，在信息技术日新月异发展的今天，使质量问题分析更为直观，结果更加客观科学。

（五）护理质量持续改进

护理质量持续改进主要致力于提高过程和组织的有效性和效率，根据质量分析结果，以问题为路径确定持续改进项目，制定整改计划，落实整改措施，追踪评价整改效果，最终达到提高护理质量的目的。

笔记栏

三、护理质量体系运作中应注意的问题

(1) 重视人员培训教育：人是开展一切工作的基础，根据护理人员层级，有针对性进行质量管理系统文件的分层培训，使她们在工作中更好地熟悉、掌握、规范执行标准。

(2) 质量管理系统各级人员职责明确：质量管理系统各级人员职责要注意责、权、利的统一。

(3) 合理配置人力及物力资源做到人尽其才、物尽其用，达到资源最大化。

(4) 质量管理系统文件要体现科学性、先进性，与质量管理要求相符，可操作性强，便于管理和执行。

小　结

1. 护理质量管理的原则
   - 以病人为中心
   - 以人为本、全员参与
   - 预防为主
   - 质量标准化
   - 系统管理
   - 数据化管理
   - 持续改进

2. PDCA 循环步骤实施阶段
   - 计划阶段
     - 调查现状，找出问题
     - 分析影响因素，查出问题的原因
     - 找出问题的主要因素
     - 制定改进行动计划
   - 检查阶段
   - 处理阶段
     - 总结经验教训，形成标准化
     - 不成功和遗留的问题转入下一个循环解决

【思考题】

(1) 质量的概念及其含义是什么？
(2) 护理质量管理的原则有哪些？
(3) 论述护理质量管理的任务。
(4) PDCA 循环模式的方法与步骤有哪些？

(陈　虹)

笔记栏

第七章

护理信息管理

学习要点

- **掌握**：① 信息的概念；② 护理信息的特点、分类及作用；③ 护理信息系统的组成；④ 移动护理信息系统的定义、功能及应用优势。
- **熟悉**：① 信息管理及其作用；② 护理信息管理方法；③ 移动护理信息系统的作用；④ 物联网的概念。
- **了解**：① 信息的种类；② 护理信息系统在护理管理中作用；③ 移动护理信息系统存在的不足；④ 物联网在护理管理中的作用。

当前以医院信息系统应用为主要代表的信息化建设正在迅速发展，已经成为医院实现科学管理和可持续发展的重要基础。护理工作作为医院工作的重要组成部分，其专业特点决定了它必然也是医院信息系统应用最广泛的部分，因此，认识信息的价值，重视信息收集与管理，建立和管理好护理信息系统是新时期提高护理质量的必由之路。

第一节　信息的概念

一、信息的概念

目前，有关信息的定义已逾百种，说明信息是个多维度和有多层次含义的概念。“信息”究竟是什么？国际标准化组织(international standards organization，ISO)将信息定义为：信息是对人有用的数据，这些数据有可能会影响人们的行为与决策。ISO 对数据的解释是：数据是对事实、概念或指令的一种特殊的表达形式，这种特殊的表达形式可以用人工的方式或用自动化的装置进行通信、翻译转换或者加工处理。根据这一定义，通常意义下数字、图形、文字、声音、符号等都是数据，它们都可通过人工的方式(如计算机)进行处理。由此可见，信息的基础是数据，数据是信息的素材，信息是人们通过对数据进行加工处理后所获得的对人有用的数据。理解信息的概念，应抓住四个方面：① 信息是客观事物变化和特征的最新反映；② 信息是与外界相互交换，相关作用的内容；③ 信息是减少或消除事物不确定性的东西；④ 人们获得信息后，经过加工和处理，获得新的信息。

二、信息的种类

笔记栏

信息现象的复杂性及信息存在和信息内涵的广泛性，决定了信息种类的多样性。用不同标准对信息进行分类可将信息划分为以下一些类型。

（1）以产生信息的来源分类：分为自然信息、生物信息和社会信息。自然信息是指自然界中各种非生命物体传播出来的种种信息，如天气变化、地壳运动等；生物信息是指自然界中具有生长、发育和繁殖能力的各种动物、植物、微生物之间相互传递的种种信息；社会信息是指人与人之间交流的信息，既包括通过手势、眼神、身体所传递的非语言信息，又包括用语言、文字、图表等所传达的一切对人类社会运动变化的描述。按照人类活动领域，社会信息又分为卫生信息、文化信息、经济信息、政治信息、军事信息、科技信息等。

（2）以信息的表现形式分类：分为文本信息、声音信息、图像信息和数据信息等。信息的主要存在形式是文本信息，是指用文字来记载和传达的信息；声音信息是指人们用耳朵听到的信息，而电话、录音机等都是用来处理声音信息的工具；图像信息是指人们用眼睛看到的信息，随着科技的发展，图像信息越来越重要；数据信息是指计算机能够生成和处理的所有事实、数字、文字和符号等。

三、信息管理及其作用

信息管理是指对信息社会实践活动过程的管理，是运用计划、组织、协调、控制等基本职能，对信息进行收集、整理、研究、报道、传递并提供服务的过程。通过有效的运用人力、物力、财力等要素，以达到实现总体目标的活动。信息管理的实质是对信息资源和人类信息活动进行有目的、有意义的控制。所以，计划、组织、协调、控制等基本职能的运用和发挥，对信息管理效果起着决定性的作用。信息管理的作用如下：

（一）信息管理是现代化管理的基础

现代社会对急剧增加的庞大信息量的管理和利用，采用之前的手工操作已远远不够，需要借助于现代化手段即电子计算机。在物质的生产和流通过程中，生产经营与流通始终贯穿着“物流”和“信息流”。“物流”是指原材料等资源输入变为产品后而输出，其形态和性质均发生变化。“信息流”是伴随“物流”而产生的大量数据文件，如工艺文件、图纸设计、计划定额、能源消耗等。“物流”活动是在“信息流”活动作用下进行的，要想使生产过程沿着计划目标进行，只有合理管理并利用“信息流”，才能科学地计划、组织、调节和引导“物流”，使之按照客观规律进行运动。如果“信息流”阻塞，“物流”就会失去控制，从而造成生产和流通的经济损失。

（二）信息管理是社会生产力发展的需要

对信息进行有效的管理，是社会进步和经济繁荣的首要条件，过去低效率的“文山会海”的办公方式，很难适应现代社会生产力发展的需要，只有建立了科学的信息管理系统，才能推动社会生产力的发展进程。

（三）信息管理是管理人员智力结构变化的需要

通过采用先进的信息采集、传输、处理、存储等手段，建立信息管理系统，利用信息管理系统提供的数据，管理人员可以更客观、更科学地作出决策；同时，管理人员也可以从繁杂的数据统计中解脱出来，去从事更高级的研究与开拓工作。

（四）信息管理是新技术革命挑战的需要

信息作为一种新型资源，其重要性逐渐被大家认识。有人说“后工业社会”是信息社会，生产的发展不是依靠资本而是依靠信息、价值的增长，不再依赖体力而需要知识，信息和知识已成为生产力、竞争力和经济成就的关键。也就是说，只要掌握最新的信息量，用先进的技术和科学管理，不必增加多少资金和劳动力，就能开创新局面，提高效益，从而才能适应新技术革命挑战的需要。

笔记栏

第二节　护理信息管理

护理信息管理是医院信息管理的重要组成部分。从门诊到病房、急诊到手术室、从诊疗检查到饮食起居，各个环节都包含大量的护理工作，因此，护理信息管理内容复杂，涉及范围广。护理信息是指护理运行过程中产生的各种情报、消息、报告、数据、信号等，是护理管理中最活跃的因素。护理信息管理是以现代信息技术为手段，对医疗及护理信息资源的利用进行计划、组织、领导、控制和管理的实践活动，其目的是为了有效地开发和利用信息资源。

一、护理信息的特点

（一）信息的一般特征

所谓信息的特征，是指信息区别于其他事物的本质属性，各种信息的具体内容尽管不同，但基本特征有共同之处。信息的一般特征包括：普遍性；时效性；可共享性；依附性；无限性；传递性；可压缩性；转化性；价值性；不完全性。

护理信息除了具有信息的一般特点外，还具有其专业本身的特点。

（二）其他特点

1. 生物医学属性　护理信息主要是与人的健康和疾病有关，因此具有生物医学属性的特点。在人体这个复杂的系统中，健康与疾病是处于动态变化状态下，因此护理信息又具有动态性和连续性。如脉搏就汇集了大量的信息，既反映人体心脏功能，血管的弹性，又反映血液的血容量等信息。

2. 相关性　护理信息涉及较多的部门和人员，各方面的配合很重要。有护理系统内部信息，如护理技术信息、护理工作信息、患者病情信息等；有护理系统外部信息，如医生要求护士共同治疗患者、医院医技部门及科室要求护理配合、参与等信息。这些信息之间互相交错、互相影响。

3. 准确性　信息必须及时获取、准确判断、作出迅速的反应。护理信息中的一部分可以用客观数据来表达，如患者的体温及血压的变化、患者住院天数、手术患者数等。另外一部分是来自护理人员的主观判断，如病情观察时患者神志变化、心理状态等。它们直读性差，需要护理人员及时观察、准确判断、综合分析才能变成信息。否则，在患者病情突变危及生命时，信息判断和处理失误，就会对患者造成不可挽回的损失。

4. 大量性和分散性　护理信息量大、涉及面广、种类繁多且分散。有来自护理管理信息、有来自临床护理信息、有来自医疗文件的信息；有数据信息、图像信息、声音信息、有形和无形信息等。对这些信息正确的判断和处理，直接关系到护理质量和管理效率。

二、护理信息的分类与作用

（一）护理信息的分类

1. 护理科技信息　包括国内外护理新进展、新技术、护理科研成果、论文、译文、著作、学术活动情报、护理专利、新仪器、新设备、护理新用具的资料、护理专业考察报告、各种疾病的护理常规、卫生宣教资料等。同时还包括院内护理科研计划、成果、论文、著作、学术活动、护士的业务技术档案资料、临床开展的新技术新业务等。

2. 护理业务信息　指临床护理活动中产生的各种护理信息，如患者出入院信息、医嘱信息、转科信息、护理文件书写资料信息，院内护理质量指标及原始材料，各种护理工作量统计，各种报表等内容。

3. 护理教育信息　主要包括教学大纲、教学计划、实习安排、教学会议记录、继续教育计划、培训内容、业务学习资料、历次各级护士考试考核成绩及题库、进修生管理资料等内容。

4. 护理管理信息　是指在护理行政管理中产生的一些信息，这些信息与护理人员直接有关，包括护士的基本资料，三级医院评审标准、各岗位各层级护士职责、护理工作质量标准、护理管理制度、护理工作计划、工作总结、护士排班、护士考勤、护理会议记录、护理质量检查结果等管理内容。

（二）护理信息的作用

1. 认知作用　护理信息是护理人员认识护理工作规律、提高专业技术水平和管理工作能力的宝贵资源。经验是具有反思意义的、较成熟的对信息的认知，护理经验实质上就是护理人员通过

笔记栏

对大量护理信息的累积、整理而获得的认知，是逐步上升到理性认识的一种知识财富。

2. 心理作用　信息可产生积极和消极两大心理作用。管理心理学研究证明，来源于管理者的激励信息，可产生巨大的积极推动作用。反之，有的信息使人呈现焦虑、士气低落等消极负面状态。

3. 预测作用　信息对履行计划、决策、控制等职能具有预测作用，即指可以利用信息预知并有效地应对未来的发展与变化，减少或预防管理的盲目性。例如，护理管理者制定长期或短期工作计划，确定预期目标，必须有足够的信息作为依据。

4. 控制作用　护理管理要把握“过程控制”，而任何控制都要凭借信息，这就是管理学强调的信息反馈。无论是常规状态还是紧急情况，护理管理者都要注意通过信息的传递与反馈提高管理工作控制的有效性。

三、护理信息管理的方式

（一）手工管理方式

手工护理信息管理是管理者依据护理工作实际需要和管理工作流程，制定管理制度、方案和实施措施，将护理管理工作中产生的主要信息和相关资料以建立文档和填报表格的手工方式实施护理信息的管理。由于护理管理本身的复杂性和动态性，很难采用手工方式进行实时管理。另外，对以往获得的信息进行动态管理、纵横比较和分析，其难度和工作量也是巨大的。信息的贮存、保存、查阅有诸多不便，效率低下。

（二）计算机信息管理方式

它是在手工管理基础上发展起来的，在信息管理理论和技术规范的指导下，依据护理管理制度和管理流程，采用计算机技术和通讯技术建立一套护理信息管理系统，从而据此采用的管理方式。它在信息处理的数量、实时性、动态性和可靠性等诸多方面，都比手工管理具有无可比拟的优越性。运用计算机医院信息管理系统可显著节省护士人力并减轻护理负荷，改变了以往护士手工抄写、处理文书的繁琐方法，使工作效率和护理工作质量有了显著的提高。对缩短护理工作办公流程，增加护士的护理时间，减少护理差错，提高护理质量，增加医护人员及患者的满意效应均具有重要作用。

四、护理信息管理方法

（一）护理信息管理工作流程

信息管理基本工作流程主要包括信息的收集、加工、存贮、检索、传输和反馈六个环节，它们依次构成了信息管理全过程，它通过口头、文字及声像设备和电子计算机等多种方式和工具实现的（图 7－1）。

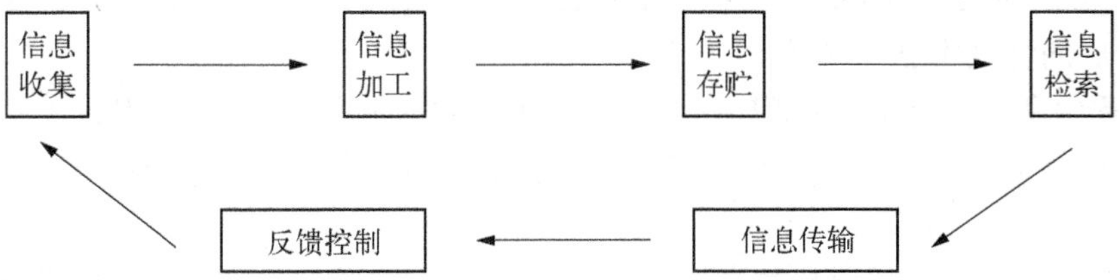

图 7－1　信息管理工作流程

1. 信息的收集　是指按预先设定的指标收集原始数据和记录。它是医院信息管理的首要工作环节，这一环节进行得如何将直接影响信息管理其他环节的质量和效果。所收集的原始信息的全面性、真实性和可靠性，不仅影响信息的处理，更影响信息本身的价值。

（1）信息收集的基本要求：要求信息收集的手段完善、数据准确、时间及时，校验功能严密，录入手段方便，管理组织健全，以保证信息的全面性、系统性、连续性、可靠性和价值性。① 信息收集的全面性。重视现场信息收集，避免遗漏重要信息，收集时需思路开阔，动作敏捷，并拓宽收集领

笔记栏

域，保证收集信息的全面性和新颖性。② 信息收集可靠性。是信息管理的基本要求。在信息收集过程中要注意认真鉴别，以保证信息来源的可靠性，不可轻率行事。③ 信息收集的系统性。从医院信息管理方面来看，系统性和连续性很重要，对医院诊疗护理工作的一系列动态情况和特征必须进行系统、连续的考察和收集，有助于动态观察。④ 信息收集的价值性。为了收集到较高价值的信息，要注意捕捉那些先兆性强且又有重大意义的信息数据，既要注意信息数量，又要注意信息的质量。

（2）信息收集的方法和步骤：信息收集的方法很多，可要求各部门、各科室做统计报表，调查问卷、出院患者随访记录，还可进行各种座谈会进行收集。在收集过程中要注意遵循以下基本原则：① 制定信息收集计划，包括明确信息收集责任者、收集范围、信息来源、信息收集方式和要求；② 设计信息收集具体形式，不同的信息可采取不同的收集形式；③ 进行信息的收集，包括收集原始信息及对其进行筛选、分析和整理；④ 提供收集的信息资料，可采用统计报表、资料汇编、调查总结、内部参考、定期通报等形式。

2. 信息加工　指对被收集的资料进行分类、排序、计算、比较、选择和分析等工作，使之成为反映全面情况的综合指标或报告。供管理人员决策，成为必要的有价值的信息。信息加工是医院信息管理的中心环节。经过加工处理的信息，更易被利用。

（1）信息加工的基本内容：包括信息分类；信息比较；信息计算；信息研究；信息判断；信息编纂；信息运筹。

（2）信息加工主要方法：有定性和定量两大类。① 定性信息加工法，包括汇集法、归纳法、纵深法、推理法等，最常用的是归纳法，归纳要全面系统、清楚完整、说理清晰、反映原意全貌；② 定量（数据）信息加工法，就是对信息数据进行核对、分析、转换、表达的过程。

3. 信息传递的速度和质量　信息传递的速度和质量直接影响信息管理的效率和效益。因此，切实保证信息传递的速度和质量是医院信息管理的重要内容。要注意信息传递的有效性，保证传递的真实、可靠、快速，做到数量大、成本低、效果好，尤其要防止信息传递过程中的偏差或变形。

4. 信息的存贮　是指将原始信息尤其是经过处理的信息集中在某种载体中保存的过程。信息的科学存贮有利于资源的集中管理、快速检索和信息量的不断扩充。护士技术档案、患者护理记录等都是对信息的贮存。存贮的形式以介质的不同分为纸张文件、磁带文件和磁盘文件等。存贮时要注意手段的现代化、文件的安全性和使用的方便性。

5. 信息的检索　为了能够从大量的贮存着的信息资料中查找满足某种条件的信息，应科学地建立一套信息检索的方法，如病案索引、文献资料索引等。

6. 信息的反馈　就是将处理好的信息，通过一定的方式送到需要者手中，如护理管理者或相关部门按输送信息所反映的情况，采取有关措施对原信息做出相应处理。

（二）医院护理信息管理的规范化、标准化

医院护理信息是医院护理管理中最活跃的因素。如何取得管理的成功，关键之一是将护理信息进行规范处理，搞好医院护理信息管理规范化、标准化，从而实现科学化管理，为建立现代医院护理信息管理系统打下坚实基础。护理信息规范化、标准化是从经验管理向科学管理转变的标志。

1. 护理信息规范化、标准化的内容　主要包括护理学术内容的规范化、标准化学科信息管理指标体系的建立及专业信息分类与编码等三方面。

（1）护理学术内容的规范化、标准化：包括理论标准化和操作标准化。理论标准化即将护理学科理论结构化、体系化和语言规范化；操作规范化即对护理操作规程的规范化和护理操作技术的科学化；通过现代管理理论和方法，建立护理学术管理规范和流程。

现有的护理学理论和各种技术方法的标准与规范都是护理学术内容标准化的成果，如各种疾病护理常规、基础护理技术操作规程和健康指导等。

笔记栏

（2）护理学科信息管理指标体系的建立：是建立护理信息管理系统的依据之一，是系统的重要管理内容。护理学科信息管理指标体系是在“规范”、“标准”的指导下，根据信息管理的目标要求，

对相应信息管理系统中的每个管理"项目"进行概念的界定，确定其内含"信息"之间的关系，并把所有的"信息项"依据它们自身的作用和相互间的关系，按一定的逻辑层次关系进行归纳整合所形成的一个信息项集合。

(3) 护理专业信息分类与编码：指将"信息"按规定的原则进行科学分类及在分类的基础上进行统一的编码。它是护理信息标准化的重要内容。

护理信息规范化、标准化必须坚持以医疗护理工作为中心，及时优化，技术与管理问题相配套和简洁性为原则。

2. 组织管理

(1) 成立专门管理机构、专人负责。

(2) 建立健全规范化管理制度，定期调整，及时公布新的规范化项目，并督促贯彻实施。

(3) 实施过程中设立一定的约束机制和奖励机制，必要时以法规、准则的形式强制实施。

(4) 关心国内外护理信息发展动态，使规范化项目更合乎护理工作的实际、具有广泛性和通用性。

(5) 注重专职人员的培养、普及护理信息管理规范，确保护理信息管理的广度和深度。

3. 技术实施

(1) 医院护理信息管理规范的制定要求：① 遵循信息管理级别规范，即国家级优先，行业级次之，地方级再次之。下级标准不得与上级标准抵触，为保证上级标准的落实，下级标准可采取直接贯彻、部分选用、补充上级标准的方式。若无统一规范的，各医院可结合实际自行制定。② 尽可能反映护理工作的实质和焦点，为患者服务。③ 便于计算机管理，确保信息的准确性、时效性，有利于管理者科学决策。④ 遵循医院内部完整的标准化体系，各类标准相互协调、避免相互矛盾。⑤ 各标准中涉及同一对象应该保持规定的一致性和层次性。⑥ 标准化管理是个动态过程，随着科学技术和管理水平的提高，标准也相应地发展。故标准要适时修订，以保证其先进性和权威性。

(2) 具体实施方法：① 确立护理信息管理目标，是实行标准化管理首要的一步。制定目标时，必须分清主次，切合实际。② 建立护理信息规范化管理流程，是信息标准化管理必不可少的环节之一。③ 搞好护理信息标准化。

五、护理信息系统

护理信息系统(nursing information system，NIS)系指一个由护理人员和计算机组成的能对护理管理和临床业务技术信息进行收集、存储、检索和处理的系统，是医院信息系统的重要组成部分。应用护理信息系统进行护理管理，对提高护理质量，促进护理管理的科学化、标准化、现代化将是一个飞跃。

(一) 护理信息系统的组成

护理信息系统在医院应用范围广泛，主要包括护理管理信息系统及临床护理信息系统两大内容。

1. 护理管理信息系统　护理管理信息系统包括护理质量管理信息系统、护理人力资源管理信息系统、护理科研、教学管理信息系统等方面。

2. 临床护理信息系统　临床护理信息系统覆盖了护士日常工作中所涉及的所有信息处理的内容，包括具备患者管理、医嘱处理、药品管理、费用管理等功能的住院护士工作站、临床护理记录系统以及各个专科护理系统，如重症监测系统、急诊护理系统、手术护理系统等。目前国内的住院护士工作站是护理信息系统发展比较成熟的一个系统，而其他的系统处在完善与开发阶段。

(二) 护理信息系统的特征

支持临床护理的信息系统至少具有以下几个方面的特征：① 支持医嘱处理的全过程控制，实

笔记栏

现 5R(right information，right patient， right person，right place and right time)控制；② 支持实现无纸化病房；③ 为护士提供决策支持；④ 提供先进的护理知识，包括如何确定对护理非常重要的数据；⑤ 提供通信设备，包括可访问数据库，后者为护士提供实行整体化护理所需的信息；⑥ 实现护理信息与临床护理业务与数字化存储(HER)、电子病历(EMR)和个人健康记录(PHR)的无缝集成与互操作。

（三）护理信息系统在护理管理中的应用

1. 护理质量信息管理　将护理质量评分标准输入计算机，建立数据库，将护士长、科护士长、医院质量控制小组、护理部的各项检查、护理工作报表等数据及时、准确地录入计算机，由计算机完成对这些信息的存储、分析和评价。由于信息反馈快，管理者可及时得知各护理单元的护理质量状况，从而很快发现、分析和纠正问题，变终末质量管理为环节质量控制，减少了护理差错事故的发生率，提高护理质量，提升患者满意度。

2. 护理行政信息管理　病区护士长可利用计算机进行排班、查阅护士出勤、考核护理人员工作量、工作质量，并可以了解患者病情、医药费用、患者动态等。护士长通过制定相应的护理信息管理制度和使用制度，维护护理信息的真实性和可靠性。同时还要对护理人员进行计算机的应用与管理培训，防止数据的丢失或损坏。

3. 护理人员培训信息管理　医疗技术的发展与进步要求护理人员不断学习，更新知识，以适应学科发展现状。网络信息服务(network information service， NIS) 为护理人员的学习提供了最方便和快捷的途径。国内已制作的单机版的学习软件有急救护理技术、基础护理技术和护理管理等内容。学分管理信息系统的应用规范了护理人员培训与继续教育管理，为医院人事部门提供了护理人员晋职管理的客观依据，有效地促进了护理人员培训-考核-管理-使用一体化的良性循环。

4. 护理人员业务技术档案信息管理　运用信息软件，护理人员的综合信息(包括个人简历、科研论文、考试考核成绩、技术职称、年度考核、个人奖惩等)可一次输入，永久保存，不但有效解决了以往资料保存不全、查询难的问题，而且减少了手工操作产生的误差。系统强大的查询检索功能更有助于管理者全面掌握每个护理人员的信息，从而了解全院护理队伍的层次结构，为人才管理监控、计划、指导提供了可靠的依据。

5. 护理成本核算　护理成本管理包括人工成本、设备成本、药品成本、材料成本等综合管理。随着医院管理成本化意识的不断增加，越来越多的管理者认识到护理是重要的成本中心。如何降低护理成本，实现护理资源的优化配置成为管理者所关注的课题。通过信息系统可快速完成成本核算与分析，进行有效的调整与管理。

第三节　移动护理信息系统

移动护理信息系统是护士工作站在患者床边的扩展与延伸，以现有的医院信息系统(hospital information system，HIS)为基础，以移动手持电脑设备 (PDA)为硬件平台，以无线局域网为传输交换信息平台，通过条码技术作为患者和药品身份信息识别手段，充分利用 HIS 的数据资源，实现 HIS 系统在病房的扩展和数据的及时交换，实现了电子病历的移动化，让护理人员在临床工作中实时采集和录入数据，这不仅优化了医护流程，提高了工作效率和工作质量，同时又预防和减少了医疗护理差错，极大地推动了医院的信息化建设和数字化发展趋势。近年来，随着无线通信技术在国内医疗机构逐步得到推广应用，移动护理信息系统在临床护理工作中发挥出显著的作用。

一、移动护理信息系统的功能

笔记栏

1. 确认患者身份、查询与统计患者信息　患者入院后，打印以住院号编码的条形码腕带，佩戴于患者腕部作为身份标识。护士在床边为患者进行治疗护理或给药时，使用PDA对患者腕带扫描进行患者身份识别与确认，同时可确认患者给药单的条形码与患者腕带上的身份标识条形码一致的信息。通过PDA可查看患者的基本信息，包括患者的住院号、床号、姓名、性别、年龄、入院时间、临床科室、主治医生、诊断情况、饮食情况、护理级别、手术时间、过敏史、费用等基本信息；利用在院患者的入院评估单和护理记录单，可随时获取患者的病情信息。

2. *生命体征的实时采集*　PDA自动提示生命体征信息的采集时间。护士随身携带PDA，将采集的生命体征即时在床边录入，保存后信息直接写入相关数据库，医生及护士工作站数据同步。HIS即时生成体温单、生命体征监测单、护理记录单等记录，同时将采集的时间和采集人等相关信息储存到数据库。当多次录入生命体征时，计算机可以自动筛选最靠近体温单记录时间点的各项生命体征数据绘制到体温单上，并自动识别与生命体征正常值差异最大的数据绘制在体温单上。与PC机上的HIS相比，PDA还能显示正在发热患者，以便医护人员及时发现患者病情变化，采取相应的措施。

3. *出入量的录入、累加和查询*　PDA明确设置可录入的项目有体重、腹围、大便次数、尿量、呕吐物、各种出入量等，且可随时录入。如果需要记录的项目在PDA上没有设置，可在“补充项目”中自行添加所需项目，并输入相应数据，添加的项目会在系统中自动保存，记录用户所输入的项目名称和单位，再次输入此项目时，只需要在“项目名称”中选择该项目即可。各种出入量录入后将自动累加，24小时累加结果自动记录在体温单上。

4. *医嘱查询、执行与统计*　移动护士工作站的设置可使医嘱进行分时段处理显示，系统将医嘱按临床路径进行拆分，PDA上只显示本班次需要执行的医嘱，并提醒护士执行医嘱的时间，在本班次尚未执行的医嘱可选择性地交到下一班，交班后的医嘱在当前班次将不再显示，从而使护理工作程序更清晰、明了。医生下达医嘱后信息传输到护士工作站，经过审核提交显示在PDA上，PDA会提示有新医嘱，护士即可进行读取、查询、查对与执行。执行医嘱时，执行者只需在指定位置点击，即可自动生成该条医嘱的实际执行人与真正的执行时间。另外，护士可利用PDA上的远红外线，扫描患者的腕带和输液袋上的条形码，然后点击PDA上的触屏，就可将医嘱执行时间和执行人等信息直接保存到数据库中。护士长也可随时查看病区所有医嘱执行情况、护理记录的完成情况，病区护理量统计及护士工作量的权重。

5. *患者护理过程的记录及护理工作量的统计*　责任护士随身携带PDA，特殊的治疗与护理时间可设置提示音，在病房内随时以点击的方式将患者测量结果、所执行的操作、观察到的病情、治疗及护理等情况以精确的时间记录在PDA上，信息直接回传到HIS，呈现于医生及护士工作站。工作中的细节问题可以通过短信方式及时发送到医生PDA上，保持有效畅通的工作关系。床边及时书写护理病历，包括入院评估单、护理记录单、健康教育单等。移动护士工作站充分体现出护理记录的即时性与真实性。系统还可对护理工作项目进行统计，根据护士上班的时间、所执行各项护理操作签名的护理工作，统计出护士个人、病区或者全院某时间段内护理的危重人数、一级护理人数以及具体护理操作数量，通过科学加权使护理工作达到了量化，为科室建立二级考评制度提供了数据基础。

6. *护理质量查房移动记录*　移动护士工作站有护理质量检查记录模块，分为病区质量检查与院质量检查记录，其中院质量检查包括护理部督查和夜值班护士长查房。护理管理者持PDA在病区进行质量检查，发现问题时，选择检查内容，点击不合格项，当场由责任人口令确认，信息记录于数据库，即时上传到护理部，并自动汇总个人、病区、全院合格率。护理部干事只有查看权，无修改权。用PDA进行移动护理质量检查，保证了记录的即时、真实；由管理者与当事人共同签名确认，保证了检查结果的公正、透明，为年底病区、个人考评提供了依据。同时，自动汇总功能也使护理部减少了文件输入及人工汇总时间。

7. *条码扫描检验标本*　无论是传统的手工检验单模式还是标本容器条码化，都不能解决床旁标本采集容易出错的问题。引入PDA后，抽血前护士在床旁先用PDA扫描患者腕带识别身份，

笔记栏

提取检验医嘱，然后根据提示选择所需试管，扫描试管条码后即进行采集，省去了人工对照的麻烦，保证了试管与患者信息的一致性，同时记录抽血时间回传到 HIS 系统。

8. 耗材的录入及费用显示　在护理过程中所使用的耗材，可随时点击耗材对话框，选择相应的耗材名称、规格即完成录入，可有效避免遗漏。同时，自动显示患者住院费用，便于通知患者缴纳治疗费用和解释费用支出。现有系统是在医嘱转抄阶段就对其分解的医嘱项目进行了收费，如果患者因某种原因终止医嘱流程，护士需通过退药、退单等手段将已收的费用退给患者，易出现差错，移动护士工作站实现了确认医嘱执行后再收费。

9. 字典库与护理工具库　移动护士工作站中设立了护理计划中常用的护理诊断等字典库，包括目前北美护理诊断协会正式通过的 148 个护理诊断和相关的护理措施等用词，将各种疾病与其主要的护理诊断与措施呈对应关系排列，避免了护理记录中繁冗重复。护理工具库内设置护士工作中常用的计算公式、各种评估表等，方便护士随时使用。

10. 实时与信息传递　医护人员工作的流动性比较大，PDA 提供 VOIP 方式的小区电话、短信功能，更适合移动工作的特点，当有紧急情况时，可与医生护士及时联系。

案例分析

护士甲在为患者吸痰时听护士乙说某患者要急抽血标本全套，同时另一患者要采集血型标本，甲吸完痰后，看到桌面上采血试管，没有逐一查对试管上患者的信息，想当然认为是同一患者的血型和血标本就进行采血。此时送血工人到，护士未再认真核对，就将血标本让工人送检。后由血库发现抽血错误。

【问题】

（1）引起这起护理差错的根本原因是什么？

（2）我们如何运用信息化手段规避类似的差错事故？

【分析与解答】

（1）引起这起护理差错的根本原因是未执行查对制度。

（2）通过移动护理信息系统，抽血前护士在床旁先用 PDA 扫描患者腕带识别身份，提取检验医嘱，然后扫描试管条码，试管与患者信息的一致时即进行采集。避免了检验抽血错误的发生。

二、移动护理信息系统的作用

1. 优化工作流程，提高工作效率　因移动护理工作站和 HIS 资源共享，信息一经录入，多终端读取，简化了护理记录程序，减少了护士重复劳动，优化工作流程，使护士有更多的时间护理患者，提高了患者满意度。同时，记录的准确性和及时性增强，提高了护理质量和工作效率。

2. 建立标识系统，减少护理差错　目前，护理工作中患者的核对有许多不确定性，如姓名相同、移床、患者意识障碍等，加上护士核对的工作量大，人为出错的概率较大。基于患者标识系统的条码或射频识别技术，护士在床边为患者进行操作时，用 PDA 对患者进行确认，大大提高了患者身份识别的准确性，确保治疗过程中患者、时间、诊疗行为的准确性。快捷、方便、有效的医嘱查询，也能最大限度地防止医嘱漏执行。用 PDA 扫描检验标本，保证采样信息的实时性和正确性，彻底解决了标本在源头出错而造成医疗纠纷的问题。

3. 解决签字问题，规范文书书写　医嘱执行的签字问题长期以来没有得到较好的解决，特别是长期医嘱，目前 HIS 中护士站不支持这项功能，而移动护士工作站中医嘱的拆分实现了所有医嘱执行后即可签名的功能。签名时间为服务器提取数据的时间。移动护士工作站的使用实现了医嘱全程跟踪，满足了国家卫计委《病历书写基本规范（试行）》长期医嘱执行后应签署执行时间和执行

笔记栏

者签名的要求。另外，使用PDA后，不需要再打印各种分类执行单，随着电子病历的归档，护理工作真正实现了“无纸化”办公。

4. *加强质量控制，杜绝护理差错*　移动护理工作站使护理质控深入医疗护理工作的每个环节，实现了实时环节控制，使终末管理变成环节控制。即时的信息存取，降低了错误率。护士长能够随时掌握全科的护理工作动态，加大对工作过程的监控和管理，及时发现医疗护理过程中各环节问题，及时采取相应的措施，将事后管理变为事前管理，增加了护理管理的深度，提升护理质量。

5. *规范护理行为，增强法制观念*　由于每条医嘱与实际执行人形成一对一的关系，记录医嘱的执行时间，用药途径，对病情观察的时间、观察的数据即时进行录入，不但规范了护士行为，同时为护理工作提供了可靠的数据资料，避免在医嘱执行过程中责任区分不清。

6. *提供法律证据，避免护患纠纷*　基于HIS的安全机制，移动护士工作站准确、实时、完整的记录医嘱执行时间和执行人，并永久保存医嘱记录，为医疗举证倒置提供了法律依据。

7. *加强医护配合，提高患者满意度*　PDA的医嘱提示音，短信功能等为繁忙的临床护理工作提供科学有效的保障，使医护语言沟通中的信息传递失误减少，同时责任护士能及时有效地为患者提供各种治疗与护理信息，有利于建立良好的护患关系，患者满意度上升。

8. *促进管理创新，树立护理品牌*　移动护士工作站的应用，使护理管理更加严谨规范，由定量管理转变为定性管理，由经验管理转变为科学管理，以数据资料为依据，实行对个人、科室、全院护理工作绩效考评，合理调配人力资源，促进医院护理管理向科学化、正规化发展。实施移动护理信息管理，降低了人力资源投入和耗材成本的同时，提高了工作效率，提高医院管理水平，树立了护理品牌，提高医院的竞争力。

三、移动护理信息系统应用优势

1. *电子病历移动化，将电子病历从桌面应用推向移动应用*　目前，国内各大医院开展的电子病历系统建设，只是将电子病历的实际应用局限于桌面级。电子病历系统只解决了医疗结构内部支持电子病历信息的采集、存储、访问等问题，而随着电子病历系统的应用深化，传统的信息采集和调用方式将无法解决海量电子病历信息的实时电子化和采集、调用等问题。移动护理信息系统的应用使医护人员随时随地访问电子病历，及时记录患者的相关信息并获得完整的诊疗信息。

2. *加强医护工作的过程管理和质量控制，提高医院管理效率和管理水平*　移动护理信息运用实时、高效、移动化的信息处理方式，实时记录医院各个环节的医疗、医疗信息和收费过程，有利于医院管理者及时准确地掌握医院的各项信息，从而根据情况实时作出决策判断，完善考核体系，提高医院管理效率和管理力度。

3. *减少医疗差错和事故*　通过运用PDA进行条码扫描不仅可以快速进行信息对应关系的确认，而且有效地杜绝人工判断差错的产生。

4. *提高病床周转率，提升医院效益*　引入标准化和过程化的护理模板功能，减少护理环节的差错，协助缩短患者康复周期，提升医院床位周转率，同时标准化的护理模板功能有效地缩短了新入职护士的护理业务学习和熟悉周期，从而提升医院效益。

5. *减轻医护人员工作强度，提高医护人员的工作效率*　PDA的应用使医护人员可以随时随地获取和处理患者诊疗信息，大大减轻了医护人员的工作压力和工作强度，同时也全面提高了医护人员各项工作效率。

笔记栏

6. *采用无线移动技术，优化信息存取流程*　借助条码、移动计算等各种成熟技术，极大地减少医护工作中处理海量信息录入、手工抄写等各个环节。

7. *实现“以患者为中心”的医院管理理念*　通过使用PDA，实现实时获取和处理信息，确保患者能在第一时间得到恰当的诊疗；同时工作效率的提高可进一步解放医护人员的工作时间，为患者提供人性化就医环境和服务。

四、移动护理信息系统存在不足

移动护理信息系统存在以下不足：第一，由于存储容量大，每次切换模块时速度较慢，有待进一步研发。第二，由于我国医疗信息化程度低，无线网络仍然存在一定的安全隐患，如何保护移动用户的合法信息（账户、密码等），使患者的隐私不受侵犯，是一项迫切需要解决的问题。第三，移动医疗的需求还未完全成熟、医疗行业的复杂性、供方技术不成熟、产业链没完全做好准备等都在一定程度上影响其规模和全面发展。第四，医疗信息化的成本不菲，而中国的医疗信息化投入较低，医院的信息化主要靠自力更生，边积累边发展。另外还有来自医院管理者的障碍，包括理念、观点因素等。第五，特殊的应用领域，存在着二次开发的现实需求。医院不同、用户不同，对移动护理系统的需求不同。第六，繁忙的护理操作，可能会发生 PDA 跌落和碰撞，造成无线终端设备损坏。第七，国内大多数中小医院还没有建立 HIS 系统，导致 HIS 市场分化。综上所述，如何实现移动护理信息系统，在现阶段并不是购买硬件就能达到，只能在现有基础上进行有效整合，在硬件和软件功能逐步提升中进行改进。

五、物联网

随着我国医疗体制的大力推进，国家和政府越来越重视医疗信息化建设，医疗卫生领域信息化建设的重点已由以往的医院信息系统向数字化医疗方向转变，医疗信息化开始进入物联网时代。它将进一步优化工作流程，提高工作效率，实现远程医疗，促进优质资源共享。

（一）物联网的概念

物联网是“物物相连的互联网”。包括两层意思：一是指物联网的核心和基础仍然是互联网，是在互联网基础上的延伸和扩展的网络；二是指用户端延伸和扩展到了任何物体与物体之间，都可进行信息交换和通信。因此，物联网指的是将射频识别（RFID）、红外感应器、全球定位系统、激光扫描器等各种信息传感设备，按约定的协议，把任何物体与互联网相连接，进行信息交换和通信，以实现对物体的智能化识别、定位、跟踪、监控和管理的一个巨大网络。它的特征有 3 个：① 互联网特征；② 识别与通信特征；③ 智能化特征。它用电子标签替代现用的条形码。电子标签具有穿透性，隔物也能读取；具有抗污染性，表面污损仍可读取；读取速度快，每秒可以读几百张；读取距离从高频的几十公分到超高频的几米甚至微波的几十米都可以读取；它利用芯片编码的全球唯一性，可以防伪。

（二）物联网在护理管理中的作用

1. *人员定位*　电子标签提供了患者的准确定位，护理人员能随时知晓患者的当前所在位置。它与门禁系统相连，可被即时感知，目前已被临床用于婴儿防盗、不宜外出的特殊患者的管理。当电子标签被拆卸、毁坏时，能通过手机、电脑报警。在电子标签上植入体位感受器，患者体位发生剧烈变化时就能被感知，通知医护人员及时赶到，如患者跌到等。

2. *生命体征自动采集与传输*　现已有专门的体温、心电等 RFID 标识，也可在电子血压仪、电子血糖仪里装上嵌入式传感器，将仪器测得的数据及时通过无线方式传输到医生工作站，即便在异地，医生也可以随时了解到患者的体温、血压、心电、血糖等情况，及时制定出对症治疗的措施。尤其适用于危重患者的监护、传染患者及疑难病例的异地会诊。

3. *仪器设备管理*　将医疗设备的生产商、供应商、设备的维修保养等信息存入设备的 RFID 标签，系统会及时提醒相关部门进行设备的巡检、维护。设备巡检维护后的信息在现场存储在 RFID 标签，上传到中央处理器内，进行相应的数据存储、更新和处理。佩戴有 RFID 标签的仪器设备，护理人员可随时知晓其当时的准确位置、方便取用，并使交接班时间明显缩短。

4. *应用于医药、生物制剂、消毒包、医疗垃圾和血液等方面的管理*　将药品名称、产地、批次及生产、加工、运输、存储、销售等环节的信息存于 RFID 标签中，达到对药品信息及时、准确地采集

笔记栏

与共享，解决医药流通中存在的安全、成本和管理问题。为了确保药品不变质、不腐蚀，可通过先进的物联网技术对药品进行实时监测管理。

物联网被称为继计算机、互联网之后，世界信息产业的第三次浪潮。对人类的发展来说，互联网改变了人与人之间的交互方式，物联网则革命性地改变了人与环境的交互方式。由于医疗行业的特殊性和复杂性，其信息化发展远远的落后于金融、制造等行业，物联网的应用也如此。随着数字化医院的建设，相信不远的将来，物联网将普遍使用于各级医院，为我们的护理工作提高更加快捷方便的服务。

知识拓展

近年来，大数据受到了政府和相关部门及领域的普遍关注。2015 年，公共卫生领域健康大数据被正式提出。在公共卫生领域对健康大数据进行应用，能够引导民众对疾病进行有效预防，提高健康系数和生命安全指数，从而为人们创造高质量的生命和生活。

定义：是指大规模复杂性、批量化和可链接的数据信息。其涵盖的范围很广，包括医疗信息、环境信息、金融信息、社会信息等方方面面。健康大数据是以医疗卫生领域为基点进行论述的。其是指与维持机体健康相关的生活行为方式、遗传社会环境因素和医疗过程中的相关数据信息等。

突出特征：称为 4V 特征，即大容量(volume)；快速更新(velocity)；多类型(variety)；高价值(value)。在公共卫生领域中的应用：① 为常见疾病临床诊疗提供参考；② 为医院精细化管理提供依据；③ 为个体化医疗提供平台；④ 为临床科研提供资料。

小　结

1. 信息的概念

2. 护理信息
   - 特点：普遍性；时效性；可共享性；依附性；无限性；传递性；转化性；可压缩性
     价值性；不完全性；生物医学属性；相关性；准确性；大量和分散性
   - 分类：护理科技信息；护理业务信息；护理教育信息；护理管理信息
   - 作用：认知、心理、预测、控制

3. 护理信息系统组成
   - 护理管理信息系统：护理质量管理信息系统、护理人力资源管理信息系统、护理科研、教学管理信息系统
   - 临床护理信息系统

4. 移动护理信息系统的功能
   - 确认患者身份、查询与统计患者信息
   - 生命体征的实时采集
   - 出入量的录入、累加和查询
   - 医嘱查询、执行与统计
   - 护理质量查房移动记录
   - 条码扫描检验标本
   - 耗材的录入及费用显示
   - 字典库与护理工具库
   - 实时与信息传递

笔记栏

5. 移动护理信息系统应用优势
- 电子病历移动化，将电子病历从桌面应用推向移动应用
- 加强医护工作的过程管理和质量控制，提高医院管理效率和管理水平
- 减少医疗差错和事故
- 提高病床周转率，提升医院效益
- 减轻医护工作人员工作强度，提高医护人员的工作效率
- 采用无线移动技术，优化信息存取流程
- 实现“以病人为中心”的医院管理理念

【思考题】

(1) 简述信息的概念。

(2) 简述护理信息的特点、分类及作用。

(3) 简述护理信息系统的组成及在护理管理中的应用。

(4) 简述移动护理信息系统的功能应用优势及不足。

(王　敏)

笔记栏

第八章

护理管理与医疗卫生法律法规

学习要点

- **掌握**：① 护士准入制度；② 护士的权利和义务。
- **熟悉**：① 影响护士执业安全的主要因素；② 护理专业学生的法律身份。
- **了解**：① 我国卫生法系统；② 我国卫生法律责任。

我国医药卫生管理体制、基本医疗保险制度等一系列改革在不断深化，对于医药卫生行业的管理日趋科学和规范。患者的法律意识逐渐提高，对医疗卫生规范服务的要求也越来越高，投诉和付诸法律的医疗纠纷也呈上升趋势。医务工作者需遵守国家法纪、法规，依法行医行护，维护患者权力和利益的同时，用法律进行自我约束和自我保护。

第一节　与护理管理相关的法律法规

护理管理作为医药卫生事业管理的一个重要组成部分，在加强护理过程管理、护理质量管理、优质护理等管理过程中，不断提高护理人员法律意识显得尤为重要。

一、卫生法体系与护理法

（一）卫生法体系

卫生法是指由国家制定或认可，并以国家强制力保障实施的，调整在保护人体生命健康活动中所形成的各种社会关系的法律规范的总和，是我国社会主义法律体系的一个组成部分。国外有学者将卫生法解释为，与卫生保健以及与卫生保健直接有关的一般民事法、行政法及刑法的法律规范的总称。卫生法主要调整以下四个方面的社会关系：卫生组织关系、卫生管理关系、卫生服务关系、国际卫生关系医事服务关系。

我国《宪法》中有关卫生方面的法律规定主要涉及以下几个方面第 21 条规定："国家发展医疗卫生事业，发展现代医药和我国传统医药，鼓励和支持农村集体经济组织、国家企事业组织和街道组织举办各种医疗卫生设施，开展群众性的卫生活动，保护人民健康"；第 25 条规定："国家推行计划生育，使人口的增长同经济和社会发展计划相适应"；第 40 条规定："夫妇双方有实行计划生育的义务"；第 45 条规定："中华人民共和国公民在年老、疾病或者丧失劳动能力的情况下，有从国家和社会获得物质帮助的权利。国家发展为公民享受这些权利所需要的社会保险、社会救济和医疗卫生事业"等。

卫生法是法学与医学、卫生学、药物学等自然学科相结合的产物，在卫生法律文件中，常包含大量的操作规程、技术常规和卫生标准，如我国《药品管理法》规定："药品必须符合国家药品标准……

笔记栏

国务院卫生行政部门颁布的《中华人民共和国药典》和药品标准为国家药品标准。”

医药卫生是一项科学性、技术性很强的工作，科技的快速发展更使医学诊断、治疗过程日益现代化，这就要求将直接关系到公民健康的医疗方法、程序、操作规范、卫生标准等大量的技术规范法律化，将遵守技术法规确定为法律义务，确保公民健康权的实现。另一方面，医学科学在探索人类健康和生命的过程中，难免充满着难以预料的风险，需要一定的社会保证条件，其中包括法律的保护和导向作用。原有的卫生法也不断需要修改和完善，也需要更多的立法，如器官移植、脑死亡、基因诊断与治疗、生殖技术等。

我国卫生法主要包括《中华人民共和国食品卫生法》《中华人民共和国传染病防治法》《中华人民共和国国境卫生检疫法》《中华人民共和国执业医师法》《中华人民共和国药品管理法》《中华人民共和国护士管理办法》《医疗事故处理条例》《医疗器械监督管理条例》《医疗机构管理条例》《乡村医生从业管理条例》《突发性公共卫生事件应急条例》等，以及与上述法律法规相应的一系列配套规定。

（二）卫生法律责任

根据行为人违反卫生法律规范的性质和社会危害程度不同，卫生法律责任可分为行政责任、民事责任和刑事责任三种。

1. 行政责任　是指因违反行政法规定或因行政法规定而应承担的法律责任。根据我国卫生行政管理法规的规定，主要包括行政处罚和行政处分两种形式。

(1) 卫生行政处罚，指卫生行政机关对违反了卫生法律法规的管理相对人所实施的一种行政制裁。卫生行政处罚的种类主要有：警告、罚款、没收违法所得、没收非法财物、责令停产停业、暂扣或吊销有关许可证等。

(2) 行政处分，行政处分主要是对卫生行政机关或有关机关内部的执法人员、公务人员，及医疗卫生机构内部的医疗卫生人员违反卫生行政管理秩序所给予的一种制裁。主要包括警告、记过、记大过、降级、降职、撤职、开除留用察看、开除八种。

2. 民事责任　是指由于违反民事法律、违约或者由于民法规定所应承担的一种法律责任。卫生民事责任是指医疗卫生机构、卫生工作人员和从事生产经营健康相关产品的管理相对人及其他主体违反了法律规定，侵害公民的健康权利时，所应承担的损害赔偿责任。民事责任与行政责任和刑事责任不同，它主要是一种财产性质的责任，承担责任的方式是给予经济赔偿，以补偿受害方的损失。

3. 刑事责任　是指行为人因其犯罪行为所必须承受的，由司法机关代表国家所确定的否定性法律后果。刑事责任是指行政机关的工作人员、医疗卫生工作人员及健康相关产品的生产、经营者违反卫生法律法规，实施了刑法所禁止的犯罪行为而应承担的法律后果。卫生法律规范中对刑事责任的规定是直接引用刑法中的有关条款。

（三）护理管理立法

护理工作是医药卫生工作的重要组成部分，与人的健康和生命安全息息相关，为了让护士在更加安全的工作环境中为工作，为了护理工作更符合人的健康需求，维护护士的合法权益至关重要。不同国家护理管理的法律法规主要规定的内容包括以下几个方面：① 护士的从业资质，即护士的准入条件；② 护士的执业范围和执业规则；③ 护士的权利和义务；④ 护理机构的设立规则；⑤ 护士的继续教育等。我国现行的护理法律是 2008 年 1 月 23 日国务院第 206 次常务会议通过的《中华人民共和国护士条例》（简称《护士条例》），自 2008 年 5 月 12 日起开始施行。《护士条例》的颁布实施极大地推动了我国护理事业的发展，是我国护理管理立法进程中的重要里程碑。

二、我国与护理管理相关的法律、法规和政策

笔记栏

（一）护士准入制度

《护士条例》（2008 年 1 月 23 日）第一章第二条：本条例所称护士，是指经执业注册取得《护士执

业证书》，依照本条例规定从事护理活动，履行保护生命、减轻痛苦、增进健康职责的卫生技术人员。《中华人民共和国护士管理办法》(1993 年 3 月 26 日)第一章第二条：护士系指按本办法规定取得《中华人民共和国护士执业证书》并经过注册的护理专业技术人员；第十九条：未经护士执业注册者不得从事护士工作。在法律上，护士首先是护理专业技术人员，没有护理专业技术文凭者没有取得护士资格的前提条件；其次，是经过护士考试，取得《护士执业证书》；最后要被医疗机构聘用并申请、完成注册。

为加强对护士行业的执业准入控制，保证护理行业执业人员的水准，国务院卫生行政部门决定在全国范围内组织护士执业考试。考试合格者将获得卫生部颁发的《中华人民共和国护士执业证书》，该证书在全国范围内有效，护士凭此证书向卫生行政部门申请执业注册。经过注册，就可以从事法定的护士执业活动。护士执业注册有效期为 5 年。护士执业注册有效期届满需要继续执业的，应当在护士执业注册有效期届满前 30 日向执业地省、自治区、直辖市人民政府卫生主管部门申请延续注册，延续执业注册有效期为 5 年；对不具备本条例规定条件的，不予延续，并书面说明理由。护生实习、护士申请再次执业而进行临床实践、护理员从事生活护理，不需要注册。

（二）护士的权利和义务

权利与义务是一切法律规范、法律部门乃至整个法律体系的核心内容，两者紧密联系，相互依存，不可分割。护士依法履行职责，受法律保护。在执业过程中人格尊严、人身安全不受侵犯，全社会应当尊重护士。卫生主管部门应依法保障护士的权利，规范护士执业行为，以提高护理质量，改善护患关系，促进全民健康。

1. 处理及执行医嘱　《护士管理办法》(1993 年 3 月 26 日)第二十一条：护士在执业中应当正确执行医嘱，观察患者的身心状态，对患者进行科学的护理。《护士条例》(2008 年 1 月 23 日)第十七条规定：护士在执业活动中，发现患者病情危急，应当立即通知医师；在紧急情况下为抢救垂危患者生命，应当先行实施必要的紧急救护。护士发现医嘱违反法律、法规、规章或者诊疗技术规范规定的，应当及时向开具医嘱的医师提出；必要时，应当向该医师所在科室的负责人或者医疗卫生机构负责医疗服务管理的人员报告。

医嘱是医生根据病情制定的诊疗计划，是护士执行治疗的依据，一般情况下，护理人员应不折不扣地执行医生所下达的书面医嘱。护士要严格科学地执行医嘱，不可无故拖延、更改或不执行医嘱。护士是医嘱地直接执行者，也是事件最后的监控者，所以要求护士对医嘱目的、内容，药物的用法、用量、注意事项、副反应及不良反应的处理等有一定的了解。护士发现医嘱违反法律、法规、规章或者诊疗技术规范规定的，应当及时向开具医嘱的医师提出；必要时，应当向该医师所在科室的负责人或者医疗卫生机构负责医疗服务管理的人员报告。

护士在临床执业过程中一般不执行口头医嘱或电话医嘱。抢救或手术过程中等急诊特殊情况下，必须执行口头医嘱时，医生下达的口头医嘱，护士应复述 1 遍，医生确认无误后方可执行，执行后护士立即记录在纸上，抢救或手术完毕后请医生补开医嘱。实习护生不能执行口头医嘱。

案例分析

护士甲在家中私自开设诊所，在没有任何医嘱的情况下给患者乙行静脉输液，导致乙发生意外反应，经抢救无效身亡。护士无处方权，不具备行医资格，甲涉嫌非法行医被刑事拘留。

急诊科护士所执行的医嘱多是口头医嘱，这样就给保留证据带来了难度。对此，护士在执行口头医嘱的过程中一定要按照护理操作的要求，大声复述医生的口头医嘱，以便让更多的人知悉，从而利用他人的言词证据补强证据，事后也应及时提醒医生补开医嘱。

笔记栏

2. 临床护理记录　根据 2002 年 8 月 2 日卫生部、国家中医药管理局发布的《医疗机构病历管理规定》第二条的规定：病历是指医务人员在医疗活动过程中形成的文字、符号、图表、影像、切片等资料的总和。第八条第二款规定：因抢救急危患者，未能及时书写病历的，有关医务人员应当在抢救结束后 6 小时内据实补记，并加以注明。在危急时候医生首先要做的是抢救患者，因此可以在术后 6 小时内完整、真实的记录患者抢救时的初始生命状况和抢救过程的病历记录。

临床护理记录是病历的重要组成部分，包括体温单、医嘱单、护理记录单、患者入院评估单、护理计划等。当发生差错事故或医疗纠纷时，原始病案记录是具有法律意义的原始文件依据。

案例分析

某产妇，妊娠 38 周在甲医院行剖宫产娩出一成活女婴，术后因子宫收缩乏力出血不止行子宫次全切除术，术后产妇坚持转院进一步治疗，双方在转院前将病历进行了封存并签字，交医院甲保管。事后产妇申请医疗事故鉴定，发现甲医院擅自拆封并涂改了病历，致医学会无法对该事件进行医疗事故技术鉴定。受理法院认为：因甲医院违反规定修改病历资料，导致双方争议的事实无法通过鉴定结论予以认定。根据举证责任倒置的原则，乙方应承担举证不能的不利后果。违反规定涂改病历，应当认定其具有医疗过失行为，构成医疗事故。

各种记录的书写内容及格式都有专业的特殊要求，如果对重要病情或治疗记录不祥甚至记录错误，将造成严重后果。记录要准确、及时、简明、清楚、不可涂改、删除或撕毁。尤其是急救的过程中一定要详细、认真、准确地做好护理记录，患者到医院的时间、病情、医生救治过程和时间、病情变化时间、死亡时间等这些都时具有法律效应的原始凭据。一旦出现纠纷，在举证的可信度上大大降低。

3. 麻醉药品管理　中华人民共和国《麻醉药品和精神药品管理条例》(2005 年 7 月 26 日)相关内容如下。

第 40 条：执业医师应当使用专用处方开具麻醉药品和精神药品，单张处方的最大用量应当符合国务院卫生主管部门的规定。第 41 条：医疗机构应当对麻醉药品和精神药品处方进行专册登记，加强管理。麻醉药品处方至少保存 3 年，精神药品处方至少保存 2 年。

第 47 条：麻醉药品和第一类精神药品的使用单位应当设立专库或者专柜储存麻醉药品和第一类精神药品。专库应当设有防盗设施并安装报警装置；专柜应当使用保险柜。专库和专柜应当实行双人双锁管理。

第 64 条：发生麻醉药品和精神药品被盗、被抢、丢失或者其他流入非法渠道的情形的，案发单位应当立即采取必要的控制措施，同时报告所在地县级公安机关和药品监督管理部门。医疗机构发生上述情形的，还应当报告其主管部门。

第 73 条：具有麻醉药品和第一类精神药品处方资格的执业医师，违反条例的规定开具麻醉药品和第一类精神药品处方，或者未按照临床应用指导原则的要求使用麻醉药品和第一类精神药品的，由其所在医疗机构取消其麻醉药品和第一类精神药品处方资格；造成严重后果的，由原发证部门吊销其执业证书。执业医师未按照临床应用指导原则的要求使用第二类精神药品或者未使用专用处方开具第二类精神药品，造成严重后果的，由原发证部门吊销其执业证书。

第 82 条：违反条例规定，致使麻醉药品和精神药品流入非法渠道造成危害，构成犯罪的，依法追究刑事责任；尚不构成犯罪的，由县级以上公安机关处 5 万元以上 10 万元以下的罚款。

案例分析

某医院戒毒科医生用假病历套购国家麻醉药品和精神药品管理目录中的药物，非法销售牟利。该医生构成犯罪，应承担相应刑事责任；该医生所在医院疏于管理，违反《麻醉药品和精神药品管理条例》有关规定，亦应承担相应责任。

笔记栏

4. 教学、科研　医疗机构是指依据《医疗机构管理条例》(1994 年 2 月 26 日)和《医疗机构管理条例实施细则》(1994 年 8 月 29 日)的规定,经登记取得《医疗机构执业许可证》的机构。《护士条例》(2008 年 1 月 23 日)第二十一条:医疗卫生机构不得允许下列人员在本机构从事诊疗技术规范规定的护理活动:① 未取得护士执业证书的人员;② 未依照本条例第九条的规定办理执业地点变更手续的护士;③ 护士执业注册有效期届满未延续执业注册的护士。在教学、综合医院进行护理临床实习的人员应当在护士指导下开展有关工作。

5. 其他　《护士条例》(2008 年 1 月 23 日)规定的其他护士权利和义务,如护士应当尊重、关心、爱护患者,保护患者的隐私。有义务参与公共卫生和疾病预防控制工作。

知识拓展

卫政法发(2005)357 号《卫生部关于医学生毕业后暂未取得医师资格从事诊疗活动有关问题的批复》中指出:医学专业毕业生在毕业第一年后未取得医师资格的,可以在执业医师指导下进行临床实习,但不得独立从事临床活动,包括不得出具任何形式的医学证明文件和医学文书。

医疗机构违反规定安排未取得医师资格的医学专业毕业生独立从事临床工作的,按照《医疗机构管理条例》第四十八条的规定处理;造成患者人身损害的,按照《医疗事故处理条例》处理。

未取得医师资格的医学专业毕业生违反规定擅自在医疗机构中独立从事临床工作的,按照《执业医师法》第三十九条的规定处理;造成患者人身损害的,按照《医疗事故处理条例》第六十一条的规定处理。

第二节　护理管理中常见的法律问题

护理工作、护理管理行为应以法律、法规、规范为依据,维护护患双方的合法权益。《护士条例》也进一步规范了护理行为。护士在履行“预防疾病、促进健康、恢复健康、减轻痛苦”职责的同时也承担着法律风险。

一、依法执业问题

护士是依法取得《护士执业证书》,并经过注册的护理专业技术人员。依法执业要求护士不仅要熟知国家法律条文,牢记工作职责,熟悉在实际工作中与法律有关的潜在性问题,以便自觉地遵纪守法,必要时保护自己的一切合法权益,维护法律的尊严。这些潜在性问题中,常见的有如下情形:

(一) 侵权行为与犯罪

侵权行为是指当事人一方对他方权力的侵害而给他方造成损失的行为。在医疗卫生服务中,侵权行为是医护人员对患者的权利进行侵害导致患者利益受损的行为。我国《民法通则》规定“公民享有生命健康权”,对侵害公民生命、健康权的民事责任,列举了三种情况:

(1) 伤害公民身体,但经医疗可以复原的应赔偿医疗费,其中包括交通费、护理费、营养费及因误工减少的收入。

笔记栏

(2) 伤害公民身体,不能医疗复原的,除赔偿上述费用外,还应给予生活补助费。

(3) 造成公民死亡的,除支付上述费用外还应该按民法通则的规定,并应支付丧葬费,死者生前抚养人必需的生活费等费用。

新《刑法》第三百三十五条规定:“医务人员由于严重不负责任造成就诊人死亡或者严重损害就

诊人身体健康，处三年有期徒刑或拘役。”这里的不负责任常常就是违反规章制度和诊疗护理常规。护理活动中，构成侵权行为有以下五要素：侵权发生在提供护理过程中；护理人员必须出于故意过失而造成侵权行为；护理行为必须有违法性；有损害结果的发生；损害结果是护理侵权造成两者之间有因果关系。

患者的权力包括生命健康权、知情权、自由权、安全权、求偿权、受尊重权、获取知识权、选择权、监督权、病历复印权等。侵权行为主要涉及侵犯患者自由权、生命健康权、隐私权。侵权行为是违反法律的行为，情节严重者要承担刑事责任。

患者的自由权受宪法保护，《宪法》第二章第 27 条规定，中华人民共和国公民人身自由不受侵犯，禁止以其他方法剥夺和限制人身自由。护士执业时，应重视患者的自由权，保证患者的自由权。如护士以治疗的名义，非法拘禁或以其他形式限制和剥夺患者的自由，是违反宪法的。《民法通则》第四章第 98 条规定，公民享有生命健康权。护士执业时，错误使用医疗器械，不按操作规程办事，造成患者身体受损；护士执业时，使用恶性语言和不良行为，损害患者利益，都侵犯了公民的生命健康权。《刑法》第 335 条规定，医务人员由于严重不负责任造成就诊人员死亡或者严重损害就诊人员身体健康，处三年有期徒刑或拘役。《护士条例》第三章第 16 条规定，护士执业，应当遵守法律、法规、规章和诊疗技术规范的规定。第 18 条规定，护士应当尊重、关心、爱护患者，保护患者的隐私。护理人员与患者的接触比其他医务人员更为密切，如在护理卧床患者时，在获得其高度信任的基础上，被同意检阅其信件，但对书信往来和个人隐私，护理人员应持慎重态度为之保密，如随意谈论，造成扩散，则应视为侵犯了患者的隐私权。

（二）失职行为与渎职罪

疏忽大意是一种工作责任心不强的表现。严重的疏忽大意，造成了较严重的后果，常常就是渎职；渎职依据相关法律规定要追究法律责任。例如，护士忽略患者信号灯几个小时，排除主观上的故意，是疏忽大意。如果患者按信号灯仅仅是因为心情烦闷，想找护士交流，疏忽大意没有造成法律上的损害，不负法律责任；但如果患者按铃是因为急性心肌梗死向医务人员呼救，护士忽略了呼救信号，使患者失去了抢救时机而死亡，就要承担一定的法律责任。

护士对危、急、重患者不采取任何急救措施或转院治疗，不遵循首诊负责制原则，不请示医生进行转诊，以致贻误治疗或丧失抢救时机，造成严重后果的行为；擅离职守，不履行职责，以致贻误诊疗或抢救时机的行为；护理活动中，由于查对不严格或查对错误，不遵守操作规程，以致打错针，发错药的行为；不认真执行消毒、隔离制度和无菌操作规程，使患者发生的交叉感染；未对传染患者的水、污物、粪便进行消毒处理；不认真履行护理基本职责，护理文件书写不实事求是等。护士因疏忽大意而错给一位未做过青霉素皮试的患者注射了青霉素，若该患者幸好对青霉素不过敏，那么，该护士只是犯了失职过错，构成一般护理差错。如果该患者恰恰对青霉素过敏，引起过敏性休克致死，则需追究该护士法律责任，她可能被判渎职罪。违犯护士职业道德要求，如为戒酒、戒毒者提供酒或毒品是严重渎职行为。窃取病区毒麻药品，如杜冷丁、吗啡等，或自己使用成瘾，视为吸毒；贩卖捞取钱财构成贩毒罪，将受到法律严惩。

（三）临床护理记录不规范

护理记录是护理人员在医疗、护理活动过程中形成的文字、符号、图表等资料的总称，是护士针对护理对象所进行的一系列护理活动的真实反映。它们不仅是检查衡量护理质量的重要资料，也是医生观察诊疗效果、调整治疗方案的重要依据。同时也是《医疗事故处理条例》所规定的法律依据，在法律上，有着其不容忽视的重要性。不认真记录，漏记、错记等均可能导致误诊、误治、引起医疗纠纷。表现在字迹潦草，乱涂乱画，难以辨认，无标点符号，中外文混用，随意造字，使用简化字，用词不当等；记录的药物剂量不准确，执行时间有错误，并时有方位词用错，上下不清，左右混淆；患者的基本情况如姓名、年龄、性别等填写错误；同一签名两种笔迹；护理文件上有刀刮、涂改液使用的痕迹等。即使上述缺陷与患者出现的不良后果毫无关系，可一旦发生纠纷，患者也会把护理人员推上被告席。只有认真对待各项护理记录的书写，对患者住院期间的病情、治疗、护理做好及时、完

笔记栏

整、准确的记录，才能为法律提供有效的依据并保护自身的合法权益。临床护理记录在法律上的重要性，还表现在记录本身也能成为法庭上的证据，若与患者发生了医疗纠纷或与某刑事犯罪有关，此时护理记录，则成为判断医疗纠纷性质的重要依据，或成为侦破某刑事案件的重要线索。因此，在诉讼之前对原始记录进行添删或随意篡改，都是违法的行为。

知识拓展

护理病历存在以下几个常见问题。

1. 护理记录一致性差

(1) 医护记录一致性差：如在同一时间内护士记录患者神志清楚、双瞳孔对光反应迟钝，而医生记录为神志模糊、双瞳孔对光反应消失。

(2) 护理查体与记录时间不一致：如夜班护士通常在7:00左右为患者测量生命体征，而在体温上却划8:00的生命体征。

2. 护理记录不准确、不具体　如记录患者血压偏低、呕血量多等，没有具体记录出患者的血压数值及呕血量。如记录患者发热，给予物理降温，而未写出具体的体温数据及何种物理降温。

3. 时间不一致　医生开具医嘱时间与护士执行时间不一致。

4. 签字制度不完善　如医生签字由同一人代签。

5. 涂改　《医疗机构病历管理规定》中规定严禁涂改、伪造病历资料等。

(四) 执行医嘱问题

医嘱是护士对患者实施护理的法律依据。在执行医嘱时，护士应熟悉各项医疗护理常规、各种药物的作用、副作用及使用方法。护士接到医嘱后，经过仔细查对，确保无误后，应准确及时地加以执行。随意篡改或无故不执行医嘱均属违法行为。护士如果对医嘱有疑问，应进行核查；如发现医嘱有明显的错误，护理人员有权拒绝执行，并向医生提出质疑和申辩。如果护士明知医嘱有错误，但不提出质疑，或护士由于疏忽大意而忽视医嘱中的错误，由此造成的严重后果，护士与医生共同承担法律责任。因急诊抢救等特殊情况下，护士在执行口头医嘱时应向医生重复一遍，确认无误后方可执行。在抢救结束后，应尽快记录执行医嘱的时间、内容、患者病情等，并由医生及时补记书面医嘱。

(五) 麻醉药品与物品管理

麻醉药品主要指鸦片、哌替啶及吗啡等药物。临床上用于术后、晚期癌症及一些危重患者的对症治疗。这类药物应锁于专柜中，严格管理，班班交接。护士只能凭医嘱、麻醉处方领取及应用这些药物。如护士随意窃取、盗卖或自己使用这些药物，则会构成贩毒、吸毒罪。因此，护理管理者应严格抓好这类药品管理制度的贯彻执行，并经常向有条件接触这类药品的护理人员进行法律教育。另外，护理人员还负责保管、使用各种贵重药品、医疗用品、办公用品等，绝不允许利用职务之便，将这些物品占为己有。如占为己有，情节严重者，可被起诉犯盗窃公共财产罪。

(六) 护理专业学生的法律身份问题

《护士条例》第四章第21条规定，在教学、综合医院进行护理临床实习的人员应当在护士指导下开展有关工作。护理专业学生在临床护理活动中不具备独立操作的资格，必须在执业护士的严密监督和指导下为患者实施护理操作，特别是侵入性操作。在执业护士的指导下学生因操作不当给患者造成损害，学生不负法律责任。但如果未经带教护士批准，擅自独立操作造成了患者的损害，那么她同样也要承担法律责任，患者有权利要她做出经济赔偿。所以，护理专业学生进入临床实习前，应该让其明确自己的职责范围。护士长在排班时，不可只考虑人员的一时短缺而将护生当作执业护士使用。

笔记栏

知识拓展

《医学教育临床实践管理暂行规定》(2008 年 8 月 18 日)护理实习生的相关法律问题。

第三条：医学教育临床实践包括医学生的临床见习、临床实习、毕业实习等临床教学实践活动和试用期医学毕业生的临床实践活动。

医学生是指具有注册学籍的在校医学类专业学生。医学生的临床教学实践活动在临床教学基地进行，在临床带教教师指导下参与临床诊疗活动，实现学习目的。

第九～十二条：临床带教教师是指经临床教学基地和相关院校核准，承担临床教学和人才培养任务的执业医师。指导医师是指经相关医疗机构核准，承担试用期医学毕业生指导任务的执业医师。临床带教教师和指导医师负责指导医学生和试用期医学毕业生的医学教育临床实践活动，确定从事医学教育临床实践活动的具体内容，审签医学生和试用期医学毕业生书写的医疗文件。在临床带教教师的监督、指导下，可以接触观察患者、询问患者病史、检查患者体征、查阅患者有关资料、参与分析讨论患者病情、书写病历及住院患者病程记录、填写各类检查和处置单、医嘱和处方，对患者实施有关诊疗操作、参加有关的手术。

第十五～十七条：在医学教育临床实践活动中应当尊重患者的知情同意权和隐私权，不得损害患者的合法权益。过程中发生的医疗事故或医疗纠纷，经鉴定，属于医方原因造成的，由临床教学基地和相关医疗机构承担责任。因临床带教教师和指导医师指导不当而导致的医疗事故或医疗纠纷，临床带教教师或指导医师承担相应责任。医学生和试用期医学毕业生在临床带教教师和指导医师指导下参与医学教育临床实践活动，不承担医疗事故或医疗纠纷责任。医学生和试用期医学毕业生未经临床带教教师或指导医师同意，擅自开展临床诊疗活动的，承担相应的责任。

第十八条：护理、药学及其他医学相关类专业的医学教育临床实践活动参照本规定执行。

护理实习生是正在学习护理专业的学生。按照法律要求，实习生应当在临床带教老师的监督和指导下，按照护理操作规程进行护理工作。

二、执业安全问题

医疗执业环境是社会经济发展水平、文化历史条件、法律政策导向、群众素养、经济承受能力和医疗卫生技术等综合因素的反映。医疗执业环境质量不仅关系到医务工作者自身健康，而且直接影响到其所提供医疗服务的质量、工作效率及医务人员的稳定性，乃至影响卫生事业发展。医务人员的执业环境，对其执业水平的发挥有着密切的相关性。医务人员在执业过程中，与多种传染病患者接触，难以避免被感染，也是属于细菌、病毒等感染的高危人群。2009 年 3 月 17 日出台的《中共中央国务院关于深化医药卫生体制改革的意见》中明确指出，要“优化医务人员执业环境和条件，保护医务人员的合法权益，调动医务人员改善服务和提高效率的积极性”。

“医务人员是公民，其财产安全和人身安全应当和社会上所有人一样受到法律保护。”近年来，医生护士挨打受骂的事件频发，“保障执业安全”这个话题再一次被推到风口浪尖。医务人员的安全不只是人身安全，还包含执业安全、职业安全等，而要保障其安全，则需要政策、医疗机构和医务人员、患者三方共同的努力，以期通过不断提高医疗服务质量，实现人民群众的卫生需求。

(一) 影响护士执业安全的主要因素

1. 工作环境　当前及相当长一段时间内，我国护理人员工作的主要场所是各级医院，执业中不可避免地同各种病患者接触，是细菌、病毒感染的高危人群。且因病原体存在变异，护理人员的生命健康安全不仅受到各种病原体的潜在的威胁，同时在执业中护理人员因密切接触的某些特殊药品及医疗器械等也对生命健康产生不利影响和危害。同时，护理人员还可能遭受来着患方的暴力侵害风险。

笔记栏

从制度入手，优化医疗执业环境，调动医务人员工作积极性，已经成为医药卫生体制改革的重点议题。

2015年6月24日全国人大常委会再次审议刑法修正案（九）草案时紧急加入，表决通过的刑法修正案（九），将“聚众扰乱公共、交通秩序罪”，变更为“聚众扰乱社会秩序罪”，情节认定包括致“使工作、生产、营业和教学、科研、医疗无法进行，造成严重损失”。处罚级别从原本的“首要分子处五年下有期徒刑、拘役或管制”，提高为“首要分子处三年以上七年以下有期徒刑”。在第三款中，该条还规定，多次扰乱国家机关工作秩序，经行政处罚后仍不改正，造成严重后果的，处三年以下有期徒刑、拘役或管制。这一刑法修正案的通过意味着“医闹”将入刑。

2. 护理人员　护理工作是一项技术和风险都较高的特殊职业，护理人员感知的个人价值感和职业满意度、对自身工作所获得的待遇与社会认可比较敏感和关注。护理人员工作强度大，重复性劳动多，工作时间长，在工作压力下较容易产生的身心疲劳与耗竭的工作倦怠。可表现为：① 对工作丧失热情，情绪烦躁、易怒，对前途感到无望，对周围的人、事物漠不关心；② 工作态度消极，对患者及家属表现出没耐心、不柔和，甚至态度恶劣等；③ 对自己工作的意义和价值感下降，甚至开始打算跳槽甚至转行。较低的工作满意度可能导致患者对其提供的护理服务不满意、护理服务效率低下、服务质量受影响、服务产出较低等现象，从而影响医疗服务系统整体功能的正常发挥及医院作风的建设。

3. 社会环境　伴随公民法律意识、自我保护意识等方面的增强，护患双方的信任度却在下降，双方的自我保护意识增强，患者会异常关注治疗护理过程，期望值过高，选择性忽视医疗结果的偶然性，而医务人员则谨言慎行，甚至采取防御性医疗行为，这些非主流现象不仅导致护士执业环境恶化，直接影响护理人员的工作态度和工作效率，而且直接影响患者的健康与安全，并对医学技术进步产生间接影响，甚至影响社会的稳定与和谐。

医疗卫生主管部门在推进医药卫生体制改革中应充分发挥积极作用，加大医疗行业的投入，完善我国卫生管理体制，推行分级诊疗，优化卫生资源配置，合理引导民众的就医行为，减轻医务人员的工作负担，创造良好的医疗执业环境。广泛开展健康教育，引导公众理性地对待医疗技术的局限性。建立健全医疗职业法规，以法律形式明确医务人员权利与义务，规范医务人员执业行为，共同营造良好的执业环境。

2016年3月24日国家卫生计生委、中央综治办、公安部、司法部联合下发《关于进一步做好维护医疗秩序工作的通知》，《通知》指出要坚决打击涉医违法犯罪维护医院良好秩序、切实提高涉医事件现场处置能力、全面提升医疗机构安全防范能力、进一步加强医疗服务与质量安全管理并及时做好信息发布及信息沟通工作，及时做好医疗纠纷协调处理工作。《通知》强调各级卫生计生行政部门应当认真贯彻落实《关于加强医院安全防范系统建设的指导意见》，落实医院的安全防范主体责任，根据需要组建应急处置队伍，会同公安机关指导医院，特别是区县级医院、社区卫生院以及乡镇卫生院等基层医疗机构，集中力量针对薄弱环节和重点科室做好人防、物防、技防建设，落实重点防范，进一步完善医院安全保卫制度，提高医院自身应对突发安全事件的能力。

（二）常见执业安全问题

1. 无证上岗　我国《刑法》第336条对“非法行医罪，非法进行节育手术罪”的规定：未取得医生执业资格的人非法行医，情节严重的，处三年以下有期徒刑、拘役或者管制，并处或者单处罚金；严重损害就诊人身体健康的，处三年以上十年以下有期徒刑，并处罚金；造成就诊人死亡的，处十年以上有期徒刑，并处罚金。未取得医生执业资格的人擅自为他人进行节育复通手术、假节育手术、终止妊娠手术或者摘取宫内节育器，情节严重的，处三年以下有期徒刑、拘役或者管制，并处或者单处罚金；严重损害就诊人身体健康的，处三年以上十年以下有期徒刑，并处罚金；造成就诊人死亡的，处十年以上有期徒刑，并处罚金。

笔记栏

具有下列情形之一，应认定为刑法第三百三十六条第一款规定的“未取得医生执业资格的人非法行医”：① 未取得或者以非法手段取得医师资格从事医疗活动的；② 个人未取得《医疗机构执业许可证》开办医疗机构的；③ 被依法吊销医师执业证书期间从事医疗活动的；④ 未取得乡村医生执业证书，从事乡村医疗活动的；⑤ 家庭接生员实施家庭接生以外的医疗行为的。

具有下列情形之一的，应认定为“情节严重”：① 造成就诊人轻度残疾、器官组织损伤导致一般功能障碍的；② 造成甲类传染病传播、流行或者有传播、流行危险的；③ 使用假药、劣药或不符合国家规定标准的卫生材料、医疗器械，足以严重危害人体健康的；④ 非法行医被卫生行政部门行政处罚两次以后，再次非法行医的；⑤ 其他情节严重的情形。

具有下列情形之一的，应认定“严重损害就诊人身体健康”：① 造成就诊人中度以上残疾、器官组织损伤导致严重功能障碍的；② 造成三名以上就诊人轻度残疾、器官组织损伤导致一般功能障碍的。

《中华人民共和国护士条例》第四章第 21 条规定，未取得护士执业证书的人员不得在医疗卫生机构从事诊疗技术规范规定的护理活动。护理人员在毕业后到取得护士执业证书期间，只能在注册护士的指导下做一些辅助性的护理工作，而不能独立上岗，否则被视为无证上岗、非法执业。为了患者的安全，同时也为了保护尚未取得护士执业证书的护士，护理管理者不能以任何理由安排他们独立上岗。

案例分析

2016 年某市卫生监督员例行检查中发现某诊所有一名穿白大褂的“医生”正在坐诊，一名穿护士服的“护士”、三名患者正在诊所内进行静脉注射治疗。检查发现这家诊所内“医生”不能出示医师资格证书和医师执业证书，“护士”也不能出示护士执业证书。诊所的负责人也不能出示医疗机构执业许可证。

根据我国《医疗机构管理条例》的相关规定，该诊所涉嫌在未取得医疗机构执业许可证的情况下开展诊疗活动。卫生监督员当即进行现场笔录，并下达卫生监督意见书，要求该诊所在未取得医疗机构执业许可证前不得开展任何诊疗活动。查扣非法药品和医疗器械，并对此事立案调查。

2\. 职业伤害　在为患者治疗和护理过程中，护理人员与患者直接接触。由于工作的特殊性，护理人员面临着多种职业性危害，包括生物性危害、化学性危害、物理性危害、心理社会性危害等，其中艾滋病、乙肝、丙肝感染是生物性职业危害的主要种类。针刺伤害是护士最常见的职业事故，发生率年人均 0.98 次，针刺伤不仅只限于针刺伤本身，还存在发生血源性传染病的危险。美国劳动职业安全局（OSHA）1991 年制定了专门法规要求对暴露于经血传播性微生物的医务人员进行职业保护，我国卫生部也制定了《医务人员艾滋病病毒职业暴露防护工作指导原则（试行）》等职业防护的文件，保护医务人员的执业安全。人身伤害也是护士的职业伤害之一，《护士条例》第一章第 3 条规定，护士人格尊严、人身安全不受侵犯。

护士依法履行职责，受法律保护。任何阻挠护士执业行为和侵犯护士人身权利的行为，将追究其刑事责任。因此，医院管理者要充分认识到护士面对职业损伤的危害性，把职业安全教育放在首位，定期组织护理人员培训与学习，提高防护意识，增加她们的防护知识，规范操作程序，减少和防止意外发生。《护士条例》第三章第 13 条规定，护士执业，有获得与其所从事的护理工作相适应的卫生防护、医疗保健服务的权利。从事直接接触有毒有害物质、有感染传染病危险工作的护士，有依照有关法律、行政法规的规定接受职业健康监护的权利；患职业病的，有依照有关法律、行政法规的规定获得赔偿的权利。因此，医疗卫生机构应当为护士提供卫生防护用品，完善监测系统，健全职业伤害预防与处理体系；建立护理人员健康档案，定期体检；加强高危科室的管理和高危人群的预防接种，提高机体免疫力；对发生职业损伤者及时报告主管部门，按要求治疗处理。

3\. 护理事故　护士执业中，应当遵守我国的法律法规及其他的诊疗护理规范，出现违法行为

笔记栏

也将承担相应的民事、行政和刑事责任,《护士条例》第三十一条规定了护士承担行政责任的几种情形,该条第二款规定护士造成事故的按《医疗事故处理条例》承担法律责任。

护理事故属于医疗事故,我国《医疗事故处理条例》对医疗事故做出了法律规定(详见本篇第二章),护理活动中,患者和医疗机构形成了护理服务合同关系,当护理事故构成损害可以追究医疗机构的违约责任,同时,造成护理事故的当事护士由于存在过错,侵犯了患者的人身权,患者及其家属可要求医疗机构承担侵权责任。

(1) 护理事故的行政责任,护理事故的行政责任是指发生护理事故或者处理护理事故过程中,相关机构或人员违反卫生法律法规、护理操作规范所应承担的行政法律后果,我国《护士条例》规定了护士的相应行政责任。

(2) 护理事故的民事责任,构成护理事故的绝大多数案例属于民事案件,民事责任的承担包括违约责任和侵权责任,根据《中华人民共和国民法通则》第一百三十四条规定,民事责任有十种承担形式,在护理事故中民事责任承担以赔偿损失为主,《医疗事故处理条例》第五十条规定了医疗护理事故的赔偿标准。

(3) 护理事故的刑事责任,护理事故的刑事责任是护患双方或者相关人员在处理医疗事故争议时,违反刑事法律、法规构成犯罪,所应承担的法律责任。护理事故主要犯罪包括护理事故罪、伪证罪和受贿罪,我国刑法明文规定了相应的罪行认定和刑事处罚。

案例分析

患者郭女士因乳腺癌复发入住某医院治疗。医院在为郭女士进行化疗过程中,化疗药物外渗到正常组织,导致局部出现红肿、溃烂等后果。患方认为此结果给患者和家属造成了痛苦,并导致了癌症治疗的被迫停止,使患者失去宝贵的救治机会。在郭女士去世后,其家属将医院告上法庭。法院接受被告医院申请,委托医学会进行了医疗事故鉴定。医院在此案审理中承认在对郭女士化疗的过程中发生了化疗药物外渗的情况,但是事情发生后医务人员立刻停止了输液并做了及时的处理,并认为郭女士的死亡和化疗药物外渗没有因果关系。其死亡的原因主要是自身疾病恶化所致。但被告在对患者的整个诊疗过程中,在患者病情很不稳定时未做好风险救治准备,未充分评估腐蚀性化疗药物的护理风险,未履行告知义务,未采取完善周密的护理措施,造成药物外渗至溃烂这一严重后果,不利于患者的治疗安全,故对患者的死亡亦承担一定的责任。从此案例中可吸取以下几个教训。

(1)医院作为从事医疗服务的特殊机构,应以救死扶伤、防病治病为宗旨,加强责任心,以保证患者获得及时周密的治疗。

(2)医务人员执业活动中,应加强法律自我保护意识,充分评估护理风险后,及时告知义务并签署知情同意书。

(3)在诊疗过程中,护理人员应不断加强学习,应用最先进的知识和技能,给患者提供最科学、最安全和最有效的措施。

4. 职业责任保险　医疗责任保险是指,投保医疗机构和医务人员在保险期内,因医疗责任发生经济赔偿或法律费用,保险公司将依照事先约定承担赔偿责任。我国保险公司对被保险人的定义为"凡依照中华人民共和国法律设立、有固定场所并取得《医疗机构执业许可证》的医疗机构",承保因执业过失造成的患者人身损害,不仅包括医疗机构对患者身体上的伤残、疾病、死亡所需要进行的损害赔偿,还包括了精神损害赔偿。这样的规定防止了巨额的精神损害赔偿给医疗机构造成的经济上的压力。

笔记栏

护理职业责任保险是指执业护士在从事其职责范围内的医疗活动时,因过失发生护理事故或者护理差错,造成依法应由护士承担的经济赔偿责任,由保险公司负责赔偿的职业责任保险。护理责任保险能使受损害的患者及时得到经济补偿，减轻护士的经济负担，也能较快地解除心理压抑。目前世界上大多数国家的护士几乎都参加这种职业责任保险，我国的护理责任保险目前尚处于萌芽阶段。

护理人员职业责任保险可分为两类：一是护理人员自身损害保险；二是护理职业责任保险。护理人员自身损害保险是指为护理从业者提供的补偿其从事护理活动过程中遭受损失风险的保险，主要是护理人员意外伤害保险，护理人员健康保险，护理设备损失保险等。护理职业责任险是指以护理机构及其护理人员因护理过失而致被护理人损害依法应承担的赔偿责任为保险标的的责任保险。这两类保险共同构成护理从业人员保险的主体。

小　结

1. 与护理管理相关的法律法规　卫生法体系、卫生法律责任、护理法
2. 我国与护理管理相关的法律、法规和政策　护士准入制度、护士的权利和义务
3. 依法执业侵权行为与犯罪
   - 失职行为与渎职罪
   - 临床护理记录不规范
   - 执行医嘱的问题
   - 麻醉药品与物品管理
   - 护理专业学生的法律身份问题
4. 影响护士执业安全的主要因素工作环境
   - 护理人员
   - 社会环境
5. 常见执业安全问题无证上岗
   - 职业伤害
   - 护理事故
   - 职业责任保险

【思考题】

(1) 我国护士的权利和义务有哪些?

(2) 护士依法执业应注意的问题有哪些?

(3) 分析影响护士执业安全的主要因素。

(4) 职业责任保险对护士执业安全的作用和意义有哪些?

(廖月霞)

笔记栏

第九章

护理风险与安全管理

学习要点

● **掌握**：① 护理风险的成因；② 护理风险管理的程序；③ 常见护理纠纷；④ 护理人员职业性损伤的危险因素；⑤ 护理职业性损伤的防范；⑥ 医院感染的预防与控制。

● **熟悉**：① 护理风险的防范与化解；② 护理安全管理、护理人员职业损伤概念；③ 医疗事故处理过程；④ 护理安全管理持续改进；⑤ 医院感染的危害。

● **了解**：① 护理风险管理中护理人员的角色；② 护理质量缺陷概念；③ 医院感染管理的影响因素。

第一节　护理风险管理

风险，也称危险，是遭受损失、伤害、不利或毁灭的可能性。风险也是一个事件产生不希望的后果的可能性。风险管理是一个管理程序，对现有和潜在的医疗风险的识别、评价和处理，以减少医疗风险事件的发生及风险事件对患者和医院的危害及经济损失。护理风险管理是风险管理的重要组成部分，包括风险识别、风险评估、风险处理和风险管理效果评价 4 个阶段。这 4 个阶段周而复始，构成了一个风险管理的周期循环过程。风险管理的目标就是要以最小的成本获取最大的安全保障。

一、护理风险的概念与成因

（一）基本概念

1. *护理风险*　在医疗领域中，因护理行为引起的遭受不幸或损失的一种可能性。包含医院内患者在护理过程中有可能发生的一切不安全事件。根据护理风险事件是否直接造成对患者的损害，可将护理风险事件分为直接风险和间接风险两大类。根据风险对象可分为三类：患者的护理风险、护士的职业风险、探视者或陪护等其他人员的风险。

2. *护理风险事件*　指存在于护理工作各个环节中的安全因素，可以导致患者伤残或死亡等。常见的护理风险事件包括：医疗事故、护理差错、护理不良事件、意外事件、护患纠纷、投诉、护士纪律问题等。

笔记栏

3. *护理不良事件*　指与护理相关的损伤，在诊疗护理过程中，任何可能影响患者诊疗结果、增加患者痛苦和负担并可能引发护理纠纷事故的事件，其主体是患者。目前没有统一的定义。

（二）成因

护理风险在一定程度上是可以预防的，及时、有效地发现护理服务过程中的风险状态或风险事件，就必须在感知风险的基础上，准确识别相关的风险因素，分析护理风险的成因，以提高护理人员的风险意识，杜绝事故、减少差错、确保患者安全，将风险系数降到最低。

1. 护理因素

(1) 沟通与协作：团队协作和良好的沟通是高质量护理的基础，工作协作过程中，各部门之间职责不明，相互推诿会延误治疗时机，造成风险。有调查显示65%的护理纠纷是由于护士语言使用不当所引起的。及时、正确、有效的沟通是缓解护患矛盾、避免纠纷的重要途径；耐心解答患者的各种疑问，优化服务流程，完善服务模式，改善服务态度，建立良好的护患关系，是降低护理风险的有效措施。

(2) 护理行为特殊性：护理学是一门应用学科，实践性强，具有科学性、技术性，护理操作的对象是患者，在护理的过程中遇不可抗力如采取紧急医学措施、患者体质特殊无法预料等情况，当护士业务不熟悉，专业知识缺乏，技术操作不熟练，动作粗暴或违反操作规程，均会产生技术风险。

(3) 局限性：护理行业由于其职业的特殊性、疾病的复杂性和不可预见性以及医学技术的局限性，使得风险无处不在，无时不有。护理模式的转变、护理职能的拓展和新技术新业务的推广应用，也使护理风险不断增大。

(4) 护理人员因素：护理人员的道德修养、态度、工作责任心、身心健康、法律意识、临床经验、理论素养、沟通能力等均是影响护理质量的影响因素，也或多或少产生不同护理风险。研究显示低年资护士工作计划性差，易受外界干扰，发生护理缺陷的风险度明显高于高年资护士。

2. 患者因素

(1) 疾病：同病异证、痛症异病现象，给临床诊治增加难度，容易引发医疗风险。疾病本身具有突发性、艰巨性和不可预见性等特点，使得医疗技术专业性与患者认知水平的矛盾和患者家属就医的高期待值与医疗发展阶段性的矛盾日益尖锐。不同个体对致病因子的反映性和临床表现也不同。若被忽视，极易造成医疗事故，从而加大医疗风险。

(2) 就医行为：疾病的过程复杂、多变，患者的个体差异较大，家属或患者对医生、护士技术要求和服务要求的期望值过高，就医过程中常出现自行中断治疗、自行服药、自行停药、随意更换主治医生、随意转院，甚至求助“巫医”等就医行为，治疗依从性差，也在一定程度上加大了护理风险。

(3) 个体因素：息者的个人特点包括年龄、性别、教育背景、种族等都可能影响患者与护理人员的互动及患者康复过程，从而构成潜在的护理风险。

3. 系统因素　临床实践中护理人力资源配备的不足、实验室报告的可靠性、手写处方等也给医疗过程带来隐患。研究还表明管理制度越不完善、风险教育越差、操作规程执行越差、责任心越差、防护措施越差风险发生概率越高。同时，加强高危部门(工作量大、风险发生率高)、高危科室和高危人群(低年资护士、近期有突发变故等护士)管理，是降低护理风险发生的重要环节。

二、护理风险管理的重要性及管理目标

(一) 基本概念

1. 风险管理　是通过识别风险、衡量风险、分析风险，从而有效控制风险，用最经济的方法来综合处理风险，以达到实现最佳安全生产保障的科学管理方法。

2. 护理风险　管理指医院有组织、有系统地对患者、护理人员等可能产生伤害的潜在风险进行识别、评估，并采取正确行动，以减少护理风险事件发生及风险事件对患者、探视者、医护人员和医院等危害和经济损失的过程。

(二) 护理风险管理重要性

护理风险管理基于事前预防，及早认识并防范风险事件发生，建立相应风险管理制度，提高护理技术质量，加强护理人员风险事件学习，防范医疗事故发生，不仅是医务人员临床工作重点，也是规避医疗护理活动在法律、社会责任等方面的风险，维护稳定持续的医疗卫生活动。如果能够掌握存在于护理各个环节的风险所在，那么护理风险的发生率会大大下降。

笔记栏

（三）护理风险管理目标

护理风险管理的目的是使护理风险系数降到最低程度，通过护理风险管理，明确护理风险所在、掌握风险发生规律、提高风险防范能力、有效避免护理风险，为患者提高安全的、有效的、优质的护理，保障患者与护士的安全。

三、护理风险管理程序及主要内容

护理风险管理基本程序包括：护理风险识别、护理风险评估、护理风险控制和护理风险管理效果评价四个环节，这四个环节周而复始构成一个风险管理的周期循环过程。

（一）护理风险识别

护理风险识别是护理风险管理的基础，其主要任务是对护理服务过程中客观存在的及潜在的各种风险进行系统地识别和归类，并分析产生护理风险事故原因。由于护理服务过程中患者的流动、设备运转、疾病的护理都是一个动态的过程，因此风险的识别，实际上也是一个动态监测过程。作为风险管理流程的第一步，风险识别与评估的成果直接影响着整个风险管理流程的每一步，影响着最终的风险管理决策。侧重于确定护理风险事件易发环节和过程，明确患者安全上存在的和潜在的危害。

常用的护理风险识别技术有三种：一是从多年积累的临床资料入手，通过查询文献、报道，对照《医疗事故处理条例》，反思历年的质量问题和差错，收集院外护理纠纷的事件，收集患者不满意的信息和建议，分析和明确各类风险事件的易发部位、环节和人员等。二是工作流程图法，包括综合流程图及高风险部分的详细流程图，加强临床巡查、工作流程，由此全面分析各个环节可能发生的风险事件。三是调查法，设计专门调查表，调查关键人员，与护士沟通、询问患者和家属，掌握可能发生风险事件的信息。在护理工作中可以把后两种方法结合运用，流程图法便于直观分析、全面综合，调查法有利于了解风险之所在，并且可以补充及完善工作流程图。

（二）护理风险评估

护理风险评估是在风险识别的基础上进行定量分析和描述，通过对这些资料和数据的处理，发现可能存在的风险因素，确认风险的性质、损失程度和发生概率，为选择处理方法和正确的风险管理决策提供依据。在明确可能出现的护理风险后，对护理风险发生的可能性和可能造成损失的严重性进行估计。对护理风险进行定量分析和描述，包括护理风险发生的概率、损失程度、风险事故发生的可能性及危害程度，确定危险等级，为采取相应的护理风险措施提供决策依据。风险评价一般运用概率论和数理统计方法来完成，其中期望值和标准差是描述某个特定风险损失概率分布特征的重要指标，一般频率高、幅度小的损失标准差小，频率低、幅度大的损失标准差大。

知识拓展

Padua 风险评估工具用于内科患者静脉血栓栓塞症风险度评估。

Padua 风险评估工具包含 11 个危险因素：活跃癌症，静脉血栓栓塞症病史，活动度降低血栓形成倾向的病情，创伤手术(1 月内)，高龄(大于等于 70 岁)，心/肺衰竭，急性心肌梗死/脑卒中，急性感染/风湿性疾病，肥胖(BMI>30)，正在进行激素治疗。

应用该工具评估患者时，累积患者存在的不同危险因素的得分，得到患者危险因素总评分，在入院 12 小时内完成评估。每个危险因素的评分 1～3 分，根据总评分将患者分为高危和低危两组，高危>3 分，低危≤3 分。

笔记栏

（三）护理风险控制

在护理风险识别和护理风险评估基础上，衡量护理风险的程度，选择护理风险管理技术，根据需要采取相应的风险控制措施。护理风险控制是护理风险管理的核心内容。在风险识别、风险评估基础上采取的应对风险事件的措施。主要包括风险预防与风险处置两方面内容。风险预防即采取积极措施预防风险事件的发生，如通过护理风险教育、风险监控和管理，增强护理人员的风险意识责任意识，加强护理设备的维护等达到风险预防的目的。风险处置包括风险滞留和风险转移两种方式。风险滞留是将风险损失的承担责任保留在医院内部，由医院自身承担风险，对于风险发生频度不高、预计赔偿额在医院支付能力之内时可采用这种对策。风险转移是将风险责任转移给其他机构，是最常见的风险处理方式，如购买医疗责任保险等，是对医护人员自身利益的保护。

（四）护理风险管理效果评价

护理风险管理效果评价是对护理风险管理手段的效益性和适用性进行分析、检查、评估和修正，为下一个周期提供更好的决策参考。评估风险管理效益的高低，主要看其能否以最小的成本取得最大的安全保障。效益比值等于因采取某项风险处理方案而减少的风险损失除以因采取某项风险处理方案所支付的各种费用。当风险损失大于风险控制投入时，则该项风险处理方案不可取；风险损失小于风险控制投入时，则该方案可取。同时在医疗卫生实践中，应适当兼顾社会效益。

四、护理人员在风险管理中的角色

风险管理已发展成为医疗卫生工作、医院管理的一项重要内容，护理人员在风险管理过程中应充当预警师、评估师、沟通者、监督者等角色。

1. 风险预警师　医院等医疗卫生单位进行风险管理的目的是避免医疗风险、减少风险事件发生。医疗风险管理的首要工作是建立风险预警系统，即通过对医疗风险进行科学的预测分析，预计可能发生的风险，并提醒有关部门采取有力的措施。护理风险管理是医疗风险管理的重要组成部分，护理人员工作于临床护理实践的具体岗位，比较熟悉医院的具体事务并能够随时走到患者身边，全程了解患者及家属的具体情况，通过其周密详细的护理评估工作，收集到患者的第一手资料，积极充当医疗风险管理的预警师。

能及时发现存在医疗风险的隐患问题进行风险分析，协助医生和医院制定出全面的符合实际的工作计划，提高工作效率。各级医疗机构的风险管理组织和医疗护理人员应密切注意与本单位相关的各种内外因素的变化发展趋势，从动态中分析预测可能发生的各类风险，进行风险预警，并积极向管理层提出建立风险管理过程的相关建议。

2. 风险评估师　护理人员是护理风险评估的执行者，一方面参与评估医疗卫生系统内部能够接受的风险水平，护理系统的风险水平及风险成因，与相关管理层讨论科室风险控制目标，提供管理层降低风险和加强控制的建议；另一方面也是患者医疗护理风险事件的评估者，运用专业的、循证的风险评估策略进行风险评估。

3. 沟通者　医疗风险在医疗卫生系统内部具有感染性、传递性、不对称性等特征，即一个科室造成的风险或疏于风险管理所带来的后果往往不是由其直接承担，而可能会传递到其他科室，最终可能使整个医院陷入困境。护理人员是医疗卫生系统中不可或缺的重要沟通环节，既是患者的代言人，护理管理工作又与医生、医技、健康辅助、职能部门、管理、后勤等均有交叉，不仅要审视医疗卫生服务工作的每个风险的节点，更要理清关键的风险和风险的关键环节。避免由于信息的不准确、不及时、不完整所造成的医疗护理决策失误和决策缓慢，以及由于沟通不力，或不能很好地了解信息，致使出现对信息的错误理解，并导致不适当的医疗护理行为。

4. 监督者　护理人员是医疗风险管理的直接参与者，既可对组织整体的风险管理过程进行审查与监督，也可对各职能部门的风险管理进行审查与监督。可从两个方面评估风险管理过程的充分性和有效性。一是评估风险管理主要目标的完成情况，二是监督和评价管理层选择风险管理方式的适当性。

五、护理风险的防范与化解

笔记栏

（一）树立正确医疗风险意识，增强风险防范的自觉性

1. 增强医疗法规意识　医院采取院周会、全院中心工作质量讲评会、交班会等多种形式进行

医疗法律法规教育，切实增强了全院医务人员的法律法规意识，能够充分正视医疗风险。

2. 提高安全意识　定期组织开展医疗风险教育培训，进行医疗风险案例分析；以提高医务人员的医疗安全意识，增强规范医疗行为，依法行医的自觉性。

3. 树立服务意识　医院护理部定期组织护理人员开展礼仪培训，为就医患者提供诚信服务、主动服务和感动服务，提升服务质量。

（二）强化专业技术培养，提高风险防范能力

1. 避免与控制护理风险　不断健全护理管理制度，对护理人员进行《医疗事故处理条例》及《护士条例》等相关法律法规培训，通过集中培训、专题讲座等形式，帮助护理人员树立积极正确的护理风险意识，发挥护士及患者的主体能动性，最大限度地避免与控制护理风险。

2. 加强专业理论学习与技能培训，提高综合素质　护理工作中出现任何的过失都会造成侵害他人的合法权益，同时使自己承担相应的法律责任的风险。通过常规业务学习、技术培训、短期轮训、护理大查房等多种业务学习形式不断加强护理人员的业务知识和技能水平，提高应急能力和思考能力，最大限度地降低护理风险，确保患者安全。

3. 加强护患沟通，提高护理服务质量　随着人们健康观念的转变以及法律意识的提高，患者在接受医疗护理服务的同时，不但对护理技术有较高的期望值，对服务也有较高的要求，护理人员在护理活动中，需认真履行护理告知义务，加强沟通，建立和谐的护患关系。

4. 规范护理记录　护理记录是具有法律意义的原始文件依据，特别是涉及医疗纠纷案件时，它是支持医院、医生、护士公正地评价事实的关键证据。定期组织对在岗护理人员进行护理文件书写规范的再培训，要求记录内容客观、真实、准确、及时、规范，并不定期进行抽查。

（三）健全完善管理机制，确保风险防范持续长效

1. 建立风险管理组织　成立护理风险管理小组、抢救小组、差错事故鉴定小组、二级质控小组等，制定风险管理制度，有系统地收集各种风险信息，对护理现状及存在问题定期进行分析讨论，不断查找安全隐患，对共性问题提出针对性防范措施，不定期检查落实情况，并将检查情况纳入护理管理工作绩效考核内容。

2. 严格落实风险管理制度　认真落实医疗技术准入制度，建立大手术、器官移植、突发及特殊事件报告审批制度，严防医疗差错事故发生。严格落实医患沟通制度，将医患沟通作为一种医疗制度加以遵守和执行。在沟通内容、沟通技巧、沟通形式等方面又进行了完善和规范，保证医患沟通的制度化。严格落实感染控制、无菌技术规程等各项护理工作制度。

（四）加大监管力度，提高风险防范效果

1. 加强高危环节的安全管理　护理风险管理中控制的关键点包括关键制度、高危护士、高危患者、高危设备和药品、高危科室、高危时间、高危环节，是可能影响全局或最容易出问题的环节。对这些关键点进行风险评估，重点监督控制这些关键点，制订防范措施，进行定期或不定期督查。

2. 建立医疗风险监控体系，完善医疗质量及医疗安全监控分析制度　发现问题及时进行整改。科室根据内外科的特点加大环节质量监控力度。对电子病历及处方质量加强监控。

（五）参加职业保险，减轻风险责任

鼓励医务人员参加医疗职业保险，保护自身利益。医疗职业保险并不能解除医务人员在医疗纠纷、护理纠纷和事故中的法律责任，但在一定程度上可以抵消其民事责任。医疗事故保险，不一定程度上可以解除护理人员的后顾之忧，使护理人员树立起风险意识，强化责任心，减轻风险责任。

笔记栏

第二节　护理安全管理

安全是指免于意外伤害。患者安全是患者在接受诊疗的过程中，不发生医疗法律法规允许范围之外的对患者心理、机体构成损害障碍、缺陷或死亡，不发生医务人员在执业允许范围之外的不良执业行为的损害和影响。是反映医疗质量高低的重要标志，是保护患者得到良好医疗卫生服务的基础。WHO将患者安全定义为“将卫生保健相关的不必要伤害减少到可接受的最低程度的风险控制过程”，其核心是避免对患者造成不必要的伤害。

一、护理安全管理的概念

护理安全是指在实施护理的过程中，患者不发生法律和法规允许范围以外的心理、机体结构或功能上的损害、障碍、缺陷或死亡。影响护理安全的主要因素有医源性因素、药源性因素、患者因素、系统因素、设备器材及组织管理因素等。

护理安全管理是指应用制度、技术、教育等多方面措施有效防范护理安全事故，为患者创造安全、健康、高效的护理环境。不安全护理会导致患者病程延长和治疗方法复杂化等后果，不仅增加医疗成本和经济负担，有时还导致护理不良事件、医疗事故引发纠纷，造成不良社会影响。护理安全管理是护理质量的第一生命和核心目标。随着我国公共卫生体系的快速发展，患者对医疗护理质量、服务质量等的要求及法律观念的不断增强，护理安全成为衡量护理服务的重要指标，也是患者就医选择的最直接、最重要指标之一。

二、护理质量缺陷

护理质量是护理人员为患者提供护理技术服务和基础护理服务的效果及满足患者对护理服务一切合理需要的综合，是在护理过程中形成的客观表现，直接反映了护理工作的职业特色和工作内涵。对护理质量进行科学合理评价，不仅是护理管理的重要依据，也是衡量护理工作优劣的准则，利用护理质量评价的结果可以指导护理工作。2011年国家卫生和计划委员会发布新的《三级医院评审标准》，新增了社会评价的内容，要求定期收集院内、院外对医院服务的建议和意见，突出以患者为导向，更加注重患者的就医感受，要求把以患者为中心的理念真正落实到医院服务的各个细节中。要求护理质量评价应注重社会评价和患者的感受，根据患者对护理质量的评价结果找出现阶段护理工作的不足，以患者对护理质量的真实评价为基础来提升护理质量，真正做到“以患者为中心”。

护理质量缺陷是实际提供的护理服务质量未达到规定的或服务对象预期的期望值要求，表现为服务对象对护理质量不满意。我国三甲医院评审标准、卫生部下发的《综合医院分级管理标准》《全国“百佳”医院评审标准》《医疗护理技术操作常规》以及各省市下发的相关标准，均涉及对护理技术操作如手术配合、护理文书和护理质量缺陷、护理投诉发生率等的评价。护理安全管理是减少护理质量缺陷、提高护理水平的关键环节，是保障患者安全的基本条件，是控制或消灭安全隐患、避免发生医疗护理纠纷以及事故的客观需要。调查研究结果显示：发生率最高的护理质量缺陷是医嘱处理错误、口服药漏发、口服药发错、遗漏静脉用药及用药错误，这5种护理缺陷方式占60%左右，护理质量缺陷总量的其中遗忘性护理缺陷（口服药漏发和遗漏静脉用药）是发生护理缺陷的高危环节。

三、医疗事故与常见的护理纠纷

医务人员在诊疗护理等医疗活动中的过错被称为医疗过失，医疗过失常常是各类医疗护理纠纷的起因。根据患者所受损害程度的不同，医疗过失可分为“医疗事故”和“医疗差错”两种。医疗事故是指医疗机构及其医务人员在医疗活动中，违反医疗卫生管理法律、行政法规、部门规章和诊疗护理规范、常规，过失造成患者人身损害的事故（《医疗事故处理条例》2002年2月20日）。医疗差错是指在诊疗护理过程中，医务人员虽有失职行为或技术过失，但未给患者造成死亡、残疾、组织器官损伤导致功能障碍的不良后果。护理差错则是护士在工作中虽未给患者造成死亡、残疾、组织器官损伤等严重不良后果，但护士的失职行为或护理过失使患者病情加重，受到死亡、残废、功能障

笔记栏

碍以外的一般损伤和痛苦。医疗事故与医疗差错都是因医疗过失引起，两者之间的区别在于医疗过失的结果对患者健康造成的影响。

（一）医疗事故

1. 医疗事故的分级　《医疗事故处理条例》(2002 年 2 月 20 日)根据对患者人身造成的损害程度，医疗事故分为四级：一级医疗事故：造成患者死亡、重度残疾的；二级医疗事故：造成患者中度残疾、器官组织损伤导致严重功能障碍的；三级医疗事故：造成患者轻度残疾、器官组织损伤导致一般功能障碍的；四级医疗事故：造成患者明显人身损害的其他后果的。

《医疗事故分级标准(试行)》(2002 年 7 月 19 日)将一级乙等至三级戊等对应伤残等级一至十级，即：一级乙等对应一级伤残，二级甲等对应二级，二级乙等对应三级，二级丙等对应四级，二级丁等对应五级，三级甲等对应六级，三级乙等对应七级，三级丙等对应八级，三级丁等对应九级，三级戊对应十级。

知识拓展

一级医疗事故指造成患者死亡、重度残疾。

(1) 一级甲等医疗事故：死亡。

(2) 一级乙等医疗事故：重要器官缺失或功能完全丧失，其他器官不能代偿，存在特殊医疗依赖，生活完全不能自理。造成患者下列情形之一的：① 植物人状态；② 极重度智能障碍；③ 临床判定不能恢复的昏迷；④ 临床判定自主呼吸功能完全丧失，不能恢复，靠呼吸机维持；⑤ 四肢瘫，肌力 0 级，临床判定不能恢复。

2. 不属于医疗事故的情形　《医疗事故处理条例》(2002 年 2 月 20 日)第三十三条：有下列情形之一的，不属于医疗事故。

(1) 在紧急情况下为抢救垂危患者生命而采取紧急医学措施造成不良后果的。

(2) 在医疗活动中由于患者病情异常或者患者体质特殊而发生医疗意外的。

(3) 在现有医学科学技术条件下，发生无法预料或者不能防范的不良后果的。

(4) 无过错输血感染造成不良后果的。

(5) 因患方原因延误诊疗导致不良后果的。

(6) 因不可抗力造成不良后果的。

3. 医疗事故的鉴定　《医疗事故技术鉴定暂行办法》(2002 年 7 月 19 日)医疗事故技术鉴定分为首次鉴定和再次鉴定。双方当事人协商解决医疗事故争议，需进行医疗事故技术鉴定的，应共同书面委托医疗机构所在地负责首次医疗事故技术鉴定工作的医学会进行医疗事故技术鉴定。

专家鉴定组应当综合分析医疗过失行为在导致医疗事故损害后果中的作用、患者原有疾病状况等因素，判定医疗过失行为的责任程度。医疗事故中医疗过失行为责任程度分为以下几种。

(1) 完全责任：指医疗事故损害后果完全由医疗过失行为造成。

(2) 主要责任：指医疗事故损害后果主要由医疗过失行为造成，其他因素起次要作用。

(3) 次要责任：指医疗事故损害后果主要由其他因素造成，医疗过失行为起次要作用。

(4) 轻微责任：指医疗事故损害后果绝大部分由其他因素造成，医疗过失行为起轻微作用。任何一方当事人对首次医疗事故技术鉴定结论不服的，可以自收到首次医疗事故技术鉴定书之日起 15 日内，向原受理医疗事故争议处理申请的卫生行政部门提出再次鉴定的申请，或由双方当事人共同委托省、自治区、直辖市医学会组织再次鉴定。医疗事故处理过程(图 9－1)。

（二）常见护理纠纷

广义的护理纠纷是因护理问题引起的医患双方的争议。狭义的护理纠纷是指发生在护患之间

笔记栏

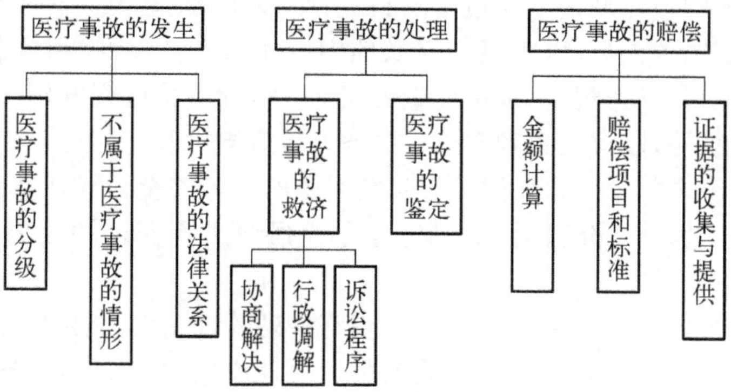

图 9-1　医疗事故处理过程

的，因患方对医方的护理服务不满，与医方发生的争议。一般将无医疗过失的护理纠纷称为护理意外，将存在医疗过失的护理纠纷分为护理差错、服务纠纷和护理事故。

1. *护理意外*　是指非因护士故意或过失，而是以护士意志以外原因偶然发生的事件。是在护理过程中，因无法抗拒原因，致患者出现难以预料和防范的不良后果情况。疾病本身具有突发性、艰巨性和不可预见性等特点，医疗结果也因多重因素存在不确定性，客观存在的医疗护理意外导致的不良后果难以避免，以上特点导致护理意外所致损害难以归责。如药物注射所引起的过敏性休克，有些药物虽然按操作规程进行皮肤过敏试验，但是还有个别过敏试验结果为阴性者仍会发生过敏反应。另外包括患者跌伤、烫伤、自杀也部分属于意外事件的范畴。

2. *护理差错*　护理差错是指诊疗护理工作中，因为医务人员在诊疗护理中的过失，给患者的身体健康造成一定的伤害，延长了治疗时间，但尚未造成患者死亡、残废、组织器官损伤导致功能障碍的不良后果者称严重差错。1999 年，日本的研究小组对 218 所医疗机构所提供的 11 148 例护理差错事故报告进行了整理和分析，在 28 项差错事故中，发生频率较高的依次为：摔倒(31.4%)、注射(15.7%)和发药(12.9%)。对护理差错进行原因分析显示，并不是由于护士专业知识的高度缺乏和技术不精引起的，而是由于护士没有认真执行查对制度，没有做好最后的确认工作而引起的。与标本采集相关的护理差错原因分析显示，标本分析前的错误中居第 1 位的是标本采集方法不正确。

3. *服务纠纷*　如护士纪律问题，患者及其家属对护理人员态度、工作责任心、技术操作的不满意而引发的投诉等。

4. *护理事故*　属于医疗事故的一种，参见医疗事故相关内容。

5. *其他*　如在诊疗护理过程中，患者发生了现代医学事件能够预见但却不能避免和防范的并发症。如难免性压疮、产妇分娩出现的羊水栓塞等，由于并发症能够预见，所以医护人员需要事先向患者及其家属说明，让其有一定的心理准备。当并发症发生时，患者和家属通常会主动配合医护人员采取适当措施，尽最大努力减轻患者所遭受的不良后果。

四、护理安全管理的持续改进

发达国家医院在护理安全管理做法包括：第一，建立国家患者安全管理中心，其任务是制定患者安全目标并追踪其进展情况、制定研究计划、定义典型的安全系统，开发、宣传并评价医疗错误的识别和分析工具，开发教育公众有关患者安全的办法，并提出相关建议等。第二，健全医疗错误报告系统。为了识别医疗错误并从中吸取教训，设立全国性强制性报告系统，同时鼓励医疗机构及其从业人员发展并参与自愿报告系统。对于强制报告，政府应当收集导致患者死亡或严重伤害的不良事件的有关信息，并及时做出反应。自愿报告系统是强制报告系统的补充，将关注更为广泛的医疗错误，主要是那些没有造成患者伤害或只造成很小伤害的事件，制定非惩罚性的政策鼓励上报不良事件，对通过自愿报告系统收集的信息加以保密，不得作为患者在法庭上抗辩的依据，第

笔记栏

三，制定保证患者安全的操作规范。通过管理机制（如注册、认定和鉴定），制定并执行保证患者安全的操作规范，制定医务人员、医疗机构以及他们所使用工具（药物和仪器）的最低行为标准。第四，实施安全计划，执行操作规范，以保证患者安全。医疗机构应当发展“安全文化”，工作重点是提高医疗行为的可靠性，以保证患者安全。医务人员应当树立“安全第一”的观念，医疗机构必须建立连续监测患者安全的系统。我国近年年在实施的患者安全目标从查对、用药安全、预防跌倒、沟通、危急值报告、患者身份识别、手卫生等方面强调患者安全的重要性，并正在临床广泛应用。

1. 健全安全管理机制，减少不安全因素　修订护理管理制度，制定安全操作流程，完善压疮预报等护理不良事件报告制度，健全护理风险预防及处理应急预案，建立护理安全信息沟通系统，完善患者安全护理管理机制，建立自愿报告系统。

2. 重视安全教育，创建安全文化　提高全体护理人员的安全意识是保证护理安全的基础。通过安全教育，使护理人员从被动接受安全管理的检查转变为自觉维护安全。注重全员教育与培训，加强对重点人员的教育，定期召开安全教育讲座，重视专业理论和技术操作培训及考核。在医院内建立一种“安全文化”的氛围，培养医院全体成员对待医疗护理安全共同的态度、信仰和价值取向，鼓励护理人员大胆地谈经验教训，将隐患消灭于萌芽状态。

3. 建立护理安全管理网络　组成由分管院长、护理部、护士长及各护理单元组成的护理安全小组，使责任到人，层次落实将事故消灭在萌芽状态。注意排查护理安全隐患，实施护理安全检查，处理护理安全事件并组织护理安全教育学习。发挥护理安全小组安全质量的监控职能，确保安全管理制度落到实处，加强对安全管理制度执行环节的督导。

4. 更新护理管理者对护理安全的认识　注重对护理安全管理的前馈控制，重点关注高危人群、高危科室、高危环节，注重环节管理，查找系统缺陷，注重实证分析，识别护理工作中可能出现的安全隐患，寻找事件根源，从源头抓起把不良事件发生率降到最低。

5. 借助安全管理成果和信息技术　在医学发展的过程中，医疗行业对安全性的关注相对滞后，国外医疗行业已开始借鉴某些高风险行业的安全管理成果来构筑医疗服务安全保障体系。信息技术的飞速发展也有助于临床安全管理。

2014 年 7 月，国家卫生计生委办公厅公布了《关于开展优质护理服务评价的通知》，《通知》除了要求医院要高度重视和支持护理工作，实施科学护理管理外，还提出要改善临床护理服务，做到护理质量的持续改进。

6. 实施《患者安全目标》　护理管理者应将患者安全与医院护理管理实践相结合，内化到医院护理管理体系中，重视日常管理和自我评价，要求护理人员严格执行。中国医院协会患者安全目录（2017 年版）详见附录一。

知识拓展

医院“患者安全目标”解读

中国医院协会（CHA）于 2006 年 10 月参加美国 JCAHO，推出《2007 年患者安全目标》，后陆续制定了 2008－2011 年《患者安全目标》。并写入 2011 年版《三级综合医院评审标准与评审细则》（共 10 节 25 条 26 款，其中核心条款 4 条），其中，4.2.4.2 落实患者安全目标。

C 级：① 医院及科室将实施“患者安全目标”作为推动患者安全管理的基本任务；② 为实施“患者安全目标”提供所需的人力与物力资源；③ 组织“患者安全目标”相关制度的员工培训与考核。员工对患者安全目标的知晓率≥90%。

B 级 C 级＋：主管部门对患者安全目标落实情况进行检查、分析、反馈，有改进措施。

A 级（B 级＋）：① 患者安全目标在医院日常运行的工作流程中得到完全落实；② 员工有较强的患者安全服务意识，医院逐步形成人人参与的安全文化。

笔记栏

第三节　护理人员职业性损伤及防范

随着医学科学的发展和各种诊疗技术的推广尤其是近几年新的化学药物和高新技术应用于临床，医务工作者常暴露于多种职业性危害因素之中。在诊疗护理操作过程中若不注意个人防护，容易造成职业性损伤，而威胁医护人员的身心健康。

一、护理人员职业性损伤概念

职业性损伤是指工作中某些职业危害因素导致工作人员身心健康受到伤害，包括职业性危害因素导致的损伤和与工作有关的疾病。医院工作环境和服务对象特殊，护理人员是临床一线工作人数最多的群体，频繁接触体液、血液，或面对一些对其身体有损害的药物和辐射以及被污染的锐器，频繁暴露于多种职业性危害因素中，职业损伤机会多，若不注意个人防护，不仅造成自身损害，还会成为疾病传播的媒介。临床护士的职业性损伤问题也一直是国内外同行关注的焦点，研究的重点问题涉及临床护士的职业危害因素，自我防护的现状及自我防护意识等。

二、护理职业性损伤的危险因素

（一）物理因素

1. 锐器伤　护士在为患者护理操作的过程中会接触到各种不同锐器，如各种注射针头，手术刀片、针剂安瓿、碎玻璃等。锐器伤是临床护理工作中最常见的事故性危害，传播职业性血源性传染病的危险远远大于皮肤接触和黏膜接触，一项护士锐器伤相关调查结果显示，约 80%的一线临床护士遭受过锐器伤。

2. 噪音危害　呼叫器铃音，监护仪报警声，患者的呻吟、探视者的谈话声，电话铃声，频繁的人员流动等声音，构成病区护理工作的背景声音。其他如供应室的烘干机、超声机，高压蒸汽灭菌器等各类声音。早期主要是生理性改变，引起疲劳、烦躁、头痛头晕、听力下降等，长期接触比较强烈的噪声，可以引起病理性改变。

3. 电离辐射伤　放射科护士或其他科室护士在陪同患者作相关检查时，会不同程度接触一些各种放射线。短期接触大剂量的射线，会发生急性皮肤烧伤、坏死、放射性皮炎、眼球晶状体浑浊。长期接受低剂量辐射，数年后发生白血病、其他肿瘤、胎儿畸形等概率升高。即使小剂量暴露，长时间接触会因蓄积作用而致畸、致癌。护理人员在消毒灭菌工作中，消毒因子，紫外线、臭氧等使用不当可引起紫外线眼炎或皮炎。高浓度臭氧吸入可引起气紧、胸闷、肺水肿等。

4. 负重伤　职业性肌肉骨骼疾病是一类主要的常见的职业性疾病，包括肌肉骨骼系统各个部位的损伤与症状，常见的有职业性下背疾患和颈肩疾患。临床护士由于负重引起脊柱损伤、腰骶部疼痛的发生率为 8%，手术室护士患颈椎病达 30%左右。

（二）化学因素

1. 细胞毒素药物　临床化疗用药时，护士如果不注意防护，药液接触皮肤直接吸收，或经呼吸道吸入药物的气溶液，会对机体造成影响。虽然每次量很少，但在工作中频繁接触远期影响可引起白细胞减少，护士职业性接触抗肿瘤药物可导致胎儿流产，最严重的毒性反应可有骨髓抑制、致癌、致畸的危险。另外，在为中毒患者洗胃时，空气中弥漫有农药气味，具有挥发性的有机磷杀虫剂。可经呼吸道、消化道、皮肤黏膜吸收。

2. 化学消毒剂　常用的化学消毒剂有过氧乙酸、环氧乙烷、甲醛、戊二醛等，用于地面、空气、手和物品的消毒，这些化学剂对人体的皮肤、黏膜、呼吸道和神经系统均有一定的影响。如戊二醛的使用是引起职业性哮喘的主要原因同时也是接触性皮炎最常见的原因之一。另外长期暴露于微量的麻醉废气的污染环境中，可引起自发性流产、胎儿畸变和生育能力降低。

笔记栏

（三）生物因素

护士在参与各种抢救操作及护理患者的过程中，频繁接触具有传染性的血液，体液，分泌物。若忽视自我保护，细菌病毒的感染概率明显增加。最常见、危害性最大的是乙型病毒性肝炎、丙型病毒性肝炎和艾滋病。据报道，医疗、护理工作中最容易被感染的人群以外科医生和护士居多，最常见的感染性途径是有创操作中经皮肤暴露造成的血液感染，护士是血源性病原体职业暴露发生的最高危职业群体。

（四）心理社会因素

护理人员工作紧张、轮班、心理压力超负荷等引起与职业相关的疾病。文献报道，护士群体一般身心疾患发病率高于一般人群，尤以焦虑、抑郁常见，其原因是精神紧张和工作压力大，作息时间不固定等。发生焦虑、抑郁的主要因素与人力资源配备不足、多角色工作、长期/长效竞争机制、社会导向偏差有关。随着患者维权意识的增强和新闻媒体的报道，医疗纠纷越来越多，社会的歧视和工作待遇低给护士带来一定的压力。

近些年发生于医院工作场所的暴力事件使得医务人员的身心健康受到严重冲击，国内外近几年的调查研究显示，医务人员在工作场所遭受暴力的发生率高达50%。过本数医院出现过患者及其家属用暴力殴打、威胁、辱骂医务人员的情况。

三、护理职业性损伤的防范

护理人员职业损伤的因素并不是独立或单方面的，它们彼此相互影响，共同作用，使医务人员暴露于与之相关的职业卫生和健康问题之中。改善护士的职业健康，评价职业伤害的危险因素，建立职业伤害防御体系对保障人民的身体健康就显得尤为重要。

（一）加强管理、制定防护措施

加强医护人员职业安全教育及整体素质教育，制定合理的防护措施，增强防护意识，规范操作程序，是减少和防止职业性损伤发生的基础。

（二）改进医疗设备，完善防护设施

医院管理者应充分认识到职业性损伤的危害性，为医护人员创造安全、健康的工作环境。完善监测系统，在有限的资金条件下尽可能完善医疗设备和防护设施。建立医护人员健康档案，定期体检；对发生职业损伤者及时报告主管部门，按要求治疗处理；定期分析总结经验，并作为质量管理的依据；加强高危科室的管理和高危人群的预防接种，以提高其肌体免疫力是减少医护人员职业损伤的有效途径。

（三）预防锐器伤

（1）安全处理针头，禁止用双手回套针帽，如果没有可利用的条件，可用单手操作技术；处理针头时勿太匆忙；手持针头和锐器时，勿让锐利面对他人；在为不合作患者注射时，应取得他人的协助；将用过的针头丢入合适的防刺穿的容器内并及时处理，以免刺伤他人；勿徒手处理破碎的玻璃器械。

（2）皮肤黏膜一旦受伤，应立即挤出少量血液，用流动自来水冲洗，然后用碘酊、乙醇消毒后包扎伤口。针刺伤者，建议及时采用相关病毒血清检查.确定是否存在隐性感染，若确定被感染HBV患者其血清污染的针头刺伤，应立即采取上述治疗措施，尽早上报并随访观察，同时注射乙肝疫苗做到早期预防。

（四）化学危害的防护

1. 医疗机构制定严格的防护方案并提供安全的防护用品和设备　如抽排风设备、改进的输液设备、集中化疗备药操作室等。

笔记栏

2. 医护人员应严格遵守接触抗癌药物操作规程　配药前洗手，穿隔离衣、裤、佩戴一次性口罩、帽子、戴聚乙烯手套后再戴一副乳胶手套；操作台面铺一次性防护垫；割锯安瓿前应轻弹其颈部，使附着的药物降至瓶底，打开安瓿时应用无菌纱布围绕安瓿颈部，以防划破手套或药物溢出空气中；溶解药物时。溶酶应沿瓶壁缓慢注入瓶底；稀释瓶装药物及抽取药液时，应插入双针头以排除瓶内压力，防止针栓脱出造成的污染。抽取药液后，在瓶内进行排气，以免药液排于空气中。

3. 化疗药物外溢的处理　立即标明污染范围。避免其他人员接触；若药液溢到桌面或地上，应用纱布吸附药液后，再用肥皂水擦洗，配药后要拖地面。若为药粉则用湿纱布轻轻擦抹，以防药物粉尘飞扬，污染空气；如不慎将药液溅到皮肤或眼里，应立即用肥皂温水或生理盐水彻底清洗；注射化疗药物时，不慎溅到工作服上，要立即更换，冲洗。病房需配备化疗药物外溢处理包。

知识拓展

化疗药物外溢处理包

1件由无渗透性纤维组织成的有袖的工作服、1双鞋套、2双乳胶手套、1副化学防溅眼罩、1个一次性灰尘盘及1个塑料小扫帚（收集碎玻璃）、2块手巾及2块海绵、1个装尖锐物的容器及2个一次性垃圾袋。

4. 污染废弃物的处理　用过的废安瓿、小瓶、一次性注射器、输液器要放置有特别标记的、密封的厚塑料袋或防漏容器中，防止药液蒸发污染空气，并及时送焚炉焚烧。防护衣、帽必须经过1 000℃高温焚烧处理；处理污染的分泌物、排泄物（如尿液、粪便、呕吐物）时，必须戴口罩、手套、帽子，必要时用一次性围裙，为防止呕吐物污染病室，应给患者专用容器或塑料袋；便盆、便壶应专用，用后严格消毒处理。

（五）生物危害的防护

在接触患者具有传染性分泌物、血液、体液时，应遵守消毒隔离制度，认真洗手并进行手的消毒，是控制交叉感染的重要措施。

（六）心理危害的防护

护士对生理、心理疲劳要学会自我调节；注意保证充足的休息和睡眠。如感到生活、工作压力过重，可适当休息，以调整体力和情绪。创造良好的人际关系。适当参加集体活动，学会宣泄和疏导，以保持平和、稳定、乐观的心境，预防负性心理损害。

护理工作中采取多种有效措施，保护护理人员免受职业损伤危险因素的侵袭，或将其所受伤害降到最低。

第四节　医院感染与护理管理

一、医院感染概述

（一）医院感染的基本概念

医院感染是指住院患者在医院内获得的感染，包括在住院期间发生的感染和在医院内获得出院后发生的感染；但不包括入院前已开始或入院时已存在的感染。医院工作人员在医院内获得的感染也属医院感染。

（二）医院感染的分类

医院感染按其病原体的来源分为外源性和内源性，按其预防程度分为可预防性和难预防性。

1. 外源性感染　外源性感染亦称交叉感染或可预防性感染。病原体来自患者体外，如其他患者、工作人员种外环境等，是指患者与患者、工作人员、探视者相互之间的直接感染或通过病房物品、消毒不严或污染的医疗器械、血液制品而发生的间接感染。

2. 内源性感染　内源性感染也称自身感染或难预防性感染。引起这类感染的微生物来自患

笔记栏

者体内或体表的正常菌群或条件致病菌。当患者健康状况不佳、抵抗力下降、免疫功能受损时，机体内正常寄生菌致病或携带者引起发病。如大肠杆菌在肠道内不致病，但到了呼吸道、肠外、泌尿道等处就可致病。

3. 母婴感染　由母体经胎盘垂直传播给胎儿或分娩时经产道感染。如柯萨奇病毒感染。

（三）医院感染的流行环节

医院感染的流行病学三要素为：传染源、传播途径和易感人群。

（四）医院感染暴发

医院感染暴发是指在医疗机构或其科室的患者中，短时间内发生3例以上同种同源感染病例的现象。

（五）医院感染的传播途径

传染源只有通过传播途径才能感染别人（或自身），大多数感染，要依赖于外环境中的某些媒介物的携带和传播，才有可能经由“适宜”的门户侵入人体的某部位（定植或感染）。其传播途径有：接触传播、空气传播、共同媒体传播和生物媒介传播。

（六）医院感染的诊断原则

（1）无明确潜伏期的感染，规定入院48小时后发生的感染为医院感染；有明确潜伏期的感染，自入院时起超过平均潜伏期后发生的感染为医院感染。

（2）本次感染直接与上次住院有关。

（3）在原有感染基础上出现其他部位新的感染（除外脓毒血症迁徙灶），或在原感染已知病原体基础上又分离出新的病原体（排除污染和原来的混合感染）的感染。

（4）新生儿在分娩过程中和产后获得的感染。

（5）由于诊疗措施激活的潜在性感染，如疱疹病毒、结核杆菌等的感染。

（6）医务人员在医院工作期间获得的感染。

（七）医院感染发生的主要原因

（1）组织不力及管理制度不严是造成医院感染的主要原因。

（2）人员缺乏医院感染知识，对消毒隔离重视不够。

（3）医院的建筑不合理、布局不当、缺乏必要设备。

（4）不合理地、广泛使用抗生素，尤其是滥用，均可使耐药菌株增加或二重感染。

（5）侵入性操作、各种内镜的应用等，可造成人体防御屏障的损伤，使病原体入侵，而致感染。

（6）缺乏有效的监测手段和制度。

（7）生物媒介引起虫媒性传染病。

二、医院感染的危害

医院感染无论对患者及其家庭和社会都具有严重的危害。

1. 对患者影响　延长患者住院时间，增加患者痛苦，加重患者家庭经济负担。严重的医院感染常使患者达不到预期的疗效或使治疗失败，甚至导致后遗症或造成死亡。

2. 对医院的影响　对医院工作人员的健康构成危害，造成不必要的医疗资源浪费和医院经济负担加重，对医院正常工作秩序及医院的声誉造成不良影响，影响医院效率、效益指标，而且是引发医疗纠纷的重要因素。

3. 对社会影响　医疗费用支出增加，加重国家经济负担，影响社会民众保障系统的良性运转，影响社会生产力发展。

笔记栏

三、医院感染管理的影响因素

（一）主观因素

1. 医院组织管理因素　领导不重视，内部管理松懈，医院感染规章制度落实不到位，缺乏必要的工作监管，这些都是增加医院感染的机会。

2. 医源性的医疗技术因素　如医护人员缺乏医院感染相关知识，业务技术水平不高，缺乏工作责任心，不能严格地执行无菌技术和消毒隔离制度。单纯追求经济效益，未严格掌握抗生素应用指征及原则。

（二）客观因素

（1）侵入性诊疗手段的广泛应用，破坏了机体的防御屏障，有将各种微生物带入人体的危险。

（2）使用抑制免疫的治疗方法等使患者的自身免疫机能低下，成为易感者。

（3）应用大量或多种抗生素，使患者体内的正常菌群失调，耐药菌株增加，感染机会增多。

（4）环境因素，医院环境由于传染源多，环境污染严重，易造成交叉感染。

（5）存在易感人群。

四、医院感染的控制和预防

医院感染的预防和控制工作是降低医院感染发生和避免医院感染风险的重要基础。为此，医疗机构必须坚持预防为主的方针，遵循国家法律法规和卫生行政部门制定的相关规章制度、技术规范，加强医院感染管理。

（1）严格执行手部卫生：WHO 世界患者安全联盟提出“清洁卫生更安全”，提倡用简单的措施拯救生命。手部卫生是非常简单的一个行为，能极大地减少卫生保健相关感染并降低其危险。

（2）确保用血安全：开展有关临床安全输血规范的在职教育和培训。在采集、处理和使用血液制品时，严格执行手卫生和献血者皮肤消毒，防止血液污染。

（3）规范执行注射操作和免疫接种：使用安全、优质的一次性注射用具，采取正确的方法处理医疗废物，尤其是高度感染性的卫生保健废弃物，如注射器和锐器。

（4）制定准则、工具和政策：保障水、卫生设施、卫生状况和废弃物处理达到基本标准。

（5）加强临床操作安全：通过增强卫生保健急诊基本操作规范和设备器材的正确使用减少死亡和残疾，保障患者安全。

（6）严格实施标准预防和额外预防。

小　结

1. 概念　护理风险、护理安全管理、护理质量缺陷、护理职业损伤、医院感染的概念

2. 护理风险的成因
   - 护理因素
   - 患者因素
   - 系统因素

3. 护理风险管理程序
   - 护理风险识别
   - 护理风险评估
   - 护理风险控制
   - 护理风险管理效果评价

4. 医疗事故与常见护理纠纷
   - 医疗事故：护理事故
   - 常见护理纠纷
     - 护理意外
     - 护理差错
     - 服务纠纷
     - 护理事故

5. 护理职业性损伤的危险因素
   - 物理因素：锐器伤、噪音危害、电离辐射伤、负重伤
   - 化学因素：细胞毒药物、化学消毒剂
   - 生物因素：心理社会因素

笔记栏

【思考题】

(1) 结合临床实践分析护理风险的成因。
(2) 结合临床实践阐述护理风险管理的程序。
(3) 常见护理纠纷有哪些?
(4) 分析护理人员常见职业损伤的危险因素。
(5) 概述护理安全管理的持续改进措施。
(6) 医院感染的预防与控制策略有哪些?

附录一：中国医院协会患者安全目标(2017年版)

目标一 正确识别患者身份

(一) 严格执行查对制度,确保对正确的患者实施正确的操作和治疗。患者由至少两种标识认定,如姓名、病案号、出生日期等,但不包括患者的床号或房间号。不得采用条码扫描等信息识别技术作为唯一识别方法。

(二) 在输血时采用双人核对来识别患者的身份。

(三) 对手术、传染病、药物过敏、精神患者、意识障碍、语言障碍等特殊患者应有身份识别标识(如腕带、床头卡、指纹等)。

目标二 强化手术安全核查

(一) 择期手术须在完成各项术前检查与评估工作后,方可下达手术医嘱。

(二) 由实施手术的医生标记手术部位,标记时应该在患者清醒和知晓的情况下进行。规范手术部位识别制度与工作流程。

(三) 建立手术安全核查及手术风险评估的制度和流程,切实落实世界卫生组织手术安全核对表,并提供必需的保障与有效的监管措施。

(四) 围手术期预防性抗菌药物选择与使用符合规范。

目标三 确保用药安全

(一) 规范药品管理程序,对高浓度电解质、易混淆(听似、看似)药品有严格的贮存、识别与使用的要求。

(二) 严格执行麻醉药品、精神药品、放射性药品、肿瘤化疗药品、医疗用毒性药品及药品类易制毒化学品等特殊药品的使用与管理规范。

(三) 规范临床用药医嘱的开具、审核、查对、执行制度及流程。

(四) 制定并执行药物重整制度及流程。

目标四 减少医院相关性感染

(一) 落实手卫生规范,为执行手卫生提供必需的保障和有效的监管措施。

(二) 医护人员在无菌临床操作过程中应严格遵循无菌操作规范,确保临床操作的安全性。

(三) 有预防多重耐药菌感染的措施和抗菌药物合理应用规范,尽可能降低医院相关感染的风险。

(四) 使用合格的无菌医疗器械。有创操作的环境消毒应遵循医院感染控制的基本要求。

(五) 落实医院感染监测指标体系并持续改进。

(六) 严格执行各种废弃物的处理流程。

目标五 落实临床"危急值"管理制度

(一) 明确临床"危急值"报告制度,规范并落实操作流程。

(二) 根据医院实际情况,明确"危急值"报告项目与范围,如临床检验至少应包括有血钙、血钾、血糖、血气、白细胞计数、血小板计数、凝血酶原时间、活化部分凝血活酶时间等及其他涉及患者生命指征变化需要即刻干预的指标。

(三) 定期监测评估"危急值"报告执行情况。

笔记栏

目标六　加强医务人员有效沟通

（一）合理配置人力资源，关注医务人员的劳动强度，确保诊疗安全。

（二）建立规范化信息沟通交接程序，并建立相关监管制度，确保交接程序的正确执行。

（三）确保沟通过程中信息的正确、完整与及时性。

（四）规范并严格执行重要检查（验）结果和诊断过程的口头、电话和书面交接流程。

（五）强调跨专业协作，为医务人员提供多种沟通方式和渠道，提升团队合作能力，倡导多学科诊疗模式。

目标七　防范与减少意外伤害

（一）加强高风险人群管理，制定重大医疗风险应急预案。

（二）评估有跌倒、坠床、压力性损伤（压疮）等风险的高危患者，采取有效措施防止意外伤害的发生。

（三）落实跌倒、坠床、压力性损伤等意外事件报告制度、处理预案与工作流程。

（四）加强对患者及家属关于跌倒、坠床、压力性损伤等的健康教育。

目标八　鼓励患者参与患者安全

（一）加强医务人员与患者及家属的有效沟通。

（二）为患者提供多种参与医疗照护过程的方式与途径。

（三）为医务人员和患者提供相关培训，鼓励患者参与医疗过程。

（四）注重保护患者隐私。

目标九　主动报告患者安全事件

（一）领导班子重视，定期听取患者安全工作汇报，采取有效措施，着力改善患者安全。

（二）建立医院安全事件报告平台，提供有效、便捷的报告途径，鼓励医务人员全员参与，自愿、主动报告患者安全事件、近似错误和安全隐患，同时医院应制定强制性报告事项。

（三）对报告的安全事件进行收集、归类、分析、反馈。对严重事件有根本原因分析和改进措施，落实并反馈结果。

（四）建立医疗风险评估体系，采用系统脆弱性分析工具，针对医院存在的薄弱环节，主动采取积极的防范措施。

（五）加强患者安全教育与培训，倡导从错误中学习，构建患者安全文化。

（六）加强对医务人员暴力伤害的防范。

目标十　加强医学装备及信息系统安全管理

（一）建立医学装备安全管理与监管制度，遵从安全操作使用流程，加强对装备警报的管理。完善医学装备维护和故障的及时上报、维修流程。

（二）建立医学装备安全使用的培训制度，为医务人员提供相关培训，确保设备仪器操作的正确性和安全性。

（三）规范临床实验室的安全管理制度，完善标本采集、检测、报告的安全操作流程，建立相关监管制度，确保临床实验室及标本的安全。

（四）落实医院信息系统安全管理与监管制度。

（廖月霞）

笔记栏

第十章

护理伦理学在护理工作中的应用

学习要点

● **掌握**：① 护理伦理学的基本原则和具体原则；② 临床护理的伦理道德要求；③ 临终关怀的含义和伦理道德要求；④ 护理科研的伦理道德规范。

● **熟悉**：① 门急诊、手术室和重症监护室护士的道德要求；② 护士与医务人员关系的伦理道德；③ 护患双方的权利和义务；④ 护理科研中的越轨行为与防范。

● **了解**：① 道德、伦理、伦理学的含义；② 特殊患者护理的伦理道德要求；③ 跨文化护理伦理道德要求。

第一节　护理工作中的伦理道德

一、护理伦理学概述、原则

（一）护理伦理学概述

1. 道德　从辞源学上讲，"道"和"德"是分开使用的，为两个词。"道"原本是道路，引申为"事物运动变化所必须遵循的普遍规律或法则"，如春生夏长，四季更替；人与人之间的君臣、长幼秩序等。"德"字与"得"字相通。本意是"得"，也就是人们对所谓最高原则有所得，也就是说"德"强调的是随顺自然规律和人际秩序，违背就是灾难或痛苦。"道"与"德"的合用，成为一个概念，则始于荀子。《荀子·劝学》中有"故学至乎礼而止矣，夫是之谓道德之极"的话语，意思是如果一切都能按照社会礼法或自然规律去做，就达到了道德的最高境界。可见，中国古代"道德"一词，主要指人和人之间的行为原则和规范的总和，也兼指个人的道德行为、思想品质和修养境界。现在一般认为，道德是指在一定社会经济条件下，用善恶作为评价标准，依靠社会舆论、内心信念和传统习俗调节人与人之间、个人与社会之间关系的行为准则和规范的总和。

2. 伦理　"伦理"一词，最早见于《礼记·乐记》，其中说："乐者，通伦理者也。"许慎在《说文解字》中解释说："伦"，辈也，从人，明道也。"理"，从玉，治玉也。在这里，"伦"即人伦，指人的血缘辈分关系，转义为人与人之间的关系；"理"即治玉，指整理玉石的纹路，引申为事物的条理、道理和规则；"伦理"则是指调整人与人之间相互关系的道理和规则。由上可见，"伦理"和"道德"两个概念，从词源来看，可视为同义异词，都是指的社会道德现象。但它们又有所不同，道德较多的指人们之间的实际道德关系，伦理已不再是道德的代名词了，伦理发展为一门科学，从总体上研究各种道德现象，并从哲学的高度去揭示道德的本质、功能及其发展规律。

笔记栏

3. 伦理学　"伦理学"这个词源于希腊文 ethika，与 ethos（品格）有关。又称为"道德哲学"。

伦理学以道德为研究对象，是对人类道德生活进行系统思考和研究的一门科学。它是研究道德现象的起源、本质及其发展变化，揭示人类社会道德规律的科学，是一门关于人的品质、修养和行为规范的科学。其目的在于规范人们的社会行为，形成适应一定社会、阶级、阶层需要的道德风尚和精神文明，稳定社会秩序，巩固经济关系。

4. 护理伦理学　护理伦理学是研究护理道德科学，是运用一般伦理学原理和道德原则来解释和调整护理实践中人与人之间相互关系的一门科学，是由护理学与伦理学相结合而形成的一门边缘科学。护理伦理学已成为当代实践伦理学中发展较快、影响较大、人们较为关注的一门学科。

（二）护理伦理学原则

原则是指人们观察问题、处理问题的准则。护理伦理原则就是指调整护理实践中观察和处理各种人与人、人与社会之间关系的行为准则。它既反映了护理学发展阶段及其特定社会背景之中的护理伦理基本精神，也是护士在实践中必须遵循的伦理准则和最高要求。

1. 我国护理伦理学的基本原则　1981年，在上海举行的新中国成立后的第一次全国医德学术讨论会上，与会学者经过研讨，提出了我国当代医学伦理学的基本原则。在以后的医学伦理实践中逐渐形成了完整的、分层次的医德基本原则的内容，即“救死扶伤，实行社会主义人道主义，全心全意为人民身心健康服务”。这一表述既对医学界所有从业者提出了明确的伦理要求，作为护士，同样需要在这一基本原则下恪守职业操守，维护医学的圣洁与荣誉。

（1）救死扶伤，防病治病：救死扶伤就是抢救生命垂危的患者，照顾受伤的患者，这是护士的基本职责，是医学的根本任务，是最低层次的医德要求。护士要树立爱伤、护伤的观念，以最基本的同情心帮助患者驱赶病魔，战胜疾病。随着医学模式的转变，医护工作由单纯的临床医疗和护理扩大到社会预防、社会保健和健康教育等方面，这就在客观上要求医护人员做到防治结合，一方面搞好临床服务，另一方面做好社会预防，尽力减少和消除致病物质和致病因素对人类的危害，降低发病率，以防病治病、提高人类健康水平为目的。

（2）实行社会主义人道主义：这是在“救死扶伤，防病治病”的基础上对医护人员提出的较高层次的要求。人道主义强调以人为本，尊重每一个生命。社会主义人道主义体现了社会主义时代的护理道德特点，即护患之间是平等、团结、友爱、互助的社会主义新型关系，医护人员由面向单个患者扩大到面向整个社会，医护人员的社会道德责任比过去更加受到尊重，竭尽全力去救死扶伤，防病治病，包括对待战俘、狱中犯人等。

（3）全心全意为人民身心健康服务：这是医德基本原则中对医护人员的最高层次的要求。服务，是医学职业的根本属性，服务是“护士的首要职能，也是护士职业存在的理由”。医护人员要用自己所学全心全意为人民身心健康服务。“全心全意”意味着要摒除一切私心杂念和追名逐利的个人目的，而要用忘我的精神踏实工作、救死扶伤，在任何情况下都愿意为患者、向社会奉献自己的知识、技能、精力甚至生命；为患者服务，包含“身”“心”两个方面，既要防治生理上的疾病，又要防治心理疾患；既要防患于前，防病于中，又要临终关怀，帮助患者恢复身体上、心理上的正常和完美状态。

知识拓展

中国医学生誓言

健康所系，性命相托。

当我步入神圣医学学府的时刻，谨庄严宣誓：

我志愿献身医学，热爱祖国，忠于人民，恪守医德，尊师守纪，刻苦钻研，孜孜不倦，精益求精，全面发展。

我决心竭尽全力，除人类之病痛，助健康之完美，维护医术的圣洁和荣誉，救死扶伤，不辞艰辛，执著追求，为祖国的医药卫生事业的发展和人类的身心健康奋斗终生。

笔记栏

2. 我国护理伦理学的具体原则　我国特有的护理伦理学的具体原则，是护理人员在工作中应该始终贯彻执行的最高标准。护理伦理学的四个具体原则包括不伤害原则、有利原则、尊重原则与公正原则，是护士在护理实践中进行护理行为选择的重要理论依据。

(1) 不伤害原则：医学范畴的不伤害原则又叫无伤原则，有利无害原则，是指医护人员在医疗护理活动中的任何行为，其动机与结果均应避免伤害患者或将患者置于危险的境地。具体来说就是医护人员应该最大限度地避免对患者造成疼痛，残疾，死亡及精神伤害或经济损失等。

不伤害原则对护理人员的要求：① 强化以患者利益为中心的动机和意识，一切护理行为皆为患者所需求的；② 恪尽职守，防范无意的但却可知的伤害及不可知的伤害，不给患者造成本可避免的身体上、精神上的伤害和经济上的损失；③ 正确处理审慎与胆识的关系。经过受益与伤害的护理风险的比较评估，选择最佳护理方案，并在实施中尽最大努力，把不可避免但可控制的伤害控制在最低限度之内。

(2) 有利原则：护理道德不仅要求护理人员不伤害患者，而且护理行为要促进患者的健康和福利，即有利于患者、为患者做善事。有利原则即将患者健康放在首位并切实为患者谋利益的伦理原则。这一原则在西方也被称为行善原则。有利原则由两个层次构成：① 低层次原则，即不伤害患者，这是有利原则的基本要求和体现；② 高层次原则，即为患者谋利益。

有利原则对护理人员的要求：① 所有的护理行为必须与解除患者的痛苦有关，或以解除患者的痛苦为目的；② 护理行为对患者利害共存时，要使该行为给患者带来最大的益处和最小的危害，选择那些效果最好、痛苦最小、安全性高、花费较少的最优方案；③ 护理行为使患者受益的同时不能给他人或社会带来伤害。

(3) 尊重原则：尊重原则有广义的尊重和狭义的尊重。广义的尊重原则是指除尊重患者的人格外，还包括尊重患者的自主权；狭义的尊重原则主要是指护患双方交往时应该真诚地尊重对方的人格，特别是护理人员应尊重患者及其家属的独立而平等的人格与尊严。

尊重原则对护理人员的要求：① 尊重患者的人格权：如生命权、健康权、人格尊严权、隐私权、名誉权、人身自由权、肖像权、遗体权等一个人生下来即享有的权利应该得到尊重和维护；② 切实履行责任，协助患者行驶自主权：护士有义务制动提供必要的条件和医护信息，与患者进行沟通和交流，保证患者自主权的行驶。

(4) 公正原则：护理伦理学中的公正原则是指公平地分配卫生资源和平等地对待不同的患者，体现为护患交往的公正和资源分配的公正。

公正原则对护士的要求：① 人际交往公正，护士应该做到对待每位患者一视同仁，态度诚恳；② 合理地分配医疗资源，医务人员既有宏观分配卫生资源的建议权，又有参与微观分配卫生资源的权利，应根据公正的形式和实质原则，运用自己的权利，按照公平优先，效率兼顾的原则实施卫生资源的优化配置，合理利用，尽力实现每位患者的基本医疗和护理资源的平等；③ 公正处理医疗纠纷，在处理护理差错事故，医护患之间纠纷等问题上，护士要站在公正的立场上，坚持实事求是的原则，公平公正的对待处理，不偏袒不包庇。

案例分析

抢救患者，一切可以置之度外

某省人民医院重症监护病房护士长宋燕波不幸遭遇车祸，腰椎受伤住院。消息不胫而走，她曾经护理过的患者以及患者家属纷纷赶到医院看望，医院的同事和外院的同行自愿组成特护组日夜陪护她，省卫生厅及医院领导亲自过问救治情况并前往慰问。

宋燕波在重症监护病房工作了 24 年。她几乎是以病房为家，待患者如亲人，时刻待命，随时听从医院的召唤。一位患者因血液病晚期，大量血液从肛门处流出，和着粪便散发出阵阵恶臭，宋燕波守候在患者身旁，及时用吸引器吸净污物，并帮助患者擦身，更换衣物、床单位等，污血和粪便不时溅到她工作服上，她也顾不得更换，护理患者直到出血停止、安置舒适为止。

笔记栏

一个心脏病患儿因气管插管、使用呼吸机近两周，考虑其可能已对呼吸机产生依赖，为避免骤然去除呼吸机可能发生呼吸困难的危险，她竟然一直在床边站立护理了四五个小时才完成患儿的脱机工作。

【问题】

(1) 请分析宋燕波的行为符合哪些护理伦理原则？

(2) 谈谈你从宋燕波的事迹中学到了什么？

【分析与解答】

(1) 宋燕波的行为符合护理伦理原则：救死扶伤，防病治病、实行社会主义人道主义、全心全意为人民身心健康服务伦理原则。服务，是医学职业的根本属性；服务，是“护士的首要职能，也是护士职业存在的理由”。医护人员要用自己所学全心全意为人民身心健康服务。“全心全意”意味着要摒除一切私心杂念和追名逐利的个人目的，而要用忘我的精神踏实工作、救死扶伤，在任何情况下都愿意为患者、向社会奉献自己的知识、技能、精力甚至生命；为患者服务，包含“身”“心”两个方面，既要防治生理上的疾病，又要防治心理疾患；既要防患于前，防病于中，又要临终关怀，帮助患者恢复身体上、心理上的正常和完美状态。

(2) 我们应该努力践行《中国医学生誓言》：健康所系，性命相托。当我步入神圣医学学府的时刻，谨庄严宣誓：我志愿献身医学，热爱祖国，忠于人民，恪守医德，尊师守纪，刻苦钻研，孜孜不倦，精益求精，全面发展。我决心竭尽全力，除人类之病痛，助健康之完美，维护医术的圣洁和荣誉，救死扶伤，不辞艰辛，执著追求，为祖国的医药卫生事业的发展和人类的身心健康奋斗终生。

二、不同护理岗位的伦理道德

（一）门急诊护士的道德要求

门诊、急诊是医院工作的第一线，也是医疗卫生事业和社会主义精神文明的窗口，护理工作质量的好坏，直接影响医院在社会和患者心目中的形象。因此，重视门诊、急诊的护理工作，提高门诊、急诊护理人员的道德修养，对维护患者健康和社会利益都有较大的益处。

1. 门诊护士的道德要求

(1) 热情接待、周到服务：门诊患者疾病缠身，往往紧张、恐惧和焦虑，对医院环境、规章制度的不熟悉以及患者的拥挤和环境的嘈杂，使患者更加难受。这时，就非常渴望得到医护人员的热情帮助。因此，门诊护士要充分理解患者，做到热情接待、周到服务，使患者有信任感、亲切感和温暖感，使他们得到尽快诊治。

(2) 作风严谨、准确无误：在治疗护理中，门诊护理人员必须尊重科学，实事求是，作风严谨，准确无误，严密观察治疗护理中的微小变化。护理工作中的任何疏忽，如发错药、打错针、血压、脉搏、体温测量不准，都有可能酿成大错，甚至危及患者生命。因此，护士工作要一丝不苟，十分谨慎，不能有任何粗心大意，始终把患者安全放在第一位。

(3) 密切联系，团结协作：门诊是个整体，各科室之间以及医生与护士之间密切联系、加强协作，建立良好的医际关系，才能提供最佳的医疗护理服务。在门诊各科室间的相互联系中，护理人员往往发挥着直接或间接的调节作用，以减少科室间的误会和矛盾，防止推诿患者，影响医患关系，引起不必要的医疗纠纷。

(4) 开展健康教育，创造优美环境：门诊是对候诊患者及其家属进行健康教育的重要场所，护理人员要充分利用好这个机会，积极地对候诊患者和陪伴家属开展健康教育。护士要加强对候诊患者的卫生宣传工作，传播卫生保健知识，提高其自我保健能力，养成健康行为，消除危险因素，防止疾病发生，增进健康质量。保持优美、清洁和安静的门诊环境，既有利于患者产生温暖、舒适的感觉，又有利于医护人员保持宁静、愉快的心情工作。创造一个优美、安静的就医环境，要靠医务人员

笔记栏

和患者的保持，门诊护士的责任之一是保持门诊环境的有序、清洁和安静。

2. *急诊护士的道德要求*　由于急症患者和急诊护理的特点，急诊护理人员除了应遵循门诊的伦理要求之外，还要遵循以下特殊伦理规范：

(1) 争分夺秒，全力以赴：在急诊工作中，患者病情危急，抢救要分秒必争。因此，急诊护士要牢固树立“时间就是生命”和“抢救就是命令”的观念。时刻突出一个“急”字，做到急患者之所急，尽量缩短从接诊到抢救的时间。争分夺秒，全力以赴抢救患者。要不怕吃苦、坚守工作岗位，时刻做好各项准备工作，养成准确、敏捷、冷静、果断的作风，配合医生做好抢救工作。

(2) 深切同情，周到服务：急诊患者大多是突然发病，缺乏思想准备，心理紧张、恐惧、痛苦不堪。护理人员要有痛患者之所痛，急患者之所急，理解患者和家属的焦虑和痛苦，给予亲切的关怀和帮助。护理人员在护理过程中要沉着、冷静、快速地进行救护，如测量和监控生命体征的各种数据，实施诸如止血、吸氧、静脉注射等救治措施，迅速建立起抢救环境，为患者提供周到服务。

(3) 灵活主动，尽职尽责：急诊护理要有灵活性、主动性。为了赢得抢救时间、挽救患者生命，急诊护士要从患者的利益出发，不失时机地给患者处理，不能借口等待医生而贻误病情，要根据病情及时给予洗胃、人工呼吸、胸外按摩、止血、输液等，并详细准确地做好抢救记录。

(4) 精诚团结，密切配合：有复杂病情的患者在抢救过程，往往需要几个临床科室的医务人员互相协作，共同完成。所有参与抢救的人员包括医生、护士、麻醉师、其他医技人员等都要精诚团结、密切配合、相互理解、相互支持，共同担负起抢救患者的重任。

(二) 手术室护士的道德要求

手术是外科治疗成败的中心环节，参与手术的护士肩负着保证患者生命安危的责任，必须有较高的道德要求。根据普通手术的护理特点，以及普通手术护理在术前、术中和术后的不同要求，护士应遵循以下伦理规范。

1. *术前的护理伦理规范*

(1) 优化环境，准备周全：手术治疗的顺利开展，需要护理人员为患者创造一个整洁、安静、舒适的手术环境。术前护理人员要做好准备工作，并严格按照操作规程进行，做到“八查”，即查对患者的姓名、性别、手术诊断、手术名称、手术部位、血型、科室、物品准备，以及其他一些必要准备，如手术前认真做好胃肠道准备，按时给患者术前用药，认真细致地做好护理记录等。

(2) 关心患者，缓解压力：不管是大手术或小手术，对患者来说都是件大事情。手术确定后，患者的心情往往很不平静，既盼望早日手术能尽快解除疾病痛苦，又惧怕手术的疼痛或后遗症。术前患者会出现一些焦虑或恐惧的心理反应，如坐卧不安、食不知味、夜不能眠等。护士应设身处地为患者着想，主动关心他们，缓解他们的心理压力。

(3) 知情同意，手续完备：相对于药物等治疗方式，手术治疗具有一定的损伤性和风险性，医疗机构在为患者施行手术前有向患者或其家属做好解释说明的义务。护理人员要协助医生做好患者知情同意的工作，全心全意为患者着想，正确理解和运用知情同意原则，履行好自己的职责，时刻关注患者的权益。

2. *术中的护理伦理规范*

(1) 保持肃静，安抚患者：安全、肃静的手术环境是做好手术的前提条件。护士要加强手术室的技术管理，严格遵守无菌操作技术规程，加强无菌监督，禁止闲杂人员进入手术室；手术过程中，护理人员说话声音要轻，不得谈论与手术无关的话题，以保持手术室的严肃与安静。手术室对于患者来说是一个陌生的环境，会陡然产生紧张感，对此，护理人员要充分理解、体贴、爱护患者，如主动搀扶患者上手术台；在使用约束带时，应向患者耐心解释，取得患者的理解与配合；手术中尽量满足患者提出的合理要求，使患者以良好的情绪配合手术。

笔记栏

(2) 操作熟练，一丝不苟：护理人员坚持原则，实事求是，一丝不苟，是保证手术室工作有效进行的关键。手术中，护士必须做到技术娴熟、反应敏捷、沉着冷静、果断细致。静脉穿刺要一针见血，争取一次成功；传递器械要眼明手快、准确无误；伤口缝合前要认真清点核对手术器械、手术敷料，以防手术钳、纱布、刀、剪、针等遗留患者体内。

(3) 团结协作，耐心解释：外科手术是一项综合性技术活动，需要参加手术的医护人员形成一个团结协作的整体，一切从患者的利益出发，一切服从“救死扶伤、治病救人”的大局。一方面，护士要尊重参加手术的其他医护人员，互相支持、密切配合，保证手术的安全、顺利进行；另一方面，护士要理解患者家属的焦急心情，及时向家属通报手术进展情况，耐心回答他们的疑问。

3. 术后的护理伦理规范

(1) 严密观察，勤于护理：患者从手术室回到病房前，护士就应该准备好床单位和必要的药品、氧气和器械等。患者回到病房后，护士要迅速了解患者的手术过程，立即测量患者的各种生命体征，检查伤口的包扎和渗血情况，检查各种引流管是否通畅等。同时，要准确执行术后医嘱，严密观察患者，遇到紧急情况时，应机智果断，在力所能及的情况下及时处理。

(2) 减轻痛苦，加速康复：手术后，患者伤口疼痛或身上的各种引流管会影响患者的正常活动和饮食，术后某些生理功能的暂时丧失会引起患者的焦虑心理问题。因此，术后护士应体察并理解患者的心情，勤于护理，从各个具体环节来减轻患者的疼痛：如及时镇痛，对患者进行耐心解释，讲解术后早活动、翻身、排痰等对防止肠粘连、褥疮、肺部感染等的重要作用，帮助患者早日康复。

（三）重症监护室护士的道德要求

重症监护室(intensive care unit，ICU)是集中多专业的知识和技术，对危重症患者进行病情监测和积极治疗护理的部门。ICU工作的特点是疑难危重患者集中，患者病情变化快，护理要求高，护士工作负荷重，对ICU护士的道德要求有以下几点。

1. 审慎果断，精益求精　ICU患者的病情复杂多变，护士必须头脑机敏，分析各类监测数据，对病情的发展判断要准确仔细，及时发现病情的变化，以防延误抢救时机，护理过程中也要特别谨慎，果断采取各种应变抢救措施。此外，ICU护士使用的大多是高科技设备，患者的病情大多涉及多个学科，因此，护士必须自觉地不断学习新知识、新技术，不断提高自身的专业素养，熟练掌握各项技术操作和各种仪器的使用，增强分析问题和解决问题的能力。

2. 体贴关怀，理解家属　为了治疗的需要，ICU患者家属无法时时陪伴，探视时间也较短，再加上治疗环境设备众多，报警声不断，患者常产生孤独、焦虑、恐惧的情绪，护士在护理过程中应该细心，及时发现患者的心理需求，加强沟通和安慰，施行各项操作前也要做好解释工作，语言应温和。若患者因气管插管等原因导致语言沟通障碍时，可采用抚触、手势，卡片等非语言沟通技巧了解并满足患者的需求。此外，护士要尊重理解家属，及时将患者的病情变化转告家属，并倾听诉求，耐心解惑。

（四）护士与医务人员关系的伦理道德

护理活动是以患者为中心的群体活动，在这项活动中，护士除了要承担基本的护理实践活动外，还需协助完成各项诊疗和辅助检查工作，这就要求护士需要与其他医务人员建立良好的人际关系。

1. 护理人员之间关系的伦理规范　护理人员之间的关系，是指在护理活动中，护理人员之间所发生的关系，包括同一科室内的护理人员之间、与其他科室护理人员之间以及护理上下级之间的关系。护士在处理这些关系时必须遵循以下伦理要求：

(1) 互相尊重，互帮互学：护理人员之间工作目标一致，彼此之间要相互尊重。全体成员只有相互尊重，相互学习，相互帮助，取人之长，补己之短，才能营造融洽的工作氛围。有经验的护士帮、带年轻护士或实习生；年轻护士或实习生应该尊重年长护士，虚心学习诚恳请教。

(2) 团结协作，密切配合：医务人员只有一切从患者利益出发，密切配合，团结协作，才能提高诊疗效果。如果没有全体医务人员的协作，医疗机构就难以构成一个有机的整体。团结协作，密切配合是完成医疗任务、提高医疗质量的关键。

(3) 谦逊礼貌，求同存异：在医疗实践活动中，由于思想观念、工作方法、学术观点、业务专长、

笔记栏

为人处事等方面都有各自的特点，同事之间会有许多矛盾产生，这就需要我们在工作中正确处理好人际关系，真正做到求大同、存小异。一旦工作中发生矛盾后，要本着谦逊礼貌、互谅互让、妥善解决，绝不可目中无人，唯我独尊，影响和谐护际关系。

（4）分工明确，各负其责：护士之间不仅要团结协作，而且也强调明确分工、各负其责。只有分工负责，不同责任的护士才能在自己的岗位上有条不紊的开展工作，才能确保每一个环节都有人坚守岗位，恪尽职守的做好自己的工作。

2. *护理与医生之间关系的伦理规范*　医疗和护理是整个医疗过程中两个并列的要素，两者同等重要，缺一不可。只有医生和护理人员协同工作，才能满足患者的需要。

（1）尊重与信任：尊重与信任是建立和谐医护关系的前提。医生和护士虽然分工不同，但地位是平等的，工作目标是一致的，要充分认识对方的作用，尊重彼此的工作，履行各自的职责。护士直接接触患者，观察病情变化，要积极提供翔实的病情变化信息，协助医生快速、准确地做出病情判断，认真执行医嘱。医生应当重视、信任并尊重护士的角色作用，尊重护士的劳动并重视护士提出的建议和反映的情况，积极支持护理工作。

（2）协作与配合：协作与配合是完成医疗护理工作的基础。医生根据患者病情提出诊断和治疗方案以医嘱形式表达出来，医嘱需要护士的执行才得以实施和落实。护士护理方案的制定与实施也与诊疗效果是密不可分的。在完成医疗任务过程中，医护双方需要不断交流信息，只有医护相互交流协作，密切配合互补，才能形成融洽的护医关系。

（3）制约与监督：护医双方还存在着制约与监督的伦理要求。护医双方为了共同维护患者的利益，防止差错事故的发生，必须相互制约、彼此监督。护士不能机械简单地执行医嘱，而应当能动地执行医嘱，一旦发现问题，应本着对患者负责的态度，及时向医生提出。同样，医生对护士的服务质量与服务态度存在问题，也应善意地指出。为了维护患者的利益，防止差错事故的发生，在诊疗、护理过程中，双方有责任互相提醒和监督。

3. *护士与其他医务人员关系的伦理规范*　护理人员在医院中还要与院内其他人员有合作关系，如医技人员、行政人员、后勤人员等。护理工作的正常运转，需要这些人员的密切配合与支持。

（1）团结互助，合作共事：护理人员与医技人员接触频繁，如送检标本、领取药品、协助患者做特殊检查等，都需要医技科室人员密切配合和大力支持。病房中的水、电、暖气、空调维护和物质供应方面的问题，也需要后勤部门的协助。所以，护理人员必须了解各医技科室、后勤保障部门工作的特点和规律，主动与有关医技科室、行政、后勤人员密切协作；医技科室人员也必须为诊疗、护理提供及时的服务。双方本着团结互助、合作共事的原则，共同为患者的健康服务。

（2）真诚相待，互相体谅：护理人员与医技人员和后勤人员的地位是平等的，彼此要相互尊重，真诚相待。双方应相互尊重彼此的专业工作、通力合作，互相理解。当出现问题时，护理人员、后勤人员及医技人员要首先从自己工作中找漏洞，分析原因，找出协调解决问题的方法，通过最佳的配合，完成医疗护理工作任务，达到最佳的治疗目的。

三、临床护理的伦理道德

（一）基础护理的道德要求

基础护理是临床各专科护理的基础，做好基础护理工作有利于提高护理质量，实现护理目标。因此，在基础护理工作中，护理人员一定要遵守基本的临床护理道德规范。

1. *忠诚本职，敬业爱业*　护理事业是一项平凡而崇高的事业，作为护理人员应充分认识护理工作的性质和意义，担负起自己神圣的使命，热爱本职工作、忠于护理事业，为提高基础护理的技术和理论水平不懈努力。

笔记栏

2. *工作负责，认真细致*　在基础护理工作中任何疏忽和处理不当，都可能带来患者的痛苦、伤害甚至死亡。因此，护理人员工作时需高度负责、周密谨慎，从而避免医疗护理事故的发生。

3. *审慎勤勉，操作规范*　护理人员在执行基础护理的各项技术操作中，必须严格遵守操作规程，认真规范、一丝不苟，一切草率行为，都可能导致护理事故的发生，都是缺乏道德责任的表现。

4. 密切团结，互助协作　护理人员在做好基础工作的同时，也要为基本诊疗工作提供必要的协助。因此，护理人员在工作中应具有团结协作的意识，主动与其他医务人员沟通协调、密切配合，共同完成护理任务、促进患者康复。

（二）整体护理的道德要求

整体护理是以现代护理观为指导，以护理程序为核心，将护理临床业务和护理管理的各个环节系统化的护理工作模式。在整体护理中，护士应遵循以下道德要求。

1. 要有善于独立思考的主动性　整体护理是按照护理程序的工作方法，护士需要接触患者，深入地了解和评估患者的全面情况，在此基础上作出护理诊断和制定护理计划，并且根据护理计划去实施有关的护理措施、作好护理记录，最后作出护理效果的评价。以上过程要循环往复，这都需要护士有独立思考的主动性和自主性。

2. 要具有勇于承担责任的自觉性　在整体护理中，医生和护士从两个不同侧面直接对患者负责：医生从疾病的发生、发展、病因、病理以及诊断、治疗的角度对患者负责；护士从患者的行为表现等角度作出独立的诊断，制定实施计划，采取护理措施等，也要独立的承担责任。因此，护士必须有承担责任的自觉性。

3. 要具有努力刻苦钻研的进取性　整体护理使护理工作的重点从疾病护理转向以患者为中心的全面护理，从而带来了护理领域中的一系列变化，护士不再是被动地、单纯地执行医嘱和各项护理技术操作，而是更全面、更系统地了解患者的整体状况，这对护士提出了更高的要求，需要护士不停地刻苦钻研，更新知识才能胜任现代的整体护理工作。

（三）心理护理的道德要求

心理护理是基础护理和专科护理的主要内容，是运用医学心理学的理论作指导，采用一系列心理护理措施去影响患者的感受和认识，改变患者不正常的心理状态和行为，使之有利于疾病的康复。这不仅要求护理人员加强自身素质的培养与锻炼，还需遵循以下心理护理道德规范。

1. 以高度责任心把握患者心理问题　从健康人到患者的角色改变，使患者出现不同程度的适应不良，面对因疾病而产生心理困惑的患者，护理人员应有高度责任心。及时了解患者心理问题，帮患者排忧解难。

2. 以高度的同理心满足患者心理需要　由于年龄、性别、病情、病程、个体反应等方面的不同，患者心理状态和心理需求也会不同。护理人员应以高度的同理心，根据患者的具体情况开展个体化心理护理，了解患者的病情、家庭、社会状态和心理活动，尽可能满足每位患者的个性化的心理需求。

3. 努力营造适合患者康复的环境　病房和病区是患者住院期间治疗和生活的场所，病房的环境和秩序对患者的疗效和康复有着直接影响。护理人员应以高度的事业心、责任感和爱心为患者营造一个良好的病房环境，以利于心理护理的实施和患者的治疗与康复。

4. 科学地保护患者的隐私　患者如信任护理人员，就会把困扰自己的心理问题倾诉出来。护理人员可以针对困惑和问题及时进行心理干预，帮助解除问题。护理人员要尊重患者的人格和尊严，科学严守患者的秘密和隐私。但一旦发现患者有自伤或伤人倾向等时，要转告其家属或他人，对患者和他人负责。出现不良的诊断、进展、预后及治疗过程中的问题等要采取保护性护理。

（四）护患双方的权利和义务

护患双方的权利和义务是护理伦理学的基本范畴，也是建立和谐护患关系的重要保障，在护理活动中，明确护患双方的权利和义务无论对于建立良好的护患关系还是对于改善护理质量都具有极其重要的意义。

1. 护士的权利和义务　护士的权利是指护理人员在护理活动中所拥有的正当权利和利益，护士的义务是指护理人员在护理活动中应当履行对社会、集体和他人的道德责任。

笔记栏

（1）护士的权利

1）履行护理职责的权利：为履行职责，护士有权在注册的执业范围内实施护理诊断和治疗，获得与疾病诊疗、护理相关的信息。因此，护士必须充分了解患者的疾病信息、治疗方案、检查结果，在此基础上制订并完成患者的护理计划，完成对患者的治疗、护理、观察、康复和照顾的职责。

2）安全执业的权利：护士在执业活动中拥有人格尊严，人身安全不受侵犯，这既是护士的法律权利，也是护士的道德权利。如果发生护患纠纷，患者一方应该按照合法的途径和程序解决，保证护士的人格尊严和人身安全不受侵犯。

3）维护个人正当权益的权利：这主要包括：① 取得工资薪金等合理报酬的权利；② 参加学习、培训的权利；③ 获得表彰、奖励的权利；④ 劳动保护的权利；⑤ 批评建议权等。

4）护士的特殊干涉权：特殊干涉权是指护士在特殊情况下，限制患者自主权的行使，以确保患者自己、他人和社会的正当权益不受侵犯的权利。当然，特殊干涉权不是任意行使的，只有在特殊情况下实施才有效，比如精神病患者、企图自杀者。

（2）护士的义务

1）进行临床专业照护：履行护理职责既是护士的权利也是护士的义务。专业照顾有别于生活照顾，它是护士基于专业知识和技能的基础上，保证患者生命健康和安全。

2）紧急救治患者：护士在护理活动中，遇到患者病情危急，应当立即通知医师；在医师未到场时，紧急情况下为抢救垂危患者生命，应当先行实施必要的紧急救护，为医师的进一步施救做好准备工作。

3）正确执行医嘱：执行医嘱是护士保证患者治疗效果和医疗安全的最重要的措施。一般情况下，护士应严格执行医嘱，不得随意篡改或无故不执行。若护士依自己的专业水平发现医嘱违反法律、法规、规章或者诊疗技术规范规定的，应当及时向开具医嘱的医师提出，经沟通取得一致意见后再执行。

4）保护患者隐私：护士应当尊重患者，保护患者的隐私。由于治疗护理工作的需要，护士在工作中可能会接触到患者的一些隐私。护士有责任和义务保护患者隐私，不使随便泄露。这既是护士职业道德层面的要求，也是法定义务的要求。

5）参加应急救护：发生自然灾害、公共卫生事件等严重威胁公众生命健康的突发事件时，护士应当服从上级安排，克服困难，参加医疗救护，向社会奉献技术和爱心。

6）正确书写护理记录：护士有义务及时正确书写包括护理记录在内的病历资料，保证治疗护理病历内容客观、真实、完整，对病历要实施科学管理。

7）发展护理科学：为消除疾病对人类的困扰，增进人类健康水平，护士需研究新的护理手段、护理方法，这就需要护士具有求实和奉献的科研精神。

2. 患者的权利和义务

（1）患者的权利：患者的权利指患者在接受医疗护理过程中应该享有的利益和可行使的权力，可分为法律权利和伦理权利。患者的权利主要包含以下几个方面。

1）生命健康权：生命健康权是公民最基本、最重要的人身权。患者同样应享有生存权、恢复健康和增进健康的权利。因此，任何医疗机构和医护人员都不得拒绝患者的求医要求，否则将承担一定的法律责任乃至刑事责任。

2）平等的医疗护理服务的权利：任何患者在接受医疗护理服务时，享有平等的医疗护理服务享有平等的医疗卫生资源。这是我国《宪法》赋予每个公民的基本权利。因此，护理人员在给予医疗护理服务的过程中，应该对患者一视同仁，平等相待。

3）知情同意权：知情同意权指患者对医护人员给予自己的诊断治疗护理方案有了解知情的权利，并在此基础上有自主决定接受或拒绝该项诊疗护理方案的权利。患者（家属或关系人）在完全了解自身疾病的诊断、治疗方案、预后和风险等情况的基础上，自主决定接受或拒绝该项诊疗护理方案。选择的医疗护理方案并取得同意和签字后，各种医疗护理计划才可以执行。未经患者同意的治疗，原则上就构成了侵权行为。

4）隐私权：我国《医务人员医德规范及实施办法》《中华人民共和国护士管理办法》都要求医疗护理人员在服务过程中，要实行保护性医疗，不得泄露患者的隐私和秘密（但是法律明文规定的除外）。

5）监督权：患者可以对医院的医疗护理、管理、保障、医德医风等各方面进行监督、评价。一旦患者发现自己的权利受到侵犯，有权向医院及施加损害的医护人员提出质疑和批评，寻求适当的解释。

6）诉讼和获得赔偿权：在医疗活动中，如果医疗机构及其工作人员因行为不当，给患者造成人身损害后果时，患者有通过正当渠道获得赔偿的权利。

7）有获得社会支持和帮助的权利：患者因疾病或多或少地影响正常生理功能，从而使其承担社会责任和义务的能力也有所下降。在获得医疗机构合法的诊断书或鉴定书后，有权依据病情的轻重和性质，暂时或长期不承担相应的社会责任和义务，并获得休息和享有一定的福利的权利。

（2）患者的义务：患者在享受上述权利的同时，必须履行一定的义务，保障医疗护理工作的正常开展。

1）积极配合治疗和护理的义务：患者接受医疗护理过程中应尊重医护人员的执业自主权，积极与医护人员合作。如实回答医护人员的询问，详尽真实地提供病史，配合完成医疗护理等。

2）遵守医疗机构的规章制度的义务：医院各项规章制度是保证医疗秩序，提高医疗质量的必要措施，医护人员和患者家属都需要自觉遵守。如患者在医院要保持清洁、安静，不在公共场合抽烟，不损坏公共设施，减少探访等。

3）保持和恢复健康的义务：维护身体健康是患者的权利，也是患者的义务。现代医学证明，许多疾病的产生和发展与人们的生活方式和生活习惯有密切关系，如抽烟、酗酒、熬夜、暴饮暴食等。因此，患者有选择合理科学的生活方式，养成良好的生活习惯，为自己保持健康和恢复健康负责。

4）按时、按数支付医疗费用及其他服务费用的义务：接受治疗、护理需要承担一定的治疗、护理费用，患者不应以任何借口拒付医疗费用。但遇到危重患者时，允许先抢救后交费，或在事后及时补交医疗费用。

5）支持医学科学发展的义务：医学科学的发展，离不开医学科学的研究。患者有义务在不伤害自己的情况下，经自愿、知情同意，配合医护人员开展科研、教学、预防等活动。

四、特殊患者护理的伦理道德

特殊患者护理是指对各种特殊的患者进行的护理，如儿童、老人、孕产妇、传染病患者和精神病患者等。由于上述护理对象的特殊疾病特点和护理方法，要求护士除遵循一般伦理学的规范外，还需遵守特殊的道德要求。

（一）儿科患者护理的道德要求

1. *要有一颗慈母般的心*　患儿住院后，生疏的医院环境、陌生的医务人员和疾病引起的痛苦等，都会使患儿产生紧张、恐惧心理。这种心理会造成其与医务人员不合作，护士在护理时，态度要和蔼，说话要温和，表情要亲切，要像父母一样接近他们，关心、体贴和照顾他们的一切。如在床边和他们玩一玩，逐渐和他们建立感情，让他们适应新的环境。对懂事的孩子除了治疗外，要丰富他们的生活内容，如组织讲故事、游戏、美工、看书学习，晚上收看适合儿童心理的电视节目等。

2. *要严密观察病情，细心护理操作*　患病的婴幼儿不会自诉病情，大一点的患儿虽能自诉，但理解能力、表达能力差，往往不能完整、准确地诉说自己病状的过程和细节。因此，儿科护士应做到观察严密病情，细心进行护理操作。护士在询问患儿病情时要循循善诱，同时要耐心听取家长陈述；在体格检查时，因患儿惧怕生人，往往哭闹不予合作，护士要善于转移患儿的注意力，应耐心地边哄边查，动作要细致且轻快、准确；对于住院患儿，护士要经常巡视病房，勤观察，细检查，注意孩子的精神状态、体温、脉搏、呼吸、吸吮能力、大便性状、啼哭的声音等，这些往往是疾病变化的先兆

笔记栏

或征兆。

3. 要有治病育人的责任感　孩子患病，牵动家里几代人的心，家长担心出危险，急切地希望医务人员治愈疾病。护理人员要意识到所肩负的责任，要理解家长的心情，急家长所急，以良好的态度赢得家长的信任和合作。另外，护理人员还应当重视自己的言谈、举止、行为、作风对患儿道德品质形成的影响，处处要为患儿师表。对哭闹不合作的孩子，不能借操作机会发泄自己的怨恨或进行惩罚，也不能进行恐吓或哄骗。要运用儿童心理学、儿童教育学的理论和方法去教育培养患儿，使他们在接受良好的医疗护理的同时，受到良好的道德熏陶。

（二）老年患者护理的道德要求

1. 真诚尊重，爱岗敬业　尊老敬老是中华民族的传统美德，更是护理人员高尚职业道德的重要体现。在老年患者的护理工作中，要模范遵守道德规范，心怀仁爱，爱岗敬业，关爱老年人。

2. 充分理解，精心护理　老年患者容易产生孤独、焦虑、忧郁、多疑等各种不良情绪。护理人员对老年患者要充分理解。做好护理工作的同时，要给予老人更多的关心和帮助。

3. 认真工作，严格履职　护理人员对老年患者要明察秋毫，审慎处置。各项护理操作要严格规范，符合工作流程，护理诊断和措施要恰当，对患者要进行周到细致的护理，如帮助老年人定时定量服药，加强用药指导，维护用药安全。

4. 不断学习，完善提高　医护人员要加强学习，掌握老年人安全风险管理及治病急救的策略及标准，研究老年患者的生理、病理、心理特点及病情、治疗方案、护理措施，以高超的技术做好老年患者的护理工作。

5. 护教结合，合理保健　科学的生活方式可预防老年病的发生与发展，护理人员要制订老年健康教育计划，积极开展住院期间的健康宣教工作和出院指导，向老年患者传授防病治病的知识，做到护教结合。

（三）妇产科患者护理的道德要求

1. 要尊重关爱，保护患者隐私　妇产科护理人员要尊重患者的人格和权益，保护隐私。做妇科检查时，环境要适宜、态度要严肃、行为要庄重，操作力求轻柔。护理工作中涉及患者隐私的，只要无碍于诊疗，不用过多询问，患者就医时吐露的隐情、私事，不得向他人随意泄露。

2. 要有细心观察、冷静果断的作风　妇产科观察的项目比较多，护理人员要仔细并且不怕麻烦。产科疾病有变化急剧的特点，如妊娠合并心脏病患者突然发生心力衰竭，过期妊娠患者突然胎心不好，前置胎盘和胎盘早剥患者突然大出血，先兆子痫患者突然发生抽搐等。护理人员对上述患者要严密观察，同时做好充分准备，防止措手不及。

3. 要有对患者、对社会有高度责任感　妇产科护理质量的优劣，除直接关系到患者本人的生命安危外，还涉及第二代的心身健康。故而，妇产科诊断、治疗和护理必须十分谨慎，任何疏忽、拖延和处理不当，都会给母婴、家庭以及社会带来不良影响。护理人员必须意识到自己对患者、对社会的责任，要以高度的责任心做好妇女和孕妇保健，确保母婴安全。

（四）传染病患者护理的道德要求

1. 重视消毒隔离　医院传染病区集中了各类传染源，稍不慎就会将传染病传播出去。因此，护理人员要做好消毒隔离工作，防止交叉感染。

2. 注重心理护理　传染病患者在被隔离后，常出现失眠、抑郁、情绪不稳等症状，有的表现为情绪冲动、态度粗暴，甚至不配合治疗。护理人员要以人道主义精神，进行有效沟通，注重心理护理，营造轻松氛围，帮助患者树立信心。

3. 预防为主，承担社会责任　烈性传染病传播快，对社会危害大。护理人员要坚持预防为主，承担社会责任。强化防范意识，做到早发现、早报告、早隔离、早抢救治疗，履行相应的法定义务和护理伦理要求。

笔记栏

（五）精神科患者护理的道德要求

1. 尊重患者权利　精神疾病患者可能会发生一些病态、异常的言行，有时会做出伤害护理人员和阻碍护理工作的事情。护理人员要予以理解，充分尊重患者的人格，遵守职业道德，保护患者应享的权利，体现护理工作的人道主义精神。

2. 适时约束保护　精神病患者的护理管理较难，患者反复无常，病房存在着潜在危险。有些患者有自伤、自杀、妄想行为，突发事件难以预料，一定要严加防范。为避免伤害发生，必要时可采取强迫治疗或行为控制等约束措施。

3. 保守隐私秘密　精神病患者的病史往往涉及患者的隐私和秘密，患者在患病或恢复期，本人及亲属都不愿泄漏病情。所以，护理人员要尊重患者的人格，采取保护性措施，保守隐私秘密。

五、临终关怀的伦理道德

（一）临终关怀的含义、特点

生老病死是一个自然过程，护理人员要本着人道主义精神，呵护生命的全过程，对临终患者进行关怀。针对临终患者所处不同阶段采用不同的护理方案，遵守相应的道德规范。

1. 临终关怀的含义　临终患者是指医学上已经判定在当前医学条件下治愈无望、估计在短时间内到几个月将要死亡的患者。临终关怀是指由社会各层次人员组成的团队向临终患者及其家属提供包括生理、心理和社会等方面的全面性支持和照顾，又称为善终服务、安息护理。

2. 临终关怀的特点　临终关怀收治的主要对象是临终患者，不以治疗疾病为目的，而是以减轻症状、支持疗法和全面照护为主；不以延长患者的生命为目的，而以提高生存质量、维护患者的生命尊严与价值为主；不仅注意患者的躯体痛苦，更注意心理关怀和社会支持；不但关怀临终患者，对其家属也予以慰藉和居丧照护。

（二）临终关怀的伦理道德

护理人员在护理临终患者时应遵循以下原则。

1. 以护理照顾为主的原则　不以延长生命为目的，而以减轻身心痛苦为宗旨。对临终患者要采取控制疼痛与不适，缓解心理压力，姑息性治疗护理等措施。护理目标从治疗疾病转为对症处理。

2. 尊重生命的原则　临终关怀中强调尊重生命的原则，护理人员应维护并尊重患者的权利和尊严。在患者生命的最后阶段，个人尊严不应该因生命力降低而被忽略，个人权利也不可因身体衰竭而被剥夺。

3. 提高生存质量的原则　护士要为临终患者提供优质的临终服务，让临终患者在有限的生存时间内，感受到关怀，提高其生存质量。

4. 重视心理支持的原则　临终是人生旅途的最后阶段，此时患者心里十分复杂，护理人员应与患者及家属进行有效沟通，对临终患者及家属进行心理疏导，及时发现患者的心理需求并提供支持。

第二节　护理科研中的伦理道德

一、护理科研的道德规范

护理科研是现代护理发展的重要组成部分。护理科研道德是实现科研目标的基础和灵魂。科研工作者只有具备高尚的护理科研道德，学识才能得以充分发挥。

（一）护理科研道德的含义及作用

1. 护理科研道德的含义　护理科研是护理人员为提高人类的健康水平，就护理理论和实践而开展的护理科学领域的研究与探索，以此提高护理技术水平、促进人类健康。护理科研的基本任

笔记栏

务是认识和揭示疾病的发生、发展和转归的过程，为制订护理方案提供有效措施和方法。护理科研道德是护理科研工作者在参与临床医疗科研和护理科研中应遵循的道德准则和规范。

2. 护理科研道德的作用　护理科研道德有以下作用：① 引领护理科研健康发展。高尚的科研道德是确保护理科研成功的前提，崇高的护理科研道德引导研究者正确把握研究方向，坚持实事求是的科研作风，促进护理科研健康发展。② 推动护理科研团结协作。护理科研道德能够使研究者要端正科研动机，正确评价自己及他人，取长补短、各学科间团结协作，共同完成护理科研任务。③ 促进护理科研人才培养。护理人员只有具备良好的科研道德，才能自觉地把为人类造福作为护理科研的宗旨和目标，真正成为研究型护理人才。④ 规范护理科研评价标准。护理科研工作者须以科研道德为标准，先考虑科研成果的道德意义，再考虑科研成果的价值，时刻把患者的利益和社会利益放在首位。

（二）护理科研的道德规范

1. 目的明确，动机端正　护理科研的目的是为了反映、揭示、认识人类生命、健康、疾病及其防治的本质及规律，寻求增进健康、预防疾病、减轻痛苦的途径和方法，提高人类的生活水平和质量。护理科研工作人员科研行为的动机和目的都要端正，以人类健康利益为第一目标。

2. 尊重科学，严谨求实　护理科研工作要对人类的健康和社会的发展负责，所以必须尊重科学、实事求是。遵循事物发展的客观规律，实事求是按科学规律办事，不弄虚作假、不欺世盗名。不论是在准备阶段中的科研选题，实施中的科研方法，还是成果阶段中的应用，都应该坚持尊重科学、严谨求实的道德原则。

3. 尊重同道，团结协作　护理科研工作者要尊重同行，发展民主学术作风，在自由、公正的同行学术竞争中不断进步，不断提高自己的学识；另外，现代医学科研分工越来越细，团结协作已成为现代医学科研的重要形式，护理科研工作者要积极开展学科间的协作配合，在合作中与同行相互沟通、相互支持、这样才能充分发挥个人专长和集体智慧，以取得最佳的研究成果。

4. 不断求索，献身科学　护理科研的实质是不断地发现、发明，不断地增长新知识，建立新理论，发明新方法，揭示新规律。因此，护理科研工作者必须有不断探索的精神。科研探索是一个漫长、曲折的过程，会遇到各种难以想象的困难、险阻和挫折，甚至会有生命危险，面对各种困难和阻力，科研工作者要不怕危险、挫折、嘲笑和打击，始终坚信真理、绝不动摇。

5. 善待成果，善用成果　护理科研伦理道德提倡研究者在取得成果后正确对待科研成果所带来的利益和荣誉。科研伦理道德要求每一位科研工作者在荣誉面前表现出高尚的谦虚精神。对待科研成果不得盗名窃誉，不得剽窃他人成果据为己有。

二、护理科研中的越轨行为与防范

科研道德规范是从事护理科研的准绳，然而，有些研究者受利益驱动，无视科学研究中的道德规范和伦理要求，表现出科研越轨行为。科研越轨行为是指学术界中违反科学家共同承认的行为准则和价值观念的不端行为。在研究过程的所有阶段，如数据的采集、记录、分析、解释、共享和贮存，成果的公开和评价等，都应坚持客观、公正、诚实的原则，防范科研越轨行为。

（一）科研选题与申请立项中的越轨行为与道德要求

1. 选题与申请立项的越轨行为　① 功利心强，对自己有利的科研课题趋之若鹜，而对无名利、无兴趣、难突破或经费有限的课题弃之不顾；② 为了增加立项通过的可能性，杜撰编造课题前期研究基础，夸大科研项目的理论意义和实用价值；③ 虚报实际业绩或窃取同行的申请方案等。

2. 选题与申请立项的道德要求　① 选题要符合国家和人民的利益，符合医学的发展及要求，选择为患者谋福利的科研课题；② 选题要有新颖性和可行性，勇于超越，不可墨守成规，要高瞻远瞩，项目申请时要以客观事实为依据，提供的材料真实可靠。

笔记栏

（二）科研实施过程中的越轨行为与道德要求

1. 科研实施过程中的越轨行为　① 科研设计欠合理，违反科学性；② 在征得受试者同意时，采用欺骗、诱惑或强迫的手段；③ 科研经费使用不当；④ 编造，篡改或拼凑数据，夸大或捏造实验观测结果。

2. 科研实施过程的道德要求　① 课题设计要按照护理科研设计的原则来进行，保证实验的严格性、科学性、合理性；② 遵循受试者知情同意原则，做好安全保密措施；③ 制定科研经费的管理和监督制度；④ 客观分析实验所得的各种数据，杜绝主观臆造。

（三）科研论文发表中的越轨行为与道德要求

1. 科研论文发表中的越轨行为　① 吸取和应用前人或他人的劳动成果时，不按要求注明出处；② 论文署名时未依据研究贡献大小安排次序；③ 论文一稿多投，或将自己用过的材料改头换面，另投他刊；④ 抄袭窃取他人成果或剽窃他人的论文；⑤ 为发表文章疏通门路，请客送礼，甚至买卖文章。

2. 科研论文发表的道德要求　① 护理科研论文或著作的撰写，都要以真实的研究为基础；不可盗用他人成果；② 尊重他人劳动成果，引用他人研究成果或著作时，应注明文献出处；③ 依据论文贡献大小的实际情况安排署名顺序，未参加者不应享有科研成果；④ 严格规范论文发表程序，杜绝剽窃和杜撰科研论文等不正之风。

（四）科研成果鉴定与应用中的越轨行为与道德要求

1. 科研成果鉴定与应用中的越轨行为　① 科研成果进行同行鉴定时，只聘请关系亲近的，同自己观点一致的评议人，或用各种手段收买评议人；② 评议人由于偏见或利益冲突，刻意贬低或夸大研究价值，做出不切实际的评议结果，评议不符合实际；③ 未经严格检验或同行评议，即通过新闻媒介对科研成果加以夸张的宣传，以便快速获取直接的经济利益或荣誉。

2. 科研成果鉴定与应用的道德要求　① 在科研成果鉴定和应用中，评议双方应不谋私利，坚决杜绝不正之风；② 科研人员应提供真实可靠的资料，供评议方调查研究，严防杜撰，夸大宣传；③ 严格科研纪律，健全科研管理机制，认真把关，设立奖罚机制。

第三节　跨文化护理伦理道德

一、宗教与护理伦理道德

宗教是人类历史发展到一定阶段而产生的文化现象。作为一种社会意识形态，宗教的特点是人们除相信社会现实之外，还相信存在着超自然、超社会的神秘力量或实体，人们对其及其敬畏和崇拜，并且从事一些相关的宗教信仰及仪式活动，世界上宗教种类繁多，其中，信仰人数众多，地域分布较广的有基督教、伊斯兰教及佛教，被称为世界三大宗教。在多元文化的前提下，护理工作面对宗教信仰者出现的最突出的问题伦理问题是一些护理活动与患者宗教信仰的冲突。为了保证患者的权益和护理活动的正常运行，在面对有宗教信仰的患者时，护士要遵守以下道德规范。

（一）尊重信仰

1. 以高度责任心把握患者心理问题　从健康人到患者的角色改变，使患者出现不同程度的适应不良，面对因疾病而产生心理困惑的患者，护理人员应有高度责任心。及时了解患者心理问题，帮患者排忧解难。

2. 以高度的同理心满足患者心理需要　由于年龄、性别、病情、病程、个体反应等方面的不同，患者心理状态和心理需求也会不同。护理人员应以高度的同理心，根据患者的具体情况开展个体化心理护理，了解患者的病情、家庭、社会状态和心理活动，尽可能满足每位患者的个性化的心理需求。

3. 努力营造适合患者康复的环境　病房和病区是患者住院期间治疗和生活的场所，病房的环境和秩序对患者的疗效和康复有着直接影响。护理人员应以高度的事业心、责任感和爱心为患者营造一个良好的病房环境，以利于心理护理的实施和患者的治疗与康复。

笔记栏

4. 科学地保护患者的隐私　患者如信任护理人员，就会把困扰自己的心理问题倾诉出来。护理人员可以针对困惑和问题及时进行心理干预，帮助解除问题。护理人员要尊重患者的人格和尊严，科学严守患者的秘密和隐私。但一旦发现患者有自伤或伤人倾向等时，要转告其家属或他人，对患者和他人负责。出现不良的诊断、进展、预后及治疗过程中的问题等要采取保护性护理。

（二）帮助患者调整心理反应

患者知悉自己所患疾病后，会产生一些不良的心理反应，护士应针对患者的患病情况，根据其宗教信仰和科学知识因势利导，指导并帮助其建立恢复健康的信心，适时调整患者的心态。

（三）满足患者的生活需要

护士应尽量为患者的信仰提供方便，比如，与素食主义者商量制定合理的饮食计划，为信仰伊斯兰教的穆斯林提供清真食品等；尽量合理安排护理服务与宗教活动，若时间发生冲突，应提前告知患者，商量合适的计划；在患者礼拜前为其做好“小净”“大净”，更换干净衣服，甚至床单，在其礼拜时护士态度要庄重严肃，不要打断礼拜过程等。

（四）处理好宗教活动和病房管理之间的矛盾

患者的宗教活动有时会与护理活动发生矛盾，这就要求护士在制定护理计划时要先了解其信仰，并充分考虑其宗教信仰的要求，比如，基督教信徒提供护理服务时，要错开其祷告时间，教友来探望并做弥撒时，为其提供方便等。

二、价值观与护理伦理道德

价值观是人们关于什么是价值，怎样评判价值及如何创造价值等问题的根本观点，它反映了一定社会一定时代一定环境下的人们的价值取向，每个个体、专业、社会都有其特定的价值观，人们会根据自己对世界、对人生、对社会的理解和认识，形成相对固定的特定的价值评价标准。价值观的形成必然会受到其主体所处的社会政治、经济、文化的影响，因此不同的个体可以有不同的价值观念，价值观念的多元化是当代多元化社会的产物。在护理实践活动中，有时会不可避免地与多元化的价值观相冲突，在处理这些冲突时，护士要遵循以下道德规范。

1. 尊重差异，学会宽容　价值观有时会直接影响护理行为的决策及实施，对与自己的价值观不同的患者及家属，护士应该予以理解和尊重。任何人的价值观念都不是一朝一夕形成的，别人无权也往往无力干涉或改变，面对多元文化背景的患者，护士唯一能做的是理解、尊重和宽容。

2. 沟通协调，患者根本利益至上　作为护士，护理专业价值观是选择护理行为的依据与标准，当护士的个人价值观与专业价值观矛盾时，个人价值观要服从专业价值观；可如果患者或者其家属的价值观与护理专业的价值观发生冲突时，则应该分析患者最根本的利益是什么，应该如何维护这一利益，在这一过程中，就需要护士与患者及家属进行沟通协调，帮助患者作出符合自己最大利益的选择。

三、风俗习惯与护理伦理道德

风俗习惯是特定社会文化区域内历代人们共同遵守的行为模式或规范，表现为个人或集体的传统风尚，礼节与习性，由于风俗习惯是历史原因造成的，因此它对每一位社会成员都有非常强烈的行为制约作用。当风俗习惯与护理活动发生冲突时，护士应遵循以下伦理道德规范。

1. 了解各地风俗习惯　护理工作的对象是人，而生活成长在不同文化背景下的人有不同的风俗习惯。而风俗习惯对个体的性格，思维观念行为有着特殊的意义，护士要做好护理工作，就应了解患者所处地域的风俗习惯。

笔记栏

2. 尊重风俗习惯　风俗是千百年来延续下来的，它的存在是民族或地区文化的表征，护士应尊重患者的风俗习惯，在饮食、服饰与其交往等方面，根据具体的情景及习俗，予患者以能接受的方式施行护理，只要这些风俗不影响护理活动，护士都应尊重，并尽量为其提供方便。

3. 重视风俗习惯的禁忌事项　从科学的角度，有些风俗可能是没有道理的，但作为风俗它会影响患者的情绪，甚至会影响治疗与护理，因而，要求护士切忌违背患者的所接受的风俗习惯，做出不合习俗之事。

小 结

1. 护理伦理学的具体原则
   - 不伤害原则
   - 有利原则
   - 尊重原则
   - 公正原则
2. 护理临终患者时应遵循的原则有
   - 护理照顾为主的原则
   - 尊重生命的原则
   - 提高生存质量的原则
   - 重视心理支持的原则
3. 临床基础护理的道德要求
   - 忠诚本职，敬业爱业
   - 工作负责，认真细致
   - 审慎勤勉，操作规范
   - 密切团结，互助协作
4. 临床整体护理的道德要求
   - 要有善于独立思考的主动性
   - 要具有勇于承担责任的自觉性
   - 要具有努力刻苦钻研的进取性
5. 临床心理护理的道德要求
   - 以高度责任心把握患者心理问题
   - 以高度的同理心满足患者心理需要
   - 努力营造适合患者康复的环境
   - 科学地保护患者的隐私
6. 护理科研工作者应遵循以下伦理道德要求
   - 目的明确，动机端正
   - 尊重科学，严谨求实
   - 尊重同道，团结协作
   - 不断求索，献身科学

【思考题】

(1) 护理伦理学的基本原则和具体原则有哪些?

(2) 门急诊、手术室和重症监护室护士的道德要求有哪些?

(3) 护士与医务人员关系的伦理道德有哪些?

(4) 临床护理的伦理道德要求有哪些?

(5) 临终关怀的含义和护理伦理道德是什么?

(6) 护理科研的道德规范有哪些?

(万小娟)

笔记栏

第十一章

护理人员专业能力培养

学习要点

- **掌握**：① 职业生涯规划的概念；② 职业生涯规划的十大原则；③ 护理人员培训目的、原则；④ 护士培训的形式和方法。
- **熟悉**：① 职业生涯规划的基本步骤；② 护理人员职业生涯规划；③ 护理人员培训的功能。
- **了解**：① 职业生涯规划的相关理论；② 护理人员培训的原则及程序。

第一节　职业生涯规划

一个人若是看不到未来，就掌握不了现在；一个人若是掌握不了现在，就看不到未来。这两句话说明职业生涯规划的本质和精髓。职业生涯规划最早起源于1908年的美国。有“职业指导之父”之称的弗兰克·帕森斯针对大量年轻人失业的情况，成立了世界上第一个职业咨询机构——波士顿地方就业局，首次提出了“职业咨询”的概念。从此，职业指导开始系统化。当今社会每个个体都被安置在不同的岗位、职业角色中，经历着不同的起起落落和悲欢离合，人们也开始越来越关注自己的职业发展、职业健康和职业生涯，希望自己走得高、走得远、走得精彩。

一、职业生涯规划相关概念及相关理论

（一）职业生涯规划相关概念

1. 职业　职业(career)指个人服务于社会并作为主要生活来源的一种工作。它是一种社会活动，是人类生活方式、行为模式、经济状况、文化水平、思想情操的综合反映，也是一个人的权利、义务、责任以及社会地位的体现。职业主要包括5层内容：经济性、技术性、社会性、连续性、规范性。经济性指从业者能获得经济收入，并且相对稳定、持续。技术性指从事职业活动需要具备相应的知识和技术。社会性指职业活动是个人在社会性劳动体系中从事的一种活动，也是为社会提供服务的过程。连续性指职业活动是相对稳定的、螺旋上升的，具有明显的连续性。规范性指每一种职业都有其特定的职业规范。职业是人的社会角色的一个非常重要的方面，职业往往还成为一个人最基本的符号和最主要的特征。职业能反映一个人的社会身份、地位与自身的文化素养、能力水平。

笔记栏

2. 职业生涯　职业生涯是指人的一生中的职业历程，整个的人生职业工作经历，被称为职业生涯。职业生活是人生全部生活的主体，在其整个人生的生涯中占据核心与关键的位置。狭义的职业生涯限定于直接从事职业工作的这段生命时光。广义的职业生涯是指从职业能力的获得、职

业兴趣的培养、选择职业、就职到最后退出职业劳动的完整的职业发展过程。职业生涯的基本性质包括：第一，职业生涯是个体的行为经历，而非群体或组织的行为经历。随着社会的不断发展，一个人并非终身都必须待在一个行业或组织中，个人的职业生涯更多地受到其职业兴趣与职业动机的影响，因此，职业生涯的主体是个人。第二，职业生涯是个人一生中的工作任职经历或历程。职业是劳动者为了不断获得个人经济收入，较为长期地、稳定地从事社会生产劳动或社会工作的过程。职业生涯强调了个体在一个职业中稳定的、持续的地位，排除了各种变动的情况。第三，职业生涯是一个时间概念，是指职业的整个时期。狭义的职业生涯期包括最初工作之前的专门的职业学习和职业训练，到终于完全结束或退出职业工作；广义的职业生涯则以从个体的出生之始到完全结束职业工作为止，包括了个体的全部生命历程。实际的职业生涯期在不同个人之间有长有短。第四，职业生涯是一个包含了具体职业内容的动态的、发展的概念。职业生涯不仅表示个体职业工作时间的长短，同时还包括了职业的发展、变更的经历和过程，从事何种职业工作、职业发展的阶段，由一种职业转向另一种职业等具体的内容。

3. 规划　规划是指个人或组织制定的比较全面长远的发展计划，是对未来整体性、长期性、基本性问题的思考和考量，设计未来整套行动的方案。规划与计划基本相似，两者的不同之处在于：规划具有长远性、全局性、战略性、方向性、概括性和鼓动性。“规”是起，“划”是落；规划从时间尺度来说侧重长远，从内容角度来说侧重战略层面，重指导和原则性；计划的基本意义为合算、刻画，一般指实施前所拟定特定时间内的具体内容、步骤和方法，从时间尺度来说侧重于短期，从内容角度来说侧重战术层面，侧重执行及操作性；计划是规划的具体体现，规划与计划是一个子集的关系，既“规划”里面包含着若干个“计划”。

4. 职业生涯规划　职业生涯规划就是对职业生涯乃至人生进行持续的系统的计划的过程；是指个人与组织相结合，在对一个人职业生涯的主客观条件进行测定、分析、总结的基础上，对自己的兴趣、爱好、能力、特点进行综合分析与权衡，结合时代特点，根据自己的职业倾向，确定其最佳的职业奋斗目标，并为实现这一目标做出行之有效的安排。个体的职业生涯规划和个体所处的家庭、组织以及社会存在密切的关系。随着个体价值观、家庭环境、工作环境和社会环境的变化，每个人的职业期望都有或大或小的变化，因此它又是一个动态变化的过程。对于个体来说，职业生涯规划的好坏必将影响整个生命历程。我们常常提到的成功与失败，不过是所设定目标的实现与否，目标是决定成败的关键。个体的人生目标是多样的：生活质量目标、职业发展目标、对外界影响力目标、人际环境等社会目标……整个目标体系中的各因子之间相互交织影响，而职业发展目标在整个目标体系中居于中心位置，这个目标的实现与否，直接引起成就与挫折、愉快与不愉快的不同感受，影响着生命的质量。一个完整的职业规划由职业定位、目标设定和通道设计三个要素构成，职业定位是决定职业生涯成败的最关键的一步，同时也是职业生涯规划的起点。职业生涯规划的基本步骤包括以下几个方面。

（1）自我评估：自我评估是在认识自己的基础上对自我做出全面、具体的分析，主要包括个人的职业需求、兴趣、能力、性格、价值观等的分析，从而确定自己适合什么样的职业，最终实现人职匹配。

（2）认识环境：认识环境就是要了解自己所处的社会环境、自然环境以及目标职业的环境等，并且根据环境变化不断地调整自我、自我适应。

（3）确定目标：职业生涯目标是指个人在选定的职业领域内未来时点上所要达到的具体目标，包括短期目标、中期目标和长期目标。

（4）制订行动计划与措施：缺乏行动，目标就难以实现，也就谈不上职业生涯的成功。这就需要我们制订详实具体的、切实可行的行动计划与措施，也就是落实目标的具体行动与措施。

（5）反馈、评估与调整：影响职业生涯规划的因素很多。有的因素可以预测的并提前干预，而有的因素却难以预估。在此状况下，要使职业生涯规划行之有效，就需要不断地根据具体情况对职业生涯的规划进行再次的评估、实施反馈，必要时采取适当的调整。

笔记栏

在我国，职业生涯规划还是一个比较新的概念。多数大学生都有职业生涯规划离自己还很远的想法。而事实是，对于个体的一生而言，从大学时期刚刚开始做生涯规划，起步并不算早。从个体职业发展在其人生目标中的中心位置来看，职业生涯规划越早开始越好。你或许要问，“为什么要做职业生涯规划？我们的父辈、身边的亲友不都是走到哪儿算哪，也没听说过有任何的规划”。要回答这个问题，你可以和自己玩个小小的心理实验。首先，请闭上您的眼睛，回忆一下身边有哪些东西是红色的。这时，你能数出的东西，可能不多。现在，请你睁开眼睛，看看周围有哪些被遗漏了？你会发现，身边的红色物体，其实一直都存在的，但当我们没有设定目标要去看它时，许多显而易见的东西，会被视而不见。可见，目标，其实就是个体感官的过滤器，当你有了目标，才会见所未见，并集中精力积累目标所需资源，资源也会源源不绝地涌向你。生活中，你可能也有类似的经验。比如你刚买了一部红色的自行车，然后你会不断发现：怎么路上跑的，有这么多和你同色、同型的自行车。夏天来了，你买了一双漂亮的凉鞋，你又发现：怎么路上有这么多和你穿相同凉鞋的人。这些现象，都被称为“选择性注意”。所以，当一个人在其职业生涯发展中树立具体目标时，他就容易集中所有的能量和资源去实现，成功的可能性会更大。

（二）职业生涯规划的相关理论

目前的职业生涯规划理论主要有格林豪斯的职业生涯发展理论、斯蒂芬职业生涯发展阶段理论、舒伯的职业生涯发展论、帕森斯的特质因素论、施恩的职业锚理论等。

舒伯的职业生涯发展论是指建立在一种生涯整合观念之上的，强调的是主客观的相互作用，这种相互作用实际上系统地阐述了一种生涯发展的必然模式，并被视为一种独立的理论流派。舒伯把人生分为三个层面：第一是时间层面，就是一个人的生命历程；第二是广度层面，就是一个人终其一生所扮演的各种不同角色；三是深度层面，就是扮演每个角色时所投入的程度。这三者的结合，就是舒伯所理解的生涯。舒伯的生涯发展阶段理论包含了人一生的完整发展过程，他将生涯发展分为五个阶段：成长期（出生至 14 岁）；探索期（15～24 岁）；建立期（25～44 岁）；维持期（45～65 岁）；衰退期（65 岁以后）。不仅如此，舒伯在后期的研究中，又进一步深化了生涯发展阶段理论，将每个发展阶段同样分为成长、探索、建立、维持、衰退五个阶段，提出人生发展按照的是螺旋循环发展模式。但所有的发展阶段理论里，舒伯都强调个人重视生涯发展的规律，根据发展阶段安排自己的任务，也要合理塑造生涯发展的过程，使得各个阶段能够如期而至，并符合它们应有的意义。

帕森斯的特质因素论是最早期的职业生涯规划辅导理论之一，由帕森斯在其 1909 年 出版的《选择职业》一书中首次提出，至今仍对职业生涯规划的辅导工作具有重要的指导意义。由于帕森斯在职业生涯规划辅导工作上作出的巨大贡献及深远影响，他被人们尊称为“职业辅导之父”。特质因素论的基本假设是：每个人均有稳定的特质，如能力倾向、兴趣、价值观和人格等；而职业亦同样有一组稳定的因素，比如在每个不同的工作上要取得成功都有其所必须具备的条件或资格。将个人与职业相配，个人的特质与工作因素越接近，则个人成功的可能性就越大。帕森斯认为，在选择职业的过程中应遵循三大原则：一是对自我进行探索，包括了解个人的兴趣、能力、资源、限制及其他特质；二是了解职业，如职业的技能要求、工作条件、薪酬福利、发展前途等；三是将上述两类资料进行综合考虑后找出与个人特质匹配的职业。

职业锚理论产生于在职业生涯规划领域同样具有“教父”级地位的美国麻省理工大学斯隆商学院、美国著名的职业指导专家埃德加·施恩教授领导的专项研究小组，是在对该学院毕业生的职业生涯跟踪研究、分析总结，最终得出了职业锚（又称职业定位）理论。所谓职业锚，是指人们通过实际的工作经验达到自我满足和补偿的一种长期的职业定位。职业锚强调个人能力、动机和价值观三方面的相互作用与整合。职业锚以员工习得的工作经验为基础，产生于早期职业生涯。

笔记栏

在 20 世纪 90 年代，施恩先生将职业锚理论共分为八种类型：自主型职业锚、创业型职业锚、管理能力型职业锚、技术职能型职业锚、安全型职业锚、安全稳定型职业锚、生活型职业锚、服务型职业锚。

1. 技术职能型职业锚 技术职能型的人，追求在技术职能领域的成长和技能的不断提高，以及应用这种技术职能的机会。他们喜欢面对来自专业领域的挑战，一般不喜欢从事一般的管理工作。

2. 管理型职业锚 管理型的人追求并致力于工作晋升，倾心于全面管理，他们想去承担整个部分的责任，并将公司的成功与否看成自己的工作。具体的技术工作仅被他们看作是通向更高、更全面管理层的必经之路。

3. 自主独立型职业锚 自主独立型的人希望随心所欲安排自己的工作方式、工作习惯和生活方式。追求能施展个人能力的工作环境，最大限度地摆脱组织的限制和制约。他们通常宁可放弃提升或工作扩展机会，也不愿意放弃个人自由与独立。

4. 安全稳定型职业锚 安全稳定型的人追求工作中的安全与稳定感。在行为上倾向于按照组织提出的要求行事，对组织有较强的依赖性。

5. 创业型职业锚 创业型的人希望通过自己能力去创建属于自己的公司或完全属于自己的产品或服务，而且愿意去冒风险，并克服面临的障碍。可能此时他们正在别人的公司努力工作，但同时也在学习并评估将来的创业机会。一旦感觉时机到了，便会立即走出去创建真正属于自己的事业。

6. 服务型职业锚 服务型的人指那些一直追求他们认可的核心价值，例如：帮助他人，改善人们的生活甚至安全，通过新的产品消除疾病。

7. 挑战型职业锚 挑战型的人喜欢解决看上去无法解决的问题，战胜强硬的对手，克服无法克服的困难障碍等。对他们而言，参加工作的原因是工作允许他们去战胜各种的不可能。新奇、变化和困难是他们的终极追求。

8. 生活型职业锚 生活型的人是喜欢允许他们平衡并结合个人需要、家庭需要和职业需要的工作环境。他们希望将生活的各个主要方面整合为一个整体。正因为如此，他们需要一个能够提供足够的弹性让他们实现这一目标的职业环境。他们认为真正的成功是人生整体的成功，而不单指职业成功这一部分。

经过近30年的发展，职业锚已成为许多个人职业生涯规划的必选工具和公司人力资源管理的重要工具。个人在进行职业生涯规划和定位时，可以运用职业锚思考自己所具有的能力，确定自己的发展方向，审视自己的价值观是否与当前的工作相匹配。只有个人的定位和要从事的职业相匹配，才能在工作中发挥自己的长处，实现自己的价值。尝试各种具有挑战性的工作，在不同的专业和领域中进行工作轮换，对自己的资质、能力、偏好进行客观的评价，是使个人的职业锚具体化的有效途径。护理人员的职业锚是在护理实践工作经验中获得，并直接反映护理人员个人职业发展的潜在需求和动机。

二、护理人员职业生涯规划的基本原则

正确的职业生涯规划能使一个人走向成功之路，不正确的职业生涯规划也可能使一个人终身浑浑噩噩、无所作为甚至误入歧途。为了正确地制定个人的职业生涯规划，我们必须遵循科学的原则和方法，选择恰当的策略。正确的职业生涯规划要充分考虑到个人的特性和组织的发展需要，使个人发展与组织发展结合起来，对影响职业生涯的种种主客观因素进行具体分析、总结和测定，从而确定一个人的人生发展目标，选择实现这一目标的相关职业，编制相应的工作、教育和培训等具体的行动计划，对每一步骤的时间、顺序和方向做出合理的、切实可行的安排。护理事业的发展与个人专业成就的发展是相互作用的，对于一个在校的护生来说，正确的职业生涯规划是今后个人事业的成功、人生的成功，甚至是推动护理事业前进与发展的前提与关键。

具体来说，制定个人职业生涯规划应遵循以下十大原则。

1. 利益结合原则 利益结合原则即个人发展、组织发展和社会发展相结合的原则。从人的

笔记栏

安全发展的宗旨来看，利益结合是方法，主要用来更好地处理个人与组织、社会间的关系，寻找个人发展与组织发展的结合点。由于职业生涯成功方向和职业生涯成功标准的多样性，个人不应制定可能抹杀个性的职业生涯规划战略，这是对自身人格价值的尊重；同时组织也应注意不能因员工职业生涯成功标准的个性化而使组织的整体规划工作失去战略方向；二者之间的平衡取决于能否找到组织发展和个人发展之间的最佳结合点。

2. 机会平等原则　对组织而言，机会平等原则是指组织在提供发展信息、提供教育培训机会、提供任职机会时皆公开其条件标准，保持机会面前人人平等。机会平等原则是维护员工整体积极性的保证。对个人而言，要做到在机会来临前，你已经具备抓住机会并真正做好的能力，如此才能抓住机会、创造机会。

3. 共同制定、共同实施原则　共同制定共同实施的原则是指个人职业生涯规划的制定和实施应由组织该项工作的组织者和组织员工共同参与完成。如果没有共同制定共同实施的原则，个人最终有可能成为组织发展战略的受害者——该战略误导了个人的职业生涯；同时如果没有共同制定共同实施原则，也不能保证切实贯彻利益结合的原则。

4. 时间坐标原则　规划中的每一个目标都要有两个时间坐标，一个时间坐标是开始的时间，即什么时候开始为实现这个目标行动，另一个坐标是预期的实现时间。没有行动就永远达不到预期的目标，因此第一个时间坐标比第二个时间坐标更重要。由于人生生物周期的单向性、不可逆性，以及人生发展阶段和职业生涯周期发展任务的规律性，职业生涯规划的内容与完成必须用多个时间坐标逐项分解。

5. 发展创新原则　人自我实现的过程就是潜能充分发挥的过程，这一过程需要不断有创造性成果予以证明。发展创新原则是指在职业生涯规划的过程中提倡用新的方法处理常规问题，并解决新的问题。职业生涯规划战略绝不仅是制定一套规章程序，从而循规蹈矩、按部就班，而是要发现和发挥个人的潜能。成功不仅仅是个人职务的提升，更重要的是工作内容的转换或增加、责任范围扩大、创造性增强等内在质量的提升。创造性从确定职业生涯目标时就应得到体现，要敢于肯定自我没有经验的想法，并克服困难努力实现。

6. 全面评价原则　全面评价原则是指对职业生涯进行全过程评价和全方位评价。人的发展是分阶段的，人的发展任务也是分阶段完成的。因此要注意对阶段目标成功与否的评价，偏离目标时要及时修正、达成目标时要及时自我肯定，使个人在职业生涯规划的过程中不断有自我实现感。全面评价原则也促进我们在职业生涯、个人事物、家庭生活三方面共同发展，从而促进组织发展、社会进步。

7. 切实可行原则　一方面，个人职业目标或职业需求，一定要同自己的能力、个人特质及工作性质相吻合，这样，实现职业生涯规划方向才有可能；另一方面，个人职业目标和获取职业成功之路，要考虑周围客观环境和条件的允许。通常要考虑的客观环境与制约因素主要包括：人力资源规划与需求；组织发展战略的影响等；政治环境与导向；社会环境与需求；经济环境与兴衰；法律与政策影响；科技发展方向的影响；晋升发展机会与途径；家庭的期望等。

8. 实事求是原则　这是制定个人职业生涯规划的前提。应从四个方面进行：一是个人知识积累、技能水平、知识水平及工作适应性；二是个人特质，主要是素养、性格、兴趣、爱好和专长等；三是事业中最有价值的追求；四是个人价值取向，自我确定人生之路和生活方式。

9. 目标一致原则　员工要借助在组织中就业和工作而实现自身职业需求，其职业生涯规划是在为组织目标奋斗的过程中得以实现。离开组织目标，便没有个人职业生涯规划的进步，甚至难以在组织中立足。所以，个人职业生涯规划必须与组织目标相协调，保持一致。为此，员工在制定规划时，应积极主动地与组织沟通，获得组织的指导与帮助。

笔记栏

10. 动态变化原则　员工的职业生涯历经职业早期、职业中期和职业后期等不同阶段。员工应当根据不同阶段的职业任务和个人职业特征，制定不同时期或阶段的个人职业目标、要求以及实现途径。计划制定之后，也并不意味着一成不变，员工仍然需要根据客观的实际情况及其变化，不断予以调整、修改和完善，使之符合客观需要及个人价值追求，即可行并行之有效。

三、护理人员职业生涯规划

（一）护士职业生涯规划

护士职业生涯规划是指护理人员在从事的护理专业领域内的职业行为历程。护士职业路径(career pathway of nursing)是组织为本单位护理人员设计的自我认知、自我成长的职业发展路线。良好的护理职业路径设计不仅能激发护理人员的工作热情，开发护士的工作潜能，还有利于吸引和留住优秀护理人才，提高护理队伍的整体素养。护士职业素养(nursing professional diathesis)是指驱动护理人员胜任工作、创造良好工作业绩各种个性特征的总和。护士职业素养是判断护理人员能否胜任特定护理岗位的起点，是决定并区分护士个人工作成绩差异原因的个人特征总和。护士职业素质主要由个人品质、工作态度、价值观、自我形象、专业知识和专业技能以及评判性思维能力等要素构成。

护理工作是一项专业，既具有挑战也充满压力，对于作为女性的护理人员来说，如果在就业之前未能对护理工作做充分的思考，拟定具体的专业规划，常常导致许多护理人员将护理工作作为一种谋生手段，而非一项终身发展的事业，在现实面前，极易被工作中遇到的困难、委屈及辛劳等击败，极易发生离职或转行，因此许多刚毕业护理人员刚刚进入工作领域时热情高涨，充满希望，但由于不清楚专业发展的特质与自己本身的特长，不知道如何规划自己的专业生涯，以至于在其后的工作中产生挫折感，降低了个人职业生涯的寿命。如果能够让准备进入护理专业领域的护理人员预先做好个人护理职业生涯的规划，及早确立未来事业发展的方向、坚定个人的价值追求有很大的好处，从而进一步提高在职人员的工作效率，降低离职率。

在规划过程中，护理人员了解和掌握自我，对外界环境有更深刻的了解，将有助于解决成长过程中所面临的问题及困境，可以增强护理人员对压力的耐受并适应，促进人格的成熟，减低专业工作中所面临的阻力及挫折，同时也可减少摸索与尝试中发生错误的机会，增加专业认同感，促使本身潜能得到充分的发挥，通过工作不仅满足个人存在的需要和价值，而且为社会不断做出自己的贡献，还可以兼顾到家庭与事业双重角色，增强对生活及事业的满意度与成就感。

护理人员职业生涯规划包括自我评估、内外环境分析(职业生涯机会评估)、职业发展途径选择、设置个人职业生涯目标、行动计划与措施、评估与调整几项主要活动(图 11－1)，护理人员职业生涯规划主要途径(图 11－2)。

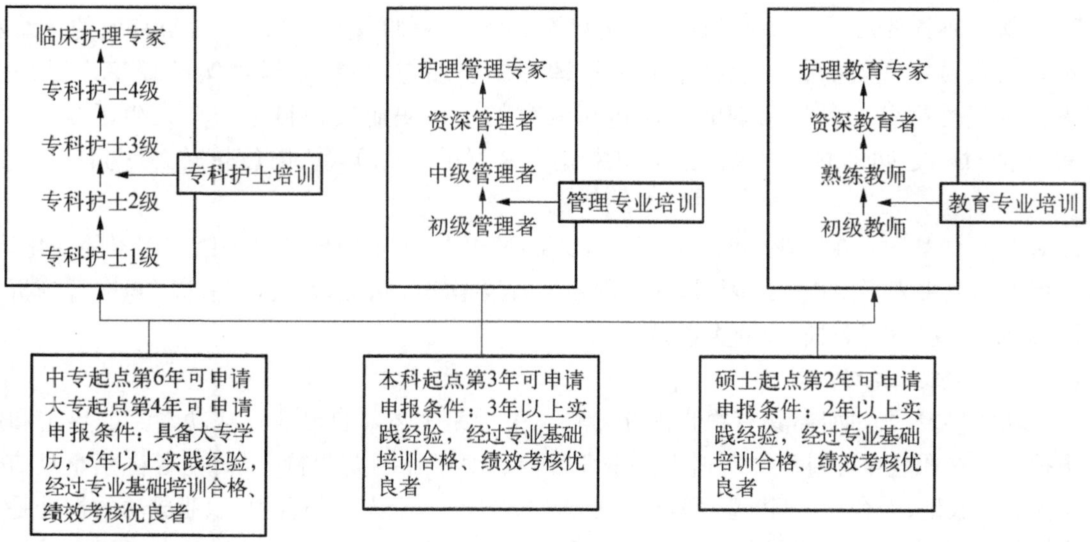

图 11－1　职业生涯规划与管理流程图

笔记栏

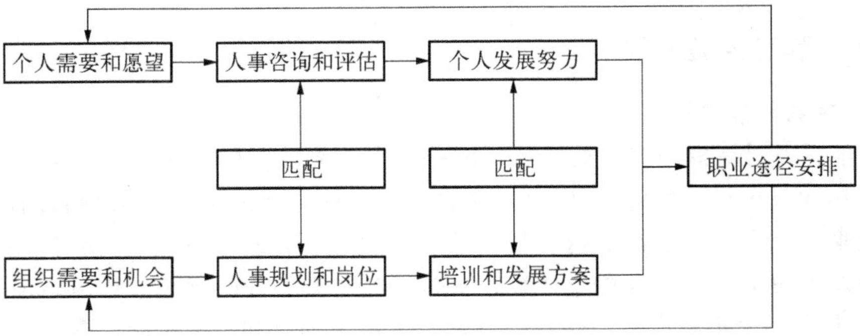

图 11－2 护理人员职业发展途径

1. *自我评估* 护理人员职业生涯规划的自我评估是对个人在职业发展方面的相关因素进行全面、深入、客观的认识和分析的过程。评估内容包括个人的职业价值观、做人做事的基本原则和追求的价值目标，分析自己掌握的专业知识与技能、个人人格特点、兴趣等多方面相关因素。通过评估，对自己的职业发展优势和局限有所了解，在此基础上形成自己的职业发展定位，如护理管理人员、护理教师、专科护士等。

2. *内外环境分析* 个人如果能够有效地利用内外环境，就有助于事业的成功。护理人员在制定职业发展规划时分析的环境因素有：环境的特点、环境发展变化、个人职业与环境的关系、个人在环境中的地位、环境对自己职业发展有利和不利的因素等。护理人员发展的组织环境评估内容有：组织发展战略、组织护理队伍群体结构、组织护理人员的升迁政策、护理人力资源需求等。通过评估确定适合自己职业发展的机遇与空间环境，才能准确把握自己的奋斗目标和方向。

3. *选择职业发展途径* 护理人员专业发展途径的选择是以个人评估和环境评估的结果为决策依据。发展方向不同，发展要求和路径就不一样。如果选择的路径与自己和环境条件不相适应，就很难达到理想的职业高峰。如优秀的护士不一定会成为优秀的护理管理者。另外，护士个人的职业发展意愿还受到外在条件、组织需求、机遇等因素的限制，这时就需要个人对自己的职业定位进行调整。

4. *设计个人职业生涯目标* 适合自身特点、符合组织和社会需求、目标要具体、目标的高低幅度适当、同一时期不要设定过多的目标等是目标设置的基本要求。个人事业发展目标的制定要以实际环境和条件为基础，背景不同，设置的目标也应有区别。因此，目标的设定要多层次、分阶段、长期目标与短期目标相结合。

5. *行动计划与措施* 职业目标的实现有赖于个人各种积极的具体行为与有效的策略和措施。护理人员目标实现的行为包括个人在护理中的表现与业绩、超越现实护理工作以外的个人发展的前瞻性准备。目标实现的策略包括有效的平衡职业发展目标与个人生活目标、家庭目标等其他目标之间的相互关系、在组织中建立良好的人际关系、岗位轮转、参与社会公益活动等。

6. *评估与调整* 在职业生涯发展目标实现的过程中，由于内外环境等诸多因素的变化，可能会对目标的达成带来不同程度的阻碍，这时需要个人根据实际情况，针对面临的问题进行分析和总结，及时调整自我认识和对职业的重新界定。

（二）关于职业成功

对成功的界定因人而异，具有很强的相对性。关键是个体对自己职业成功含义的界定和期望值。根据个人在职业生涯过程中所追求的奋斗方向和对职业的期望特点，研究者将职业成功分为五种类型：进取型、安全型、自由型、攀登型、平衡型。在每一个人的心目中，职业成功的标准是一个有层次的结构，与其内在的需求体系相对应。职业成功标准的多元性还体现在个体职业成功标准的阶段性上。在职业生涯发展的不同阶段，人们所面临的任务不同，其追求也不一样，评价也会有

笔记栏

变化。在职业生涯的早期，养家糊口、成家立业都需要财力物力，人们可能更注重财富标准；到了中期，人们可能会更关注职业发展的机会、家庭工作平衡、自我价值的实现；而到了晚期，临近退休，人们可能更强调安全、有保障。作为一名未来的护理工作者，在多元化的成功标准中，健康的标准必不可少，患者的健康、家人的健康以及自我的健康都该是我们的职业目标和追求。

（三）护理人员职业生涯发展的任务

组织和管理者在护理人员职业生涯发展中的任务主要包括：确定组织发展目标、制定组织职业需求规划；帮助护士展开个人职业生涯规划与开发；将护理人员的绩效评价与职业生涯发展规划相结合；将护理人员职业生涯发展评估与实际岗位进行调整匹配；确定不同职业生涯期护士的职业管理任务等。护士的直接上级（护士长）在护士职业生涯发展中的责任和任务主要包括：对本部门护理人员进行有效的职业指导，帮助护士进行职业定位；为护士展现和发展个人潜能提供机会；提供咨询和参考意见；促进和鼓励护士在组织内发展、晋升。护理人员职业生涯发展有不同的方向，如临床护理专家、护理管理者、护理教育者等。

护士个人职业生涯规划步骤包括：自我分析及职业定位。职业定位主要考虑三方面的问题，一是个人希望朝哪条途径发展，二是个人适合朝哪条途径发展，三是个人能够朝哪条途径发展。护士职业发展要从日常护理工作做起，在日常工作中发展的策略包括：出色完成本职工作；展示个人能力，成为自己领域的专家；不满足于现状，培养职业责任感和敬业精神，对自己的职业发展和适应性进行及时调整，找到理想与现实的契合点；从工作的每一个细节中奠定自我未来职业发展的基础。

案例分析

小琪和小娟是某医院同一年入职的护士，本科毕业后已经五年，二人都在内科病房，但二人走向了不同的职业发展道路。

小琪在工作期间，具有钻研、爱学习的精神，对于“尿管可以留置多长时间”这样的临床常见问题，不接受模棱两可的答案，而是查找文献资料，得到确凿的循证护理证据。发现自己的科研兴趣后，小琪强化科研训练，发表数篇论文，担任了内科的科研护士，可以更好地开展临床护理科研工作。

小娟基础理论扎实，语言表达能力强，在工作期间注重积累临床经验和方法，善于总结，乐于沟通，还参加了医院组织的授课大赛，生动的语言表达、合理的教学组织、大方自然的教态给大家留下了深刻的印象。之后小娟担任了带教老师，负责实习护生、进修生的临床带教工作。

【问题】

结合小琪和小娟的职业成功，谈谈职业生涯规划步骤？

【分析与解答】

小琪和小娟的职业生涯规划步骤包括自我评估、内外环境分析（职业生涯机会评估）、职业发展途径选择、设置个人职业生涯目标、行动计划与措施、评估与调整。

第二节　护理人员培训

笔记栏

人员培训与开发是人力资源管理的重要内容，是指组织根据其内在目标，采用各种方式对员工实施的有目的、有计划的系统的培养和训练行为，使得各层级的员工不断更新知识、开拓技能、改进态度、提高工作绩效，确保能够按照预期的标准或水平完成相应的本职工作或者是更高级别的工作，从而提高组织效率，实现组织目标。美国学者 L.S.克雷曼认为，“培训与开发的实践旨在通过提高职员的知识和技能去改进组织的绩效”。在当代，培训已经成为广义教育范畴的一个重要概念。对于“培训”一词已经由起初强调技能的训练，转变为一种个体为了满足社会或者自身需要，提高个人知识、技能以及转变职业态度和改善职业行为方式的一种学习、培养活动。“培训”与“教育”是有区别的，它们的本质容易被混淆。如果说教育是指培养人的活动，那么培训就是培养和训练人的技能的互动。教育是培养生产力，而培训则是使现有生产力保值甚至增值。尽管教育与培训都是人力资源投资的重要途径，但教育是培养人力资源，而培训是对现有的人力资源进行调整、优化与提升。在医学信息不断更新优化的今天，护理人员在校时对医学、护理学知识的积累以及从业后知识、理念、技能、方法的不断更新学习，两者缺一不可。

一、护理人员培训的目的及功能

（一）护理人员培训目的

护理人员培训的目的主要是通过培训使护士在专业知识、专业技能、交叉学科的综合能力和职业态度四个方面得到提高，保证护理人员有能力按照工作岗位要求的标准完成所承担或将要承担的工作和任务。护理人员培训还可以使护理人员具有不断学习的能力，学会在工作环境中知识共享，并运用所掌握的知识和技能优化护理服务、创新专业技能。主要体现在以下几方面：

1. 实现医院和护士个人发展目标　医疗护理技术的迅速发展，对护士的素养提出了更高的要求，因此决定了护士毕业后教育培训的必要性和重要性。培训对护理人员结合个人特点制定职业生涯规划具有积极作用，使护理人员在完成组织任务的同时不断提高个人素质，使个人潜能得到最大限度的发展。从医院和护士的双重角度看，培训的最终目的是实现医院发展和护士发展的有机统一，通过努力有效实现组织目标。

2. 改善护士行为，提高护理劳动生产力　科学技术的发展使医院护理工作性质、手段和工具发生了很大变化。高新技术的临床应用取代了体力劳动型的脑力劳动，使单位时间内护士劳动生产力得到较大程度的提高，如掌上电脑的临床应用，取代了护士繁琐的转抄医嘱、转抄输液单、医嘱执行签字等环节。这就需要护理人员通过培训掌握更多的知识和技能，以便更好地适应科学技术发展的要求。

3. 节约成本，提高效率　维持和提高护士岗位胜任力的基本手段是护士培训，通过培训可以帮助护理人员掌握工作所需要的基本方法 使护理工作更富有成效。同时，培训也是增强护士群体智力资本的重要途径，提升护理人员不断学习的能力，学会在工作环境中知识共享，并运用所掌握的知识和技能优化护理服务过程。经过培训，使护士的技术熟练程度不断提高，同时也加强了对新知识、新技能的学习；经过培训，使护理人员在工作数量上和工作质量上得以提高；使护理服务工作得到不断改善，使护理服务成本消耗不断降低。护理人员培训对医院最大的回报就是护理工作效率的提高。

4. 维持稳定的护理工作标准　通过培训有助于护理人员正确理解并遵守护理规章制度、工作职责、工作流程和操作规范等，使护理工作团队以统一的标准和流程规范实施护理服务，从而保证临床护理服务的连续性和有效性，促进护理质量的改进。

5. 完善护理组织文化　培训可以帮助护理人员了解医院和护理工作的任务、发展目标；增进和提高护理人员对医院文化的理解和认同；促进构建正确的护理职业态度和价值文化体系，通过护理人员的组织社会化过程，强化护理人员的职业素质，有利于建设和维持护理团队文化。

笔记栏

（二）护理人员培训功能

护理人员培训的功能包括：① 帮助护理人员掌握工作所需要的基本方法；② 帮助新上岗护理人员尽快进入所承担的工作角色；③ 帮助护理人员了解组织和护理工作的宗旨、价值观和发展目标；④ 改善护理人员的工作态度，健全并深化护理人员的综合职业素养；⑤ 提高护理人员的工作的整体效率；⑥ 提高和增进护理人员对组织的认同感和归属感；⑦ 协助护理人员结合个人特点制定职业生涯发展规划，使护理人员在完成组织任务的同时个人素质得到不断提高，个人潜能得到最大限度发挥。

二、护理人员培训的原则、程序

（一）护理人员培训的原则

培训作为人力资源开发的一项重要手段，可为组织或单位创造价值，但这种价值的实现，需要在培训过程中遵循理论联系实际原则；因材施教原则；心态原则；兴趣原则；自发创造原则；启发和激励原则。护理人员培训应遵循的原则包括：

1. 按需施教，学用一致原则　护理人员培训要从护士的知识结构、能力结构、年龄情况和岗位的实际出发，注重将培训结果向生产力转化的实际效果。培训结果要能够促进组织、部门和护理人员的竞争优势得到发挥，使护理人员的职业素质和工作效率得到不断的提高，使组织的培训效益达到最大化。

2. 与组织战略发展相适应原则　护理人员培训要结合医疗组织和部门的发展目标进行培训内容、培训方式、培训对象、培训规模、培训时间等综合方案的设计，以保证培训为组织发展服务，培训促进组织战略目标的实现的目的。

3. 综合素质与专业素质培训相结合原则　护士培训除了要注意与护理岗位职责相适应，提高护理人员专业素质外，还应该包括组织文化建设的内容，使护理人员从工作态度、文化知识、理想、信念、人生观、价值观等方面符合组织文化要求。

4. 重点培训和全员培训相结合原则　医院培训需要投入成本，因此，培训工作必须要有侧重点，如对医院护理工作的发展影响力大的护理骨干培训、护理管理人员的培训是重点。另外，医院每一位护理人员都有接受培训和教育的权利，管理者在制定培训计划时既要注意对组织中的骨干进行培训提高，又不要忽略护理队伍整体素质的提高，做到全院培训。

5. 长期性与急用性相结合的原则　科学技术日新月异的发展要求对人员的培训必须坚持长期性的原则。护士只有不断学习，不断接受新知识、新技能和新信息，才能使自己的专业能力适应岗位发展的需要。另外，护士培训目的是为了更好地完成本职工作，如果岗位职责和工作内容发生改变，就应该及时针对新岗位需要增加急需的知识和技能，满足组织和部门的新业务、新技术、新项目等对护理人员素质的基本要求。

（二）护理人员培训的程序

培训程序按时间发生先后可以分为培训需求确认、培训计划制订、教学设计、培训实施和培训反馈五个步骤。护理人员培训程序同样分为确认培训需要、制定和实施培训计划、效果评价 3 个主要阶段。

1. 护士培训需求分析　护理人员培训需求分析可从医院发展、任务、专科发展以及护士个人等方面进行，护理岗位不同，培训需求的侧重点就有所不同。

(1) 医院层面需求分析：以医院现状和发展战略目标为依据，进行以下操作。① 现状调查；② 未来医院护理人员需求计划；③ 现有护理人力资源储备和供给状况；④ 培训费用预算等环节进行评估分析。

(2) 任务能力需求分析：在医院层面分析结果的基础上评估护理人员需要完成的任务，确定完成这些任务需要护士具备的能力。护理任务能力培训需要分析主要内容包括：描述护理工作、工作任务分类、描述岗位能力要求、确认各任务能力的重要性，根据工作能力重要性确认各项培训工作开展的先后顺序。

(3) 护士个人品行需求分析：提高培训主动性和有效性的关键是重视护士的个人培训。个人培训需求信息收集可以采取培训意向调查，将护士的实际工作绩效和工作绩效标准进行比较，找出

笔记栏

和分析护士在知识和技能方面与岗位要求之间的差距，结合个人意愿制定出有针对性的培训计划。对护理管理部门而言，护理人员培训需求既要确定培训目标、制定培训计划，也是进行培训效果的评价的基础。

2. 制定和实施培训计划　培训计划应包括培训的组织管理人员、受训对象、培训内容和方式、培训师资、执行培训的具体时间地点、培训资料选择、培训考核方式、培训费用预算等内容。培训实施就是落实培训计划，并在执行过程中根据实际情况进行必要调整。护理人员培训面临的最重要任务是确保受训护理人员能够把学到的知识和技能应用于护理工作中，解决实际问题，提高工作效率。因此，在执行培训计划时要注重实现预期的培训效果。如果要提高护士的静脉穿刺技术，培训者可采用在岗技术操作训练培训，获得满意培训效果。如果要提高护理管理人员的管理技能，则培训的内容和方式的选择就比单纯的操作技能培训要复杂得多。由于管理技能涉及面广、内容多，这就需要培训者采用综合培训方法实现培训目标。

培训过程中，既要给护士充分的时间学习如何运用新知识、新技能，又要留有时间让她们做有针对性的练习，以保证学以致用。其次还需要护理管理人员的参与，她们必须了解培训的内容和要求，以保证在培训前后给予护士必要的指导和帮助。培训结束，通过组织护理人员讨论和学习反思，帮助她们制定如何在临床工作中运用新知识新技能的行动计划，保证培训内容和工作能力提高的紧密结合。

3. 培训评价　护理人员培训评价主要活动有培训过程监控、培训环节和培训效果评价、培训投入成本与培训产出的效益评价。要以培训目标为依据，并尽量采用一些可衡量的指标或行为改变来进行评价。

(1) 培训评价程序：护理人员培训评价包括 8 个步骤。① 明确培训评价的目的；② 制定培训评价标准；③ 确定评价方案；④ 收集培训评价信息；⑤ 培训评价数据处理与分析；⑥ 撰写评价总计；⑦ 评价结果反馈；⑧ 根据需要进行培训项目的调整。

(2) 培训评估方法：常用的方法有问卷调查、行为测试、座谈及经验交流、学习后测验、观察和指标测量。

三、护理人员培训教育形式和方法

(一) 培训形式

护理人员培训教育形式有全脱产培训、半脱产培训、在职培训、岗前培训、继续教育、外出学习交流、护理管理人员的培训等。

1. 脱产培训　脱产培训是一种较正规的人员培训，医院会根据护理工作的实际需要选派不同层次的护理骨干，集中时间离开工作岗位，到专门的学习、研究机构或其他培训机构进行学习和教育。这种培训在理论知识方面的比重较大，培训内容有一定的广度和深度，并较系统，因此对提高护理管理人员和专业技术骨干的素质和专业能力具有积极的影响，从长远看，对医院有利。但培训成本较高，培训人员数量也受限制。

2. 在职培训　在职培训是指在日常工作环境中边工作边接受指导、教育的学习过程。在职培训可以是正式的，也可以是非正式的。如护理人员的操作技能培训、护士工作岗位轮转培训均是在职培训的主要内容。

3. 岗前培训　岗前培训是使新员工熟悉组织适应环境和岗位的过程。对刚进入工作单位的护士来说，最重要的就是学会如何去做自己的工作和保持与自己角色相适应的行为方式。护士岗前培训就是帮助新护士尽快适应岗位的要求、学习新的工作准则和有效的工作方法的过程。为使新护士在今后的工作中打下良好的基础，首先，新护士要在和谐的气氛中融入工作环境。其次，新护士要了解医院的组织文化、服务流程和发展目标，熟悉胜任工作的必要知识和职业道德规范、岗位职责，了解医院和护理部门的有关政策、规章制度等。岗前教育是为护士开始一项新工作提供帮助，以后的职业培训则满足护士继续发展的需要。

笔记栏

4. 护理管理人员培训　医院的未来发展主要依靠护理管理人员，因为管理人员要执行对组织发展有重要意义的管理职能。因此，对管理人员的培训和提高是组织进行有效管理的关键环节。护理管理人才开发的主要目的是向管理人员提供管理岗位所需的知识和技能，使管理人员的管理能力不断提高。各层次的护理管理人员都可以通过不同形式的培训达到提高个人素质的目的。

（二）培训方法

护理人员培训方法多种多样，培训人员应根据医院的自身特点和条件、培训对象、培训要求及目标等因素进行相应的选择。同时应注意把握培训的时机，从个人需求的角度来讲，护理人员对培训内容的渴望程度越高，培训时产生的作用就越明显；因此把握恰当的培训时机，可以有效提高护理人员培训的效果。常用培训方法有：

1. 讲授法　讲授法是一种传统的培训方法。这种方法的优点是有利于受培训人员较系统的接受新知识，有利于教学人员控制学习进度，通过培训者的讲解可帮助学员理解有一定难度的内容，并可同时对数量较多的人员进行培训。此教学方法的局限性是讲授的内容具有强制性，受培训者被动接受培训，不能自主选择学习内容；学习效果易受教师讲解水平的影响，没有反馈，学员之间相互不能讨论等。

2. 演示法　演示法是一种借助实物和教具进行示范讲解，使受训者了解某项工作时如何完成的，如注射泵的使用。其主要优点有：感官性强，能激发学习者的学习兴趣；有利于加深对学习内容的理解，效果明显。其局限性是：适应范围有限，准备工作费时、费力。

3. 讨论法　讨论法是一种通过学员之间的相互讨论来加深对知识的理解、掌握和应用，并能解决疑难问题的培训方法。优点主要有：参与性强，受训者能够提出问题，表达个人观点和意见；集思广益，受训者之间能取长补短，有利于知识和经验交流；促使受训者积极思考，有利于能力锻炼和培养。局限性有：讨论题目的选择和受训者自身水平将直接影响培训效果，不利于学员掌握知识，有时场面不能很好控制。

4. 远程教育法　远程教育法是利用电视会议或卫星教室等方式进行的培训方法。随着信息和互联网技术的发展和广泛应用，网络的远程护理人员培训得到迅速发展。对比传统的教学培训方式，远程培训技术具有更大的灵活性和自主性，以及培训覆盖的广泛性，可以有效地利用培训资源，增强培训效果。

5. 其他方法　多媒体教学、角色扮演、案例讨论、影视学习、虚拟培训等教学方法是近年来发展快、适应范围较广的培训方法，可根据实际需求有针对性选择运用于护理人员的培训教育中。

四、护理人员在职教育

在职教育是指在职人员利用个人业余时间到学校学习提升个人职业素养的一种重要方式。一般的在职教育指的是在职人员以单位员工的身份或全脱产、半脱产或利用业余时间去参加学校的学习。按照通过在职教育是否可以得到学历证书可以分为以下三种：即在职学历教育、在职培训和非学历教育等。

在知识日新月异的今天，一劳永逸的学习已经成为历史。护理人员在走上工作岗位后，需要继续进行在职教育，方可跟上时代的步伐以及医学前进的脚步。护理在职教育是保证护理质量，提高护士整体素质的关键。“终身教育、学习型组织”等概念均表明，护理人员的在职教育、持续学习已经成为增强自身竞争力的重要途径。护理人员的在职教育是组织可持续发展的基本保证，未来其决定性因素将不再仅仅是财务本，而是取决于一个组织内能否拥有高素质的人力资源。所以，无论从个体还是组织来说，护理人员必须有计划、有目的地进行在职教育，并同时保证教育培训的有效性，从而推动个人与组织的发展。

笔记栏

小 结

1. 职业生涯规划的原则
   - 利益结合原则
   - 机会平等原则
   - 共同制定、共同实施原则
   - 时间坐标原则
   - 发展创新原则
   - 全面评价原则
   - 切实可行原则
   - 实事求是原则
   - 目标一致原则
   - 动态变化原则
2. 护理人员培训
   - 培训目的
     - 实现医院和护士个人发展目标
     - 改善护士行为，提高护理劳动生产力
     - 节约成本，提高效率
     - 维持稳定的护理工作标准
     - 完善护理组织文化
   - 培训的原则
     - 按需施教，学用一致原则
     - 与组织战略发展相适应原则
     - 综合素质与专业素质培训相结合原则
     - 重点培训与全员培训相结合
     - 长期性与急用性相结合原则
   - 培训的形式
     - 脱产培训
     - 在职培训
     - 岗前培训
     - 护理管理人员培训
   - 培训方法
     - 讲授法
     - 演示法
     - 讨论法
     - 远程教育法
     - 其他方法：多媒体教学、角色扮演、案例学习等

【思考题】

(1) 职业生涯规划的概念。
(2) 职业生涯规划的基本步骤及原则。
(3) 护理人员培训的目的及功能。
(4) 护理人员培训的形式及方法。
(5) 你如何规划自己的职业生涯？

笔记栏

（王加凤　王　敏）

第十二章

人际关系

学习要点

- **掌握**：① 人际关系的主要理论；② 护患关系的影响因素；③ 医护关系的影响因素。
- **熟悉**：① 人际关系的特点；② 新形势下的护患关系；③ 护际沟通的要点。
- **了解**：① 人际交往的媒介与方式；② 护患关系现状。

第一节　人际关系概述

一、人际关系

（一）人际关系概述

1. 人际关系的概念　　人际关系是人与人之间，在进行物质或精神交往过程中发生、发展和建立起来的互动关系。

2. 人际关系的实质　　人际关系的实质是：① 人际关系的建立受利益驱使；② 利益是建立人际关系的基础；③ 利益对人际关系的性质起决定作用。

3. 人际关系的特点　　人的社会性是人际关系的本质属性。人际关系具有社会性、历史性、客观性、情感性、复杂性、变动性、网际关系等特点。人际关系的历史性特点是由社会生产力的发展和生产关系的变化所决定的，体现在人际关系随着社会的发展而发展变化。人际关系的客观性特点体现在：① 人际关系是客观存在的社会现象；② 人际关系的形成和发展规律具有客观性；③ 人际关系的功能具有客观性。物质生产推动人际关系的形成和发展；物质生产的发展导致人际关系的变化；物质生产的发展促进交往范围的扩大；前代人的物质生产制约后代人的人际关系。人的情感可分为结合性情感和分离性情感。在人际交往中，结合性情感越强烈，分离性情感越薄弱，交往程度越高。反之，结合性情感越薄弱，分离情感越高，交往程度越低。

（二）人际关系学

1. 人际关系学的概念　　人际关系学是一门研究人际关系的形成和发展规律，并以此规律来指导人们实践，优化人际关系的科学。

2. 人际关系学的研究对象　　人际关系学的研究对象是人与人之间的关系及其发展规律。人际关系学侧重研究人际关系的主要理论；人际关系的形成与发展；人际关系的结构与功能；人际关系的类型；影响人际关系的主要因素；协调人际关系的原则；人际交往的心理障

笔记栏

碍及其调适技法；完善主体、影响客体的技法；基本人际关系的协调技法；特殊人际关系的交往技法。

3. 研究人际关系的目的

（1）理论方面：① 建立一门独立的、系统的、完善的学科体系；② 为人们的人际交往提供科学的理论指导；③ 有助于分析和研究人际关系学与相关学科的联系和区别。④ 有助于从理论上划清人际关系学与庸俗关系学的界线。

（2）实践方面：① 协调、优化人际关系；② 预防、消除人际障碍；③ 建立、发展新型的人际关系；④ 培养、提高人际交往能力。

4. 人际关系的主要理论　奥尔特曼和泰勒（Altlnan & DA. Taylor）研究了人际关系建立的过程，认为良好的人际关系的建立过程分为四个阶段，从认知到情感，这四个阶段是逐渐深入的（Fulmer & Gelfand，2015）。第一个阶段是定向阶段，注意交往对象，有与交往对象初步沟通的心理活动；第二阶段是情感探索阶段，沟通的范围变大和深度加深，双方的关系出现实质性的变化；第三个阶段是感情交流阶段，人际关系安全感已经建立，人们会进行真诚的赞赏、批评，提出真实性的意见，会给出真实的反馈；第四个阶段是稳定交往阶段，进一步加深心理相容，自我暴露更加深刻，关系卷入更深（Belfi，Koscik & Tranel，2015）。

二、人际交往

（一）人际交往的概念

人际交往，即人与人之间的交流与往来。在现代汉语词典中，人际交往被解释为“人与人之间的互相来往”，但在学界，有关“人际交往”概念的定义却并不统一。我国哲学学者姚纪纲在其所著的《交往的世界——当代交往理论探索》中，分别从心理学、社会学、语言学、信息科学和传播学以及社会历史哲学等学科角度对人际交往进行了定义，将人际交往定义为一种特意的行为，一种社会联系，一种交流传播的过程，或是一种交往的方式。综合各个学科的概念定义，人际交往是人与人之间以语言符号为主要媒介，通过人际传播这样的传播类型，不断相互接触、沟通和情感表达，最终建立起特定社会联系的过程。

（二）人际交往的媒介与方式

人与人之间的交往是基于一定的媒介并通过一定的方式进行的，人际交往的方式伴随着人际交往媒介的变化而变化。有著作指出，根据媒介产生和发展的历史脉络，我们可以把迄今为止的人类传播活动区分为以下几个发展阶段：① 口语传播时代；② 文字传播时代；③ 印刷传播时代；④ 电子传播时代。伴随着这些阶段，人际交往的媒介和形式也在不断变化延续至今。在口语传播时代，人们人际交往的媒介就是每一个个体的人，他们进行人际交往的方式是面对面的交流。人们可以根据对方的语调、语速、表情、姿态等表达方式，与交往的内容和情境相联系，加深交往的丰富性。在文字和印刷传播时代，人们人际交往的媒介开始增加到书信，人们进行人际交往的方式增加了邮寄信件。人们将文字书写于一定的载体上，通过邮驿系统将文字所表达的内容与情感传达至另一方，弥补了面对面交往无法远距离传播的不足。在电子传播时代，人际交往的媒介开始增多，电报机、电话机、传真机和手机加入到了人际交往媒介的队伍当中，相应的，拍电报、发传真、语音通话及手机短信成为了人际交往的方式。在这一时代，人们能够将文字、图像、语音等内容信息通过无线和有线技术更为便捷地相互传递，进一步拉近了人际交往的距离，增加了信息交互的频度。20 世纪 90 年代以来，全球互联网络迅速普及和深化，人际交往的发展变化周期越来越短，随着互联网时代的到来，电脑也成为人际交往的媒介之一，由于电脑多媒体特性与互联网技术的联合，人际交往的方式也呈现出多样化的趋势。在这一时代，人际交往的方式从早期简易的电子邮件到虚拟聊天室，从朴素的 PC 端即时通讯到开放的 BBS 社区论坛和博客，人际交往的内容也从苍白的文本逐渐向含有图像、音频和视频的多媒体扩展。

笔记栏

第二节　护患关系

护患关系是护士与患者在提供和接受护理服务过程中自然形成的一种帮助与被帮助的、专业性的、互动的人际关系，它是护理实践中人际关系的核心。护患关系是一种特殊的人际关系，它是在日常的护理实践活动中在护理人员与患者之间建立起来的关系。当前，护理实践活动的范围和功能正在不断扩大，与此同时，护患关系中所涉及主体的范围也逐渐扩大。作为护理人员，他（她）既可以是临床护士，同时也可以是护理员、实习护生、护士长等；而患方，他（她）既可以是患者本人，同时也可以是患者家属、监护人等。

一、护患关系现状

无论国内还是国外，由于受到机械论和生物医学模式时期的影响，护患关系一直处于一种不乐观的状态。美国劳工统计局公布的医疗卫生行业中，护士在非死亡性攻击受害者中占第一位。在国内，随着医疗体制和卫生事业的发展，护士和患者之间的接触更加密切，患者对护理人员的服务要求逐渐提高，护理服务范畴逐渐扩展。在这种形势下，护患之间的摩擦与纠纷也日益增多，护患关系已成为摆在护理工作者及医院管理者面前的重要挑战。调查数据显示，护士遭受医院工作场所暴力的总体发生率为 55.0%，其中心理暴力为主，占总体的 54.4%、身体暴力占 13.2%。在对护患关系的态度方面，对我国北京、辽宁、河南、陕西、四川、湖南、江苏、广东等八省市的调查显示，48.4%的患者认为护患关系较和谐，仅 10.3%的护士认为护患关系较和谐。在对未来护患关系的发展认识方面，36.8%的护士和 12.0%的患者认为护患关系有恶化趋势。这些数据警示着医护团队和广大患者，也警示着整个社会，去反思、去探索新时代背景下构建和谐护患关系的道路。

二、护患关系的影响因素

引发护患冲突的基本原因是护患之间缺乏有效的沟通，引发护患冲突的直接原因或诱发原因是技术水平差，引发护患冲突的间接原因是医疗费用高，引发护患冲突的潜在原因是社会大环境的影响。影响护患关系的前三位因素是服务态度、技术水平和住院费用的高低。国内学者在分析影响护患关系的因素时都从护理人员、患者、医院、社会四个方面进行。

（一）护士方面

护士的综合素质不高，理论知识不够扎实，业务技术不过硬，护理队伍偏年轻化，相当一部分护理人员没有接受过沟通技巧、理念和知识的系统培训，从而由语言不规范，沟通方式和技巧欠妥，主动服务意识不强，忽略患者感受等原因引发了护患矛盾甚至冲突。针对护士个人问题对护患关系的影响主要集中在以下几个方面：

1. *技术方面*　护士娴熟的技巧是取得患者信任、拉近护患距离的关键，专业技术的扎实与否是对护理人员的最为基本的要求，这也成为护理人员为患者提供优质护理服务的根本保障。患者难以建立起对护士信任的原因之一是护士在护理过程中由于专业技术不过硬而出现的差错和失误。

2. *服务意识及态度*　随着患者对护士要求的不断提高，护士的服务意识和态度成为导致护患矛盾和纠纷的导火索。在与患者的沟通与接触中，护士周到细致和主动，热情的服务是改善护患关系的有效方法。

3. *法律意识*　患者对护理服务的质量要求已随着社会的进步和法律知识的普及被提升到了一个更高的层次，患者的法律意识和维权意识也逐步加深，护理人员有可能因为一些无心的言语或

笔记栏

动作，患者就会认为护理人员侵犯到了自身的权利，从而引起护患纠纷。

4. 职业道德与伦理道德　护士的职业既是科学又是艺术，作为一名护士，在面对不同文化背景、不同性格、不同思想和感情的患者面前，必须要发扬无私奉献的精神，将患者放在首位，把解决患者的病痛乃至心理问题看得高于一切，这是建立良好护患关系的基础。尊重患者的生命和权利是护理理念的本质，护士的职责不仅仅是要用高超的技术为患者缓解病痛，现代护理理念更是要求护士在患者的精神和心理方面提供相应的支持和安慰。

5. 健康教育水平　健康教育是整体护理的重要内容之一，健康教育实施的好坏也成为影响护患关系的重要环节。

6. 人文素质　有着“白衣天使”之称的护士在人们的心目中有着整洁、端庄的形象，所以整洁的着装、端庄的言行以及良好的气质都给患者以良好的第一印象，使患者无形之中产生了安全感和被尊重感，这样就拉近了护患之间的距离，更是成为缩短护患之间距离的基础。在实施护理服务时，引起护患矛盾的重要因素往往是不能与患者进行很好的沟通，加之语言技巧、服饰礼仪、交际心理、交际礼仪、艺术欣赏等知识的欠缺更加激化了护患间的矛盾。

7. 医护关系　医疗和护理作为两个不同的学科，形成了不同的体系，也有着不同的内容，在临床上医疗和护理绝对是密不可分的，不和谐的医护关系也会直接或间接地引起护患纠纷。如在治疗过程中，医疗病历和护理病历的记录和书写方法存在不同，患者及家属则会对病案记录的不一致性产生对病历真实性的怀疑，进而导致医患纠纷。

（二）患者方面

患者缺乏一定的就医道德规范，过度维权，过度强调自身利益，不遵守医院规章制度等，也是引发护患纠纷的主要原因。

1. 素质方面　患者的受教育程度以及家庭背景各不相同，看问题的角度和理解问题的方法不一致。

2. 角色转换　患者患病后，不仅是身体出现了不适的生理症状，由于角色变换心理也会产生不同程度的变化，如焦虑、恐惧、情绪易激动，猜疑心理加重，感觉孤独、依赖性增强等心理反应，如果护理人员没有及时发现、关注患者的这些变化，没有给予患者一定的理解和疏导，护患之间就无法建立起良好的关系。

3. 对护理工作的认识　传统的观念及社会舆论使得患者对现代护理工作的认识产生偏差，从而对护士的依从性和信任度低于医生，可导致患者对护士工作的不配合，从而引发护患矛盾。

（三）医院方面

1. 管理方面　在构建和谐、良好的护患关系过程中，医院的内部管理也是不容忽视的，医院健全的规章制度、完善的护理流程为其奠定了良好的基础。医院危机管理就是在当今复杂、多变、激烈的环境条件下，医院的管理者应树立忧患意识，时刻注意与各方面的有效地沟通与交流，尽最大可能地消除自身的不足，做到防患于未然。

2. 护理人力资源缺乏　护理人力资源配置严重不足，导致临床护士工作轻度和负荷过大。护士忙于疾病的治疗和基本护理工作，使得患者合理的需求得不到及时和有效满足，导致护患关系紧张。

3. 纠纷的处理及防范　在处理纠纷时，医院没有完善的流程、措施以及良好的反馈机制，也是导致护患纠纷的重要原因。

（四）社会方面

一些不实、夸大的负面报道影响了社会大众对医院的信任度，社会舆论导向对医院和医护人员产生了负面影响，加深了民众对医院、医护人员的不信任，影响了公众对事件的正确判断。

三、护患关系的演变及发展过程

（一）传统的护患关系

传统的护患关系里，医护人员绝大部分面对患者的时候都甘愿付出、无私奉献，对待专业知识也是本着兢兢业业和刻苦钻研的态度，所以对专业知识和技术的把握都是扎实和牢固的，这也成为患者服从和信任护士的最主要的原因。

（二）护患关系的演变

自改革开放后，伴随着社会的不断进步和经济的快速发展，人们接触到的事物和信息都发生了翻天覆地的变化，国门的开放以及国外新思想、新观念的流入，都深深地影响了一大批人的世界观、价值观，人们的消费意识受到市场经济的冲击而有所变化，维权意识和法律意识则是受到媒体的宣传和舆论的影响而大幅度提高。同时，信息传播的速度较快，一些病情较轻、经济条件困难的患者通过网络即可查阅治疗自己病痛和疾病的方法。一些医疗纠纷、护患纠纷通过网络迅速传播开来，加之媒体舆论的负面宣传，导致患者对医院以及医护人员已经失去了原有的信任，护士的地位也已大不如前。随着护患之间诚信危机的出现，护患冲突发生率也呈逐年上升的趋势。调查还发现，护士受到暴力侵害的主要原因并非完全出在护士自身，这些冲突的发生使得护患之间俨然成为对立的两方，这种极端的、不寻常的现象引发了社会各界的深思。

四、新形势下的护患关系

传统的“主动-被动型”护患关系已不再适应“以患者为中心”的现代护理模式，21 世纪必将在“平等-合作型”的基础之上，逐步建立起“相互参与型”或“引导-合作型”的新型护患关系。有学者认为，目前的护患关系具有以下发展趋势：人机化趋势、经济化趋势、多元化趋势、社会化趋势、法制化趋势。

1. 人机化趋势　　科学在发展，时代在进步，当今的医疗卫生的实施过程越来越离不开先进医疗仪器设备的辅助和应用，这也使得护士和患者之间夹杂了更多物的因素，护患关系也已不再是单纯的护士-患者的关系模式，更多地转变为“护士-机器-患者” 的模式。人际关系正在逐步地被人机关系所阻隔并替代。这种趋势是不被新型医学模式所接受和采纳的，因此今后的护理实践过程中应克服和避免“高技术-低感情”的护患关系发展趋势。

2. 经济化趋势　　社会主义市场经济在不断地深入和发展，医疗卫生体制也在不断改革，医院管理体系和制度也随之不断改善，医院在以社会效益为前提的基础之上，同时也重视了经济效益，将优质服务与经济管理统一起来，把为患者服务与医院医护人员个人经济利益相挂钩，这就使得医护人员与患者之间的经济利益更加的明显。这也逐步衍生了护患关系的经济化趋势，变相导致一些医护人员为了眼前的利益，放弃了应有的职业道德和全心全意为人民服务的基本要求，使得护患关系更加恶化。

3. 多元化趋势　　护理学科的不断发展使得对护理人员的要求已不再仅仅是医生的助手，而是为满足患者生理、心理等多方需求主动地、自主地开展整体护理工作；同时，随着社会的发展，人们的生活水平不断提高，人们对健康的要求也已不仅仅局限于对疾病的治疗和康复，对生活和生命质量也提出了更高的要求。再者，不同肤色、不同种族、不同文化、不同地域以及不同信仰的外国人也逐步进入了医护人员的服务范畴，这就更加要求护理人员不断提升自身的专业技术水平和职业素质，以适应当前趋势，满足患者的多元化需求。

4. 社会化趋势　　近年来，在国家相关政策扶持之下，家庭护理保健、社区医疗保健、康复护理保健等事业快速发展起来，相关的工作越来越多、越来越重，这就使得护理人员走出医院，走向社会、走向家庭的趋势愈来愈明显。医学模式在不断转变，护患关系趋向社会化，这就要求护士更好地学习医学和人文科学类的知识，以利于更好地服务于社会。

笔记栏

知识拓展

患者角色具有社会特殊性，可能给患者本人及他人带来影响。有的患者从一般社会角色进入患者角色，或从患者角色返回到一般社会角色的过程中，往往存在角色不清、角色错位和角色冲突。① 角色不清：因社会急剧变化导致社会角色内涵、行为规范发生变化等，对原有或变化的特定角色的行为规范不甚了解或完全不知，不知如何去做，而无所适从。② 角色错位：角色错位是指人们在扮演某种社会角色时，没有按该角色应有的行为方式进行活动，即应有的行为没有表现，不该有的行为却显露出来。③ 角色冲突：是指对扮演的社会角色不适应，造成角色与角色之间的矛盾。

第三节 医际关系

一、医护关系

（一）医护关系概述

医疗和护理活动均起源于人类的生产斗争和社会实践。萌芽阶段的护理活动不仅和医疗活动紧密地结合在一起，而且没有从生产劳动和社会活动中分化出来，仍然属于人类生活经验的一部分，且具有一定的宗教迷信色彩。公元前 2～3 世纪，随着生产力的发展，医、巫开始分离，出现了专职医生。在此之后，医、护、药长期合在一起，因而也就不存在分工问题。后来，由于患者的集中收治，护理作为一种简单的劳务分工，开始为患者提供各种生活服务。由于当时临床医学还刚刚处于形成之中，整个社会的劳动分工还很不发达，护理作为一个专业尚未形成，也未被社会承认和接受，因而医护关系也就无从论起。19 世纪 60 年代以来，社会生产力的发展，近代工业社会分工的需要，自然科学特别是生命科学的光辉成就，为护理学科的形成提供了必要的基础。这一方面，南丁格尔作出了杰出的贡献。她创建了护理学的专业框架，致力于发展护理教育，培养专门的护理人才，护理学作为一种社会分工和职业，才为社会所承认，从此出现了医护关系。但是长久以来，医护关系受到了生物医学模式的深刻影响。

生物医学模式曾为维护人类的健康作出过重大贡献，为现代医学科学的发展奠定了基础。但是其认识论上是受精神和躯体相分离的二元论和机械唯物论的影响，对人体的结构与功能、局部与整体、机体与环境、微观与宏观等关系的认识上缺乏系统性；方法论上是还原论，又引导人们过多地依赖药物和手术等方法，尽可能地修复损伤的结构和功能，而忽略了心理和社会环境、生活方式对健康和疾病的作用。由于服务对象只是疾病，因而对疾病的诊断成为决策的依据，在此前提下，医生作出有关诊疗护理措施的决定，甚至患者采用何种等级的护理，何种饮食等均由医生决定，护士的任务就是执行医嘱，做一些简单的生活护理，这种生产关系使医护关系逐步演变成一种主从关系。

1940 年以后，美国护士开始被要求从事一些以前被认为是医生的工作，护理工作开始包括测量血压、吸痰、协助输血、给氧、注射药物、协助手术及助产等。这种改革改变了护士那种宗教形象和奴仆形象，护士的服务范围较之以前有所扩大，但由于护理理论尚不够完善，护理人员的主要工作仍是执行医嘱提出的任务，协助医生完成一些诊疗技术操作，护理人员不直接对患者负责，而是仅向医生负责。同时由于传统的科主任负责制的影响，以及功能制体制的限制，使医生和护士的关系，仍维持着一种主从关系，护士的从属地位尚未得到根本性的转变。

笔记栏

20 世纪中叶以来，自然科学、人文社会科学迅猛发展。系统理论的出现在人文社会科学和自然科学之间架起了桥梁，冲破了因专业划分过细而形成的学科间的屏障。与此同时，1948 年，WHO

提出了健康新概念,即"健康是身体、精神和社会都处于完全良好的一种状态,而不单是指没有疾病和体弱";1977 年,美国罗切斯特大学精神病学和医学教授恩格尔提出了生物-心理-社会医学模式。人们开始认识到,医学服务的对象不仅仅是疾病,而是一个完整的人,是在心理活动和社会适应能力上有差异的人。因而提出了以患者为中心的护理思想,并在此基础上建立了一整套的理论,包括护理理念、护理程序、护理诊断等,在服务方式上也开始突破传统功能制护理的束缚,实施新型的整体护理服务模式。护理学研究方面也提出了护理的三大职责,首次向传统的单纯执行医嘱提出了挑战。护理专业队伍的整体素质不断提高,使护理服务范畴不断扩大,护理服务的专业化程度不断提高,传统的医护关系受到了质疑。实践证明,传统的医护主从关系已不能适应当今医学服务的需求,不能满足服务对象日益增长的心身健康的需求,学者们开始对医护关系进一步研究。目前,学界已形成共识,即医疗与护理分别是两个相互依存、相互独立的职业,医生的任务侧重于疾病的诊断和治疗,而护士的任务侧重于与患者疾病相关的生理和心理反应,并及时地应用护理手段向患者提供援助,以最大限度地满足患者生理、心理和社会精神方面的需要。由于二者在服务目标和任务上存在着差异,因此必然存在职责分工方面的差异。护理的职责包括独立的、相互依赖的、依赖的三类,因而医护之间既有协作,又有分工,二者共同为恢复、维护、促进患者的健康服务,二者应该是一种平等协作关系。

(二)医护关系的影响因素

1. 历史因素　医疗和护理活动均起源于人类的生产斗争和社会实践。萌芽阶段的护理活动不仅和医疗活动紧密地结合在一起,而且没有从生产劳动和社会活动中分化出来,仍然属于人类生活经验的一部分。随着生产力的发展,人类积累了越来越多的医药卫生和护理活动的经验。公元前 2000～3000 年,专职医生的出现,医学理论基础的形成,标志着医学已成为一门专业学科。但在很长一段时间内,医护不分,护理活动仍是医疗活动的组成部分之一,护理知识融汇在医药知识之中。随着医院和病所的出现,有史料记载,公元前 225 年,印度的阿索卡(Asoka)王朝时曾有男性在医院里担任护理工作;公元 4 世纪,古罗马帝国的教会医院也已有了看护患者的制度,但此时的护理基本局限在对患者的生活照料及精神安慰等方面,没有形成科学的理论体系,只是一般意义上的护理活动,属于劳务分工性质,与专业要求仍有距离。19 世纪 60 年代以来,社会生产力的发展,近代工业社会分工的需要,自然科学特别是生命科学的光辉成就,为护理学科的形成提供了必要的基础。这一方面,南丁格尔作出了杰出的贡献。她创建了护理学的理论框架,致力于发展护理教育,培养专门的护理人才,护理学作为一种社会分工和职业,才为社会所承认。但是这一时期的护理只限于医学知识的延深,培养护士的是医生而不是护士,护士主要作为医生的助手和附属开展工作,护理没有形成与医生工作有紧密联系但却是独立组织进行的工作;护理学仍局限于应用和实际操作的范围,虽然形成了初步的框架,仍远未形成系统完整的理论体系,作为一门独立的学科还很不完善。二次世界大战结束后,各国政府开始认识到,护理是防病治病,救死扶伤中的一个重要专业,因而引起了重视。人们对护理专业的认识日益深化,护理学学科理论及其框架逐渐形成,结束了以往那种琐碎分散、单纯劳务和辅助性的专业状态;护理高等教育正在广泛普及,一支高级护理人才队伍正在形成;护理工作从医院走向社会,社区护理蓬勃发展;适应护理事业和护理学科发展的需要,世界各国都形成了自上而下的护理管理指挥系统。以上说明,护理学从萌芽到现在,经历了一个从初级到高级,经简单劳务到学科缓慢发展的过程。护理学作为一门专业为人们所承认,至今也才不过 150 年的历史,而医学的发展已经历了近五千年的历史,就学科自身来说,护理是一门既古老又年轻的科学,是一门发展中的科学。虽然护理界同仁经过长期的实践与研究积累了丰富的实践经验,但至今才仅仅形成了理论上的框架,很多问题尚待进一步完善,其专业化程度尚待进一步提高,这也是和临床医学相比较为不足的地方。这也是人们对护理学不够重视的重要的历史原因之一。

笔记栏

2. 医学模式的影响　医学模式是人们对人类健康与疾病的特点和本质的哲学概括,是在不同的经济发展时期和医学科学发展阶段,认识和解决医学与健康问题的思维和行为方式。生物医学模式是伴随着近代自然科学的飞速发展而产生的，不仅在近代医学中占有重要地位，而且极大地推进了医学科学的发展。他对医学的影响主要表现在奠定了医学实验研究的方法与地位，把医学从经验医学推进到实验医学阶段；促进了对人体结构和生理、病理过程的深入研究；为自然科学研究成果应用于医学领域积累了丰富的经验；对疾病的防治建立起较完整的诊疗治疗常规，并形成了一套以疾病为中心的保健制度与法规。以疾病为中心的护理思想就是在生物医学模式的影响下产生和发展起来的。生物医学模式及以疾病为中心的护理思想确定了医护分工和医护之间的主从关系，改变了护理人员的宗教形象和奴仆形象；极大地推动了护理技术的发展，形成了基础护理和各专科护理的一整套技术；临床护理服务按照工业流水式作业法组织分工，建立了功能制护理的服务模式，因而省人、省时、省力。然而，生物医学模式的重大缺陷是医学服务把人看成是生物人，只重视疾病护理，不重视心理、社会因素对人健康的影响。正是因为生物医学服务的目的、内容、方法均以治疗疾病为主，而医生又完整地、系统地学习过收集资料的内容、方法和诊断、治疗疾病的方法和技术，并且形成了一套较为全面的认识论和方法论体系，建立了临床医学决策论的理论和实践基础。而护理方面，护理诊断作为护士的认识论和方法论体系在应用过程中仍存在很多问题。例如，使用护理诊断的前提就是要应用护理程序开展工作，第一步就是健康资料的收集。然而护士普遍都不太重视患者健康资料的收集工作，一方面大部分护士缺乏收集患者健康资料的知识储备，没有掌握收集资料的方法技巧；另一方面，由于功能制护理的限制，护士疲于完成自身的本职工作，主动性、积极性和创造性难以发挥，没有热情和精力去收集健康资料。就护理诊断本身来讲，现在仍处于分类学研究阶段，它的不成熟和不稳定性给临床应用带来了困难。可见，相比较临床医学而言，护理学尚未建立自己系统的、全面的决策体系。护士因而不得不将执行医嘱作为自己的主要任务，护理工作以技术操作为主，从而形成了“医生的嘴，护士的腿”的医护关系，这也是造成医护关系不平等的原因之一。南丁格尔的护理培训思想也受到了生物医学模式的影响，她强调近乎完美的护士行为，即富有责任心，具有自我牺牲的精神，工作勤劳、服从医生，并且拥有母亲般温柔的品性。这些理想的形象品质，使护士看起来像受过训练的天使。事实上，南丁格尔是把母亲和管家的最优秀品质赋予了她理想中的护士形象。虽然南丁格尔使护理成为受人尊敬的职业，但是她的这种思想却将护士的社会角色定位于服从医生的监督和领导上，这种思想在世界范围内至今仍有广泛和深刻的影响。这也是护士职业化难以取得成功、难以建立平等协作的医护关系的重要因素之一。

（三）新时期医护关系

医生和护士是医疗卫生保健工作队伍中的两支主要力量，医护关系也是医疗人际关系中的基本关系。社会学上的研究表明，专业只有分工的不同，而无高低之分。国内外的学者对于医护关系问题进行了大量的研究，并已形成共识：现代医护关系是医护之间相互合作、相互独立、既有协作又有分工，二者是一种平等关系。

医疗机构是社会大系统下的子系统之一，而医生和护士又是医疗机构中的重要组成部分。在为就诊者提供服务的过程中，高质量的医疗和护理服务是帮助服务对象恢复、维护和促进康复，减少医患矛盾的重要条件，这需要建立科学、和谐的医护关系，医护之间密切分工与合作。因而建设和谐的医护关系是建设和谐社会的重要内容之一。当前人们已经认识到，影响人类健康的不仅仅是生物学因素，还包括心理因素、社会学因素和环境因素。因此，发展生命科学、维护人类健康，不仅需要医疗，还需要护理人员及其他专业人员的积极参与，充分发挥护理人员的主动性和积极性，才有助于推进生命科学的发展。随着人们健康需求的日益增加，护士在健康保健中发挥着越来越重要的作用，和谐的医护关系有助于提高护士工作的满意率、改善护士的工作状态、减少离职率，因此，建设和谐的医护关系是护理队伍可持续发展的需要。但已有的科学事实是在我国的广大医疗机构都不同程度地存在着“重医轻护”现象，这一历史观念深刻影响着护理的发展，护理工作的从属地位在临床上未得到根本性的转变。根据现有问题及形成因素分析，我们认为：

首先，承认护理学起步较晚的现状，积极推进护理学的发展。一门学科要发展，依靠的就是科技创新，而教育是其能源。因而我们应采取多种方式大力发展高等护理教育，建立健全专科护士培

笔记栏

养体系，提高护理人员的文化知识水平与专科技术水平，改善护理人员的知识结构，培养适应生物-心理-社会医学模式，满足服务对象健康的需要的高级护理人才。

第二，必须要转变医学服务理念，改变生物医学模式。不仅医生要转变，医学服务机构的各个专业、各个领域都要转变，而且医院管理层需要开好头，带动其他的部门更新理念，转变陈旧观念。

第三，护理队伍必须加强自身的建设。保证医院护理人力资源的配备，缓解护理队伍缺编的状况；合理利用护理人力资源，减少护理人才的流失。创造良好的工作条件，吸引男性从事护理工作，扩大男性护士的比例。

最后，护理学的发展这离不开国家政策上的保证。改革医院的护理组织管理体制，扩大护理部在护士管理方面的职能，提高管理效能；改革医院的分配制度，并采取一定的监督机制，确保护理人员的经济权益；合理设定护理人员晋升高级职称的标准，鼓励和支持护理人员外出进修学习新理论新技术，加大对护理科学研究的投入等，进而保证护理人员的社会权益。此外，国家还应进一步完善相关的护理法规，加快护理立法的进程，以法律的形式保障护士的执业。

医护关系的建设归根到底是护理学的发展问题。护理学必须坚持科学发展观，影响发展的根本因素是人。促进护理队伍的全面、协调、可持续发展是一个漫长而复杂的过程，需要我们进一步的研究。

二、护际关系

（一）护际关系概述

护际关系是指护士、实习护士、助理护士、护理员在内的护理人员的人际交往关系。由于护理人员职责分工、知识水平、工作经验的不同，往往会出现人际交往的各种矛盾及互不协调的现象。它是护士人际关系中的一种基本关系，良好的护际关系，不仅有利于护士自身的身心健康，而且有利于促进护士之间的团结协作，对推动护理改革的顺利进行，促进护理程序的贯彻实施，为患者提供优质的身心整体护理，都有着重要作用。

（二）护际沟通

1. 上下级护际关系沟通

（1）上级对下级：护士长是病区护理管理工作的组织者和指挥者，同时也是护理人员之间相互关系的协调者。作为护士长，首先应不断更新知识提高自身业务素质，树立在护士中的技术威望。在平时的管理工作中应主动关心护士的生活、工作、健康、家庭和学习，做每个护士的知心朋友。对护理工作中存在的问题和不足进行批评或处罚时应对事不对人，注意一视同仁，以理服人，护士长应主动承担责任，使之心服口服。护士长还应从多角度去了解每一名护士的特长与不足，充分发挥他们工作的积极性。

（2）下级对上级：作为护士，要体谅护士长工作的艰辛，服从他们的领导和管理。经常与护士长沟通，保持上下级之间信息传递畅通。在完成本职工作的前提下，积极配合、支持上级领导的工作，促使各项护理工作能够有条不紊、顺利的开展。

2. 护际关系沟通　不同年龄、职称、学历护士之间的关系沟通：高职称的年长者应主动关心年轻护士的成长，使他们尽快地提升业务水平，培养良好的职业道德。低职称的年轻者应尊敬年长者，遇到不明白的问题应多请教经验丰富的老护士，出现错误时虚心接受批评指导。带教老师与护生之间的关系沟通：带教老师的言行举止为护生树立了榜样，因此，带教老师应用自己的言行、情感影响和指导护生。带教老师还应注意护生之间的个体差异，做到因材施教。在护理工作中，带教老师让护生去寻找锻炼自己的机会，并帮他们总结经验教训，不断地提高他们独立思考、发现问题、解决问题的能力。

笔记栏

3. 特殊情况下的护际关系沟通

（1）交接班护士之间的沟通：护理人员交接班是维持护理工作正常运转的重要环节，是保证护理工作延续顺利的保障。因此，护理人员应以科学、严肃、严谨的态度进行交接班，各种记录做到及时、准确、全面、清晰、真实。对病情状况、药品及无菌物品的种类、数目等要当面交清。对危重患者应进行床头交接班，避免因护士间关系的亲疏而影响交接班。一旦出现差错应根据相关法律法规规定，勇于承担相应责任，不回避、不推卸。

（2）危重患者的抢救的护际沟通：应以认真负责的态度和专业的病情观察技巧密切关注危重患者的病情，及时发现问题并提出改进意见和处理办法。

良好、和谐的护际关系，使护理人员在工作时心情舒畅，能够在工作中发现乐趣，大大提高了护理质量，有利于患者疾病早日康复。对护理群体而言，可以提升团队协作的凝聚力，从而获得良好的社会及经济效益。

小　结

1. 护患关系的影响因素
    - 护士方面
        - 技术方面
        - 服务意识及态度
        - 法律意识
        - 职业道德与伦理道德
        - 健康教育水平
        - 人文素质
        - 医护关系
    - 患者方面
        - 素质方面
        - 角色转换
        - 对护理工作的认识
    - 医院方面
        - 管理方面
        - 对护士的培训
        - 纠纷的处理及防范
    - 社会方面
2. 新形势下的护患关系
    - 人机化趋势
    - 经济化趋势
    - 多元化趋势
    - 社会化趋势
3. 医护关系的影响因素
    - 历史因素
    - 医学模式的影响
4. 护际沟通
    - 上下级护际关系沟通
    - 同级护际关系沟通
    - 特殊情况下的护际关系沟通
    - 危重患者的抢救的护际沟通

【思考题】

（1）护患关系的影响因素有哪些？

（2）新形势下的护患关系有哪些趋势？

（3）医护关系的影响因素有哪些？

（4）护际沟通包括哪些？

笔记栏

（祝娉婷）

第十三章

人际沟通

学习要点

- **掌握**：① 人际沟通的影响因素；② 护士的非语言沟通的主要形式和运用；③ 护士的语言沟通技巧；④ 常用的沟通技巧。
- **熟悉**：① 护士的非语言沟通的特点及作用；② 护士的语言修养；③ 特殊情景下的沟通技巧。
- **了解**：沟通与治疗性沟通。

第一节　人际沟通概述

一、沟通与治疗性沟通

（一）沟通

人际沟通简称沟通，又称人际交流，是指社会中人与人之间的联系过程，即人与人之间传递信息、沟通思想和交流情感的过程。

（二）治疗性沟通

1. 治疗性沟通的概念　　治疗性沟通是以患者为中心，护士帮助患者进行身心调适，使患者从疾病状态向健康方向发展，能应对应激、调整适应，并与他人和睦相处的技巧。它是一般性沟通在护理实践中的应用，是有目的的护患沟通。治疗性沟通的内容是护理范畴与健康有关的专业性知识内容。

2. 目的　　① 建立良好的护患关系；② 收集资料；③ 促使患者参与治疗护理，积极合作；④ 向患者宣教健康知识，提高其自我护理能力；⑤ 为患者提供心理社会支持，促进身心健康。

3. 特点　　护患双方围绕与健康有关的内容进行有目的的、以患者为中心的沟通。

4. 实施过程

（1）准备与计划阶段：包括了解患者的基本情况，明确交流目的和内容，制定交流的提纲，提供适于交流的环境。

（2）沟通开始阶段：应尊重患者，有礼貌地称呼患者，主动介绍自己，协助患者取舒适的体位，说明沟通的目的及所需时间。

（3）沟通进行阶段：以患者为中心，鼓励患者交谈。除采用一般性沟通技巧外，还可采用其他沟通技巧，如：指导性交流技巧，即患者向护士寻求指导，护士给予患者专业知识、经验的指导及帮助等。非指导性交流技巧，即患者在护士的支持和促进下，运用自身潜能找出、面对并解决问题。提问技巧：护士应多使用开放式提问。但应注意一次只提一个问题，并尽量使用患者能理解的语

笔记栏

言，问题应简单、明确。

(4) 沟通结束阶段：在沟通结束时应注意：① 根据实际情况和预期计划控制结束时间，结束时不提新问题；② 简单总结交流内容，核实记录的准确性；③ 预约下次交流的时间和内容；④ 对患者表示感谢。

5. 治疗性沟通的障碍

(1) 护士方面：护士同理心不够，准备不足或不善沟通。护士应避免产生以下情况。① 急躁；② 改换话题或打断患者谈话；③ 主观武断，如"我要是你，我就愿意作手术"等；这样使患者感到护士不理解自己，甚至在责备自己。有时也会给患者增加新的负担。

(2) 患者方面：对自己的疾病、健康状况、治疗措施不了解或记不住医嘱；或者由于理解能力有限，与医护人员缺乏共同的认识，使双方发生沟通障碍。要解决沟通障碍，真诚的态度是帮助者最基本的条件。护士的真诚、高度的责任心、同情心就容易提高患者的信任。护士要宽容、大度并不断地提高自己的业务素质。在与患者交往中设身处地为患者着想，经常设法调整，选择最易被患者接受的方式进行沟通。

二、人际沟通的影响因素

影响人际关系的社会心理因素主要有：个人特质、态度的类似性、需要的互补性、交往频率和物理距离。

(一) 个人特质

影响人际关系的个人特质包括三个：一是个性的品质；二是能力；三是外表的吸引力。

1. 个性的品质　　个性品质常会影响人与人之间的交往。良好的个性品质是人际关系的基础。社会心理学家认为，那些不尊重他人、以自我为中心、过分自卑的个性品质容易阻碍人与人之间的吸引，不利于人们的团结与协作。而在群体中，一个性格开朗、活泼，心胸开阔、坦荡，性情和善、宽厚，富有同情心，能体谅他人的人，易受到其他成员的欢迎，因而也易同他人建立良好的人际关系。相反，一个性格孤僻、古怪、固执、自高白大、目空一切，或敏感多疑，或感情贫乏、麻木不仁的人，就难以与人相处，难以形成良好的人际关系。我觉得我是一个比较开朗的人，所以人际关系还不错。

2. 能力　　能力高低也是人际吸引的重要因素，因为聪明能干的人可以给人以智慧和帮助，且言谈举止赏心悦目。

3. 外表的吸引力　　外貌是引发第一印象的"窗口"，虽然作为人际吸引的因素不太公道，但外貌所起的微妙作用是无可否认的。因为，爱美是人的天性。所以，人们要根据自己的年龄、身材，进行适度的装扮，以产生积极的晕轮效应。

(二) 态度的类似性

人与人之间若对某人或某种事物有相似的态度，如有共同的理想、信念、价值观或兴趣爱好等，就容易引起彼此间思想上的共鸣与行为上的同步，形成密切的关系。俗话说："物以类聚，人以群分"，人以群分的基础就在于他们对事物是否有相同的态度，"相见恨晚"，就是态度相似性在交往上的表现。这说明态度的类似性也可以影响人际关系，因为他们两个有共同的目标，所以即使以前不是好朋友也可以成为学习上共同勉励的好朋友。

(三) 需要的互补性

当人意识到自己有某种不足时，会发自内心地羡慕具有这种特点或能力的人，愿意与其接近，以便在彼此的交往中，通过取长补短，使双方的需要都得到满足。

(四) 交往频率

笔记栏

交往频率是指人们在单位时间内相互接触的次数。一般交往频率越高，越容易形成共同的经验，产生共同的语言和感受，即交往频率与人际关系的密切程度成正比例关系。反之长久不交往，关系就逐渐疏远。当然交往的内容也不能忽视，如交往只是互相应酬，即使频率再高，也难以形成真正的友谊。

（五）物理距离

俗话说“远亲不如近邻”。通常人与人之间在地理位置上越接近者，交往机会越多，容易形成较密切的关系。地理位置越接近，越容易发生人际关系。同在一地居住，同在一学校读书，同在一个单位工作，同在一栋楼房生活，彼此容易认识和了解，感情上也容易接近。

（六）社会因素

社会因素是影响人际关系的客观外在因素。社会经济发展水平、人们的生活方式及价值观念、社会风气、道德风尚等都直接或间接地影响人际关系。总之，影响人际关系的因素有很多，所以我们在现实生活中，应扬长避短，注意人的个性特点的差异性、关注个性倾向的一致性，注意交往的频率和水平，力求需求的一致或互补，以达到建立良好人际关系的目的。

知识拓展

治疗性沟通是指医护人员以沟通为治疗手段进行治疗，解决患者现存主要问题，选择时机，有目的、有原则、分层次地进行针对性的沟通。同时，治疗性沟通也是心理学上常用的一种治疗方法，是帮助患者应对焦虑等不良情绪，表达情感支持、提供信息和反馈、纠正非理性认知，给予希望的一种护理沟通。

第二节　护士的非语言沟通

一、护士的非语言沟通的特点及作用

（一）护士的非语言沟通的特点

在人与人交往的过程中，约有65%应用非语言沟通。非语言沟通是以人体语言（非语言行为）作为载体，即通过人的目光、表情、动作和空间距离等来进行人与人之间的信息交往。而护患之间则是通过面部表情、体态、动作、触摸、保持适当距离等方式来作为增强语言交流的表现力、吸收力和效果，以达到护患间的思想、感情、信息的传递和沟通。其特点包括：

1. 多功能性和丰富性　非语言沟通时常借助非语言符号，主要包括以下几个方面。

（1）动姿：面部表情、目光、姿势、手势等。

（2）静姿：站姿、坐姿、沟通双方的空间距离。

（3）辅助语言：音量、音调、节奏、停顿及沉默等。

（4）类语言：呻吟、叹息等。

在护患沟通中，这些非语言行为为双方提供了多功能的、丰富的、有价值的信息。

2. 多渠道性和多感受器性　非语言交流的信息，可同时刺激患者的视、听、触觉，对患者产生更强的正面或负面影响。

3. 真实性　大多数情况下，非语言行为是无意识的，带有个人习惯性，是个人真实感情的准确流露和表达。

4. 连续性　非语言沟通的信息会不间断地、持续地将护士的情感、态度、技术水平等传递给患者，使患者产生不同的感受。

（二）护士的非语言沟通的作用

非语言有着口语及书面语不可替代的功用。它可以支持、修饰、加强或否定语言行为，表达语言所难以表达的内容。人们在特定的环境中，往往一个眼神、一种动作即可表达用意。护士恰当礼貌地使用非语言交流，以弥补语言交流的不足，对护患沟通的作用是不可忽视的。在一些特定的环

笔记栏

境下，非语言沟通显得尤为重要，如咽喉患者、神经外科患者等不能用语言向医护人员、家属表达他的要求，只能依靠表情姿势或手势来反映他的感受。护士的非语言沟通的作用表现在方方面面，例如：柔和适中的语音会给患者一种安全感，面带微笑接待患者是良好护患沟通的第一步，它可以消除患者的陌生感、拉近护患之间的距离，给患者带来温馨愉快的心情。护士可通过目光、眼神表达对患者的同情和倾听，从而增加患者对护士的信任，营造良好的心情；护士端庄的仪表、落落大方的举止可消除患者的疑虑，给患者以心理上的安慰。对老年患者的搀扶，对同龄患者恰当距离和举止，对小儿患者爱抚和触摸等都可以使痛苦的患者减轻不适，使不安的患者平静下来。

二、护士的非语言沟通的主要形式

1. *仪表与举止*　护士端庄稳重的仪容，整齐清洁的服饰，高雅大方、训练有素的举止，反映了护士的职业美。端庄的仪表能唤起患者的美感，给患者良好的第一印象，满足其审美的需要，护士在抢救危重患者时的从容镇定，当机立断；各种操作有条不紊；各项抢救技能准确熟练；这些非语言行为能消除患者的恐惧心理，稳定患者的情绪，给患者安全感和信任感。

2. *面部表情*　面部表情是世界通用的语言，不同文化或国家对面部表情的解释具有高度的一致性。人类的各种情感都可非常灵敏地通过面部表情反映出来。人的面部表情多达 25 万种，它是确认情绪反应自然特征的最重要的部位，其中有两个部位的表情特别重要，一是目光或眼神，人的眼神可以表达各种不同的情绪和情感，例如：高兴和兴奋时“眉开眼笑”，气愤时“怒目而视”，恐惧时“目瞪口呆”，悲伤时“两眼无光”，惊奇时“双目凝视”等。所以，观察患者的眼神可以了解他的思想和愿望，推知其对事物是赞成或是反对。是拒绝或是接受，是喜欢或是厌恶，是真诚或是虚假等。当护士向患者作解释时，视线可以短时间离开对方，而当护士倾听患者讲话时，目光最好直接注视对方的双眼，以表示关注。通过目光接触，可以了解到对方是否在认真听，是否被尊重、关注和理解。而目光的转移常常暗示一种内疚、恐惧或拒绝心理。面部表情的另一重要部位是嘴。嘴角肌肉的微小活动可以反映出一个人心理活动的内容，如轻视、思索、下决心等。美国心理学家艾克曼的实验表明：眼睛对表达忧伤、口部对表达厌恶与快乐最重要，前额能提供惊奇的信号。微笑也是一种重要的面部表情，它是自信的象征、礼貌的表示，是和睦相处的反映，是心理健康、人格成熟的标志。护士真诚的、健康的、愉快的微笑能给患者带来温暖和信心。

3. *身体运动和姿势*　身体运动和姿势也有传递信息的作用。身体运动表示情绪的强度。手势具有说明、强调、解释或指出某一问题、插入谈话等作用，手势的运用也是与身体姿势相关的。姿势往往反映一个人对周围人所持的态度，一个坐着的人突然转动身体，可能意味着有不同见解或态度有所转变。护士在与患者沟通过程中应注意观察这些变化，以了解对方的心理状态，做出恰当的反应，选择适当姿势来传递信息、影响患者。

4. *接触*　人际的皮肤接触能表达情感信息，如握手、拍拍肩表示友好；握住患者的手表示理解、同情与支持；术前得到护士触摸的女患者，能减轻焦虑和降低血压，术后恢复更快、更好。在护理小儿患者时，拉拉孩子的小手，摸摸他的头，更小的孩子多抱一抱，抚摸他们的身体，能使孩子感受到被爱，有安全感，会变得很乖、很配合，较少哭闹。接触对精神患者亦有良好的效果，能使患者愿意讲话或述说病因，从而改善对治疗的态度。

5. *距离与朝向*　护患沟通过程中要把握朝向和距离，如果是坐着谈话.两张凳子应呈直角放置，而且患者坐的凳子要靠墙，使之坐下时能面对房门，有一种安全感；这时护士面对患者而患者侧对护士，这样可以让患者有某种躲避医护视线的可能性。距离一般一臂左右即可。

6. *副语言*　副语言指讲话时的语调、语速及流畅性。人们进行语言交流时，不仅仅通过语词而且通过副语言的变化来表达多种复杂细微的情感。美国心理学家史密斯对伴随着言语一起出现的声音现象进行了分析和描述，认为可以分出六种成分，即声音的强度、音调的分布、扩大或压缩音域、摩擦音与开朗声音、速度的快慢、节奏的加速或减慢。这些都是沟通过程中应把握的信息。例如：说话的音调提高，常常提示说话者的烦恼或在提出警告的信息。在一段较长的谈论中，节奏变

笔记栏

快，表明了烦恼和焦虑的心情。说话过程中的停顿表明了讲话人带有很强的情绪色彩。谈话过程中有意停顿，是想引起听者注意或希望看到他人的反应以便决定下一步该如何处理。从这一点出发，护士要学会运用沉默的技巧，知道怎样适当保持沉默和适时打破沉默。

三、护士的非语言沟通的运用

（一）目光语的应用

目光语，指用眼神来传达信息的语言，它是人际沟通的一个重要载体。护士应善于运用眼神去表达情感，并通过患者的目光来判断患者的心态。如人在微笑时会带动眼周的肌肉，出现笑弯了眼或者笑成一条缝。人在悲伤时会上眼睑下垂，两眼无神。在护理工作中，护士应掌握好目光语的相关技巧。

1. 目光凝视区域　注视区域按照注视的部位不同可分为公事注视、社交注视、亲密注视。护理人员在工作中与患者交流时宜采用社交凝视区域，即双眼到口唇之间形成的三角区域，注视这个区域，能让对方产生一种平等轻松的感觉，从而创造一种良好愉快的氛围。

目光凝视的角度日常护理工作中，理想的角度是平视。注意与患儿交谈时，不可采用俯视，应采取蹲式、半蹲式或坐位来降低位置。如果是与卧床患者交谈，可取坐位或身体前倾，以降低身高。总之，护患沟通中应灵活改变姿势来调整自己与患者的目光，尽可能与其保持目光平行，这样才能体现出护士对患者的尊重和平等关系。

2. 目光凝视的时间　目光凝视的时间长短会表达不同意义。长久的注视只适用于恋人之间，而陌生人之间注视时间过长是失礼的行为或者也可认为是挑衅；刚看一眼就闪开，也会被认为是诚意不足；若长久不看，则是一种冷落不重视的表现。护患沟通时与患者目光接触的时间要适度，大概占全部谈话时间的50%～70%，这样可以给患者轻松和被尊重的感觉。

（二）手势语的应用

手势语，即用手和手指的动作来传递信息的一种无声语言。判断一个人是否诚实，有效的途径就是观察他讲话时手掌的活动。作为一个护理人员，在与人沟通过程中，应双手交叉于下腹处，给人以优雅的印象，让患者看到护士的职业素养。临床护理工作中常用到的手势语主要有以下几种类型：

1. 情意手势　奥地利作家茨威格说过“在泄露感情的隐私上，手的表现是最无顾忌的”。在护理工作中观察患者的手势，有利于体会他们的深层感情。如：悔恨时会拍拍脑门；祈求祝福时会双手合十；紧张痛苦时，常常紧握双拳或紧抓某物。除了观察手势的潜台词，护士还应该善于运用手势的情感作用。例如在患者和家属极度痛苦时，紧握住他们的手给予安慰，这种精神支持往往超越了语言的力量。

2. 象征手势　可以表达较为复杂的情感和抽象概念，有特定的所指，也带有普遍性，如双手握拳表示加油、胜利。在临床，经常会利用手势的象征作用来加强患者的沟通。如失语，做气管插管、胃镜等不能说话或者正在做治疗不方便说话的患者，在表达自身需要时就可以通过一些手势来说明：拇指朝下表示解大便，食指表示解小便，举起拳头表示伤口疼痛等。

3. 指示手势　用来指明人或物以及所处的位置等，可增强真实感和亲切感。例如向患者及家属介绍病区的环境，指示与住院有关的区域，为患者引路等。在使用指示手势时，多用手掌来指示，而不用手指指指点点，否则是不礼貌的、令人厌恶的。

第三节　护士的语言沟通

笔记栏

一、护士的语言修养

随着医学模式的不断转变，护士工作也赋予了更广泛、更复杂的内容。语言交流是保证各种信息有效发放和接收、沟通渠道畅通、反馈信息正常的重要载体，也是促进患者康复，提高护理质量的重要条件。在护患交往中，护士需要通过语言与患者进行思想交流、了解患者的需求，评估患者的病情、感受患者的情绪。因此，护士在具备崇高道德修养，扎实理论基础，过硬操作技术的同时，还要具备良好的语言修养，加强护理职业语言和沟通技巧，并在护理工作中使之达到优雅、可信、文明的境界，进一步促进护患关系的和谐建立。护士语言修养的主要内容如下：

（一）护士应使用规范的语言

护士的语言要能善于表达对患者的同情，还要注意语言的规范及科学性，应从语音、语义、语法三方面加以训练。

1. 音要清晰，注意声调美　护士的语言应以普通话为主，努力掌握当地方言，以方便患者。语气温和，音调适中，使患者听后感到亲切、依赖。如：做晨间护理时，刚进入病房，一声亲切甜美的“您好！”将会成为患者舒畅心情的开始。

2. 语义应准确，表词达意　护士的语言要清楚、精练、明确。如护士对患者进行卫生宣教时，则应用通俗易懂的语言，避免使用医学术语。

3. 语法应合乎逻辑　护士的语言应合乎语法要求，具有系统性。如护士在交接班、报告工作或向患者交代问题时，应把事情发生的时间、地点、过程、变化、因果关系等叙述明白，层次清楚。

（二）护士的语言应达到治疗目的

语言具有暗示和治疗功能，是进行心理治疗和护理的主要工具。美好关怀的语言能使人明了事理、树立信心、安定情绪，变消极为积极，从而对人体的生理活动予以良好的影响。如：重症肝炎患者在药物治疗的同时，需要护士用美好的语言对患者进行心理护理，给患者以温暖、安慰、鼓励，使患者及家属减轻心理负担，从而建立起接受治疗的最佳心理状态和身体应激状态，使患者早日康复。

（三）护士的语言应遵守的原则

1. 原则性与灵活性的统一　护士与患者交谈的原则，要以维护患者的利益为前提，遵守医德，为患者保守秘密。对患者平等相待，在与患者并谈时，应用开放式语言交流方式，如问：“您感觉怎样？”“有什么不舒服吗？”等，这样可以给患者讲话的机会，拓宽交谈的范围。如只问：“您今天是不是好些了？”，只需对方回答“是”或“不是”，则往往局限了谈话的范围，这对护士的语言交际是不足取的，应具体问题具体分析，注意不同的场合选择最佳的开放式言语交际方式，体现了语言交际中的灵活性。

2. 严肃性与亲切性的统一　护士在与患者交谈时，应从同情关怀患者的角度谈起，诱导患者将心中的愁闷说出，给予启发、引导和鼓励，但不要过多地谈论生活琐事，不要用命令的口气同患者讲话。但对一些言行不轨的患者，应严肃对待，以保持护理工作的严肃性和护士自身的尊严。

3. 坦诚与慎言结合　护士对患者应以诚相待，相互尊重，应对患者讲真话，信守诺言，才能得到患者的信任。但又不应事事都向患者坦言，尤其是对诊断治疗上的一些问题，应谨慎从事，保守医密。如：一位被确诊为肝癌，而本人又不知此诊断但对治疗仍有信心的患者，护士不应当着患者面说出真情，而应让患者保留治疗信心，愉快地渡过临终阶段。

（四）护士的语言应以情感为纽带，达到与患者沟通的最佳效果

护士在与患者交谈时，态度应自然大方，诚恳温和，并配以合适的动作表情，即要显露出护士对患者的关心体贴，又不失端庄文雅。国外心理学家研究指出，感情的全部表达＝7%言词＋38%声音＋55%的动作语言，故而不能低估态势语言的交际作用。态势语言虽然无声，但却对有声的语言起着形容和强化的作用。护士与患者交谈时应面带关怀、亲切的微笑，在患者倍受疾病的折磨而极度痛苦时，则应予以关注，同情的目光。

笔记栏

二、护士的语言沟通技巧

语言沟通在护患沟通中占有重要地位，为了充分发挥语言沟通的作用，要注意掌握如下的技巧。

1. 语言要具有礼貌性　在和护理服务对象进行护患沟通的过程中，要采用礼貌的语言，如“大爷您好，今天有没有感觉好一些”，这样既可以让患者感受到被尊重，还可以让患者心情愉悦，使患者乐于采用礼貌语言的护士打交道，并会对护士表示尊重，促进护患关系更加融洽，发挥护患沟通的作用，使护理工作顺利进行。

2. 语言要具有安慰性　到院接受诊治的患者需要承受身体和精神上的痛苦，渴望得到护士给予的关爱和温暖。在护患沟通中多使用安慰性的语言，如“您别太担心，只要您积极配合治疗，是可以很快康复的。”这样可以使患者感受到关怀和体贴，利于精神状态的改善，这样对于病情的改善也是极其有利的。

3. 语言要具有解释性　患者对疾病、检查、治疗等相关知识是缺少正确认识的，在诊疗过程中难免会向护士提出各种各样的问题，想要对病情、诊疗情况等进行了解。在患者提出问题时，不能不耐烦，不能拒绝回答，而是应当耐心作出解释，这样既可以展现专业知识储备，还可以增加患者对护士的信任感，使患者愿意配合护士今后的工作，对于融洽护患关系、护理工作的顺利开展均有利。例如，有的患者不理解在静脉穿刺难度比较大的时候相对延长脉压带结扎的时间的原因，对护士大发雷霆，对此，护士需要使用解释性的语言，告诉他们扎脉压带的目的，并告诉他们这样做并不会导致组织出现坏死，让他们放心，这样能够安抚患者，让患者对护士的专业操作更加信任，促进护理工作的顺利进行。

4. 语言要具有保护性　在护患沟通中要善于使用保护性的语言，不在患者面前对病情进行讨论，不使用对治疗不利的语言，以免使患者原本就存在的心理负担更大，对患者的治疗和病情恢复造成不利。

5. 语言要具有科学性　当向患者解释发病的原因时，护士所使用的语言要具有科学性和严谨性，不要通过语言交流将一些不正确的信息传递给患者，以免增加患者的错误认识，以免使患者对护士的专业性产生怀疑，影响护患沟通。

第四节　护士的沟通技巧

一、常用的沟通技巧

沟通技巧指的是人与人之间进行沟通和交流时所使用的一些方法和方式，以便能够使对方更好地理解自己所要表达的想法和观点等。在各行各业，沟通均随处可见，因此，沟通技巧在各行各业中均占据着不可忽视的地位。在临床实践中，良好的沟通技巧则是护理人员必须具备的素质和能力，影响着临床护理工作的成效。

1. 倾听技巧　在临床上，倾听技巧是护理人员最常用的沟通技巧之一。倾听是人们借助于视觉或听觉，对对方的言语信息进行接收、理解以及掌握。倾听具有动态性，并且是一个需要及时地进行反馈的动态过程。在这个动态过程中，护患双方必须要真切诚恳、全身心地投入。护理人员在倾听患者表达内心诉求时，需精力集中，要对患者所要表达的言语信息的准确性及时地进行判断和求证，并且在倾听的过程中，也要及时地给予应答性的反应，以表示尊重。

2. 反映技巧　反映指的是信息的接收者把交流和沟通的相关内容反述给信息的发出者，并

笔记栏

且帮助信息的发出者对自己的言语信息进行综合性的评估，以便及时地对沟通的内容和方式方法进行相应的调整。反映技巧有助于护理人员指导患者学会控制自身的情感，并有助于增强患者对护理人员的依赖感和信任感。

3. 沉默技巧　护理人员在于患者进行交流和沟通时，语言并不是唯一的渠道和载体，如有必要，护理人员也可以使用沉默技巧。沉默有助于为患者提供充足的思考时间，有助于护理人员对患者进行全面的观察，同时也有利于对沟通的气氛进行相应的调节。但是，在使用沉默技巧时，护理人员需要合理地控制沉默的时间，切忌过长，以避免使患者产生不被尊重等主观感受。

4. 自我暴露技巧　在临床上，自我暴露技巧又被称为自我表露技巧，指的是在沟通的过程中，将自己的信息暴露给对方，将自己的隐私等内容适当地透漏给对方，使对方充分地感受到自己的诚意。一般而言，护理人员的自我表露技巧主要包括：询问指导式和解除疑惑式及和谐关系式。在临床实践中，护理人员运用自我暴露技巧时，所要透露给患者的内容必须是真实的，以有助于患者感受到其诚意。与此同时，护理人员在运用自我暴露技巧时，应以鼓励患者配合临床治疗为主要目的，并且要坚持适度原则。

5. 澄清技巧　澄清指的是及时地对患者未表达清楚的信息进行进一步的求证，以确保临床所获得的有关患者治疗信息的准确性。在临床上护理工作中，当护理人员对患者所要表达的信息存在似懂非懂的情况时，不能凭借自己的猜测进行记录或登记，而是要耐心地向患者求证，直至全面地理解患者的话语内容，以减少工作疏漏，确保临床治疗和护理的安全有效。澄清技巧也是临床上常用的沟通技巧之一。

6. 触摸技巧　触摸技巧指的是非语言沟通技巧的一种，在临床实践中，触摸技巧的临床使用频率较高。触摸属于一种较为亲密的肢体行为，可以有助于护理人员以无声的手段对患者进行关心、支持等。但是，在实际运用中，护理人员需依据患者的身心特点和病情特点适当运用，切忌滥用。如在儿科护理工作中，护理人员可结合患者的年龄特点，使用一些亲昵的触碰技巧与患儿进行沟通，以缓解患儿的紧张、焦虑以及恐惧心理，从而增强患儿治疗的依从性，促进其早日康复。

二、特殊情景下的沟通技巧

在护理工作中，护士与患者的交流沟通至关重要，建立良好的护患关系是做好护理工作的前提条件。特别是与特殊患者建立良好的护患关系，可以及时满足患者身心健康的需要，使患者真正接受科学的、整体的、全方位的现代护理模式，争取早日康复。现将六种特殊情景下的沟通技巧介绍如下：

1. 与易激动的患者沟通　易激动患者的情绪较为不稳定，对周围的事物要求高，稍有不满就会发脾气，与人争端甚至发怒指责他人。护理工作中也会遇到这样的患者，这些患者会对护士的工作提出各种各样的要求，一旦不能满足就可能发脾气，甚至做出过激的行为，如：大喊大叫、拒绝治疗、拔掉输液管、破坏治疗护理仪器等。面对这样的患者护士要沉着应对。患者一般是在了解了自己所患疾病的真实情况之后，心理骤然变化，加上躯体原有的痛苦，导致不良情绪的出现。护理人员在此时不能失去耐心，要保持冷静，不要被患者的言辞和行为激怒而发生激烈的语言冲击。适时保持沉默，认真倾听是关键，要了解患者发怒的真正原因，安抚患者，使其情绪尽量恢复平静，尽力满足患者的合理要求。

2. 与不合作的患者沟通　不合作的患者表现为不遵守医院的规章制度，不服从治疗，不配合医护人员的治疗和护理。由于不合作的行为会引起护患间的矛盾，护理人员在与这类患者接触时会表现出无奈、厌烦，以至于有些护理人员总是躲避这类患者，能够不接触就尽量不接触，对于患者的行为也会睁只眼闭只眼。对于此类患者，护理人员既不能听之任之，更不能“以牙还牙，以眼还眼”，积极寻找患者不合作的真正原因才是解决问题的关键。患者不遵守医院的制度，如住院期间

笔记栏

在外留宿，没有向医护人员说明情况，可能是担心独自在家的年幼孩子；不配合治疗护理，可能还对医护人员的信任不够。护理人员要掌握真正的原因，对症下药，根据每个患者的不同情况实施有效的沟通。

3. 与要求较高的患者沟通　此类患者对别人要求很高，对周围的一切都很抱怨。可能是认为自己患病后没有得到足够的同情及重视，而以苛求的方法来加以提醒，特别是长期住院的患者更是如此。护理人员应多与患者沟通，并仔细观察患者的表现，理解患者的行为，允许患者抱怨，对患者的合理要求及时作出回应。有时也可应用幽默或非语言的沟通技巧让患者感受到护理人员的关心及重视。对一些没有特殊原因的无理要求或抱怨，护理人员在表示理解的同时，要对患者的不合理要求进行一定的限制。

4. 与哭泣、抑郁的患者沟通

(1) 患者哭泣表明悲伤，也是一种对健康有益的反应。首先了解患者哭泣的原因，一个因悲伤而哭泣的人，有可能是因为患了某种病，将永远失去自己所拥有的一切，或遇到较大的心理打击时，产生巨大的失落感，出现沮丧、哀伤等反应。此时可以鼓励患者及时表达自己的悲哀，患者可能不会向你诉说原因，但可通过与患者家人的沟通了解情况。允许患者独处、发泄、倾听、移情、沉默等，尽可能地陪伴患者，使患者及时调整悲哀心理，恢复平静。理解的同时，要对患者的不合理要求进行一定的限制。

(2) 抑郁一般是患者在承受了诊断为绝症或其他原因后出现的反应，他认为自己对家庭、社会没有价值，悲观失望，表现为漫不经心，注意力不集中，说话慢、反应慢，甚至有自杀倾向。护士对待此类患者，应尽量表现出体贴及关怀，以亲切、和蔼的态度，使患者感受到护士的关心及重视。简短地向患者提问，对患者的需求及时作出回应。

5. 与感觉缺失的患者沟通　这类患者往往有自卑感，也可表现为不愿与医护人员配合，不服从治疗，不与人讲话，甚至绝食，无法面对现实，没有生活的信心。此时，护士可推荐患者上网或阅读相同患者的事迹，也可运用亲切的语言，适当地关怀，创造良好气氛，然后采用针对性、有效的方法努力达到沟通。如对于聋哑患者，用纸笔或能让患者看到的嘴形、哑语等与之交谈；对于视力不佳的患者，可运用触摸，让患者感觉护士在他的身边，关心着他。帮助患者重拾生活的信心，积极配合治疗与护理，争取早日重返社会。

6. 与病情危重的患者沟通　在患者病情严重或处于危重状态时，护士与患者沟通时应尽量缩短时间，避免加重患者负担。鼓励家属陪伴患者，并与其沟通。提问以封闭式问题为好，或更多地使用非语言的方式来进行沟通。对意识障碍的患者，护士可以重复一句话，以同样的语调反复与患者交谈，以观察患者的反应。对昏迷患者可以就具体情况增加刺激，如：触摸患者、与患者交谈，以观察患者是否有反应。

小　结

1. 人际沟通的影响因素
   - 个人特质
     - 个性的品质
     - 能力
     - 外表的吸引
   - 态度的类似性
   - 需要的互补性
   - 交往频率
   - 物理距离
   - 社会因素

笔记栏

- 2. 护士的非语言沟通
  - 护士的非语言沟通的特点
    - 多功能性和丰富性
    - 多渠道性和多感受性
    - 真实性
    - 连续性
  - 护士的非语言沟通的主要形式
    - 仪表与举止
    - 面部表情
    - 身体运动和姿势
    - 距离与朝向
    - 接触
    - 副语言
  - 护士的非语言沟通的运用
    - 目光语的应用
    - 手势语的应用
- 3. 护士的语言沟通
  - 护士的语言修养
    - 使用规范的语言
    - 应达到治疗目的
    - 遵守原则
    - 以情感为纽带
  - 护士的语言沟通技巧
    - 礼貌性
    - 安慰性
    - 解释性
    - 保护性
    - 科学性
- 4. 护士的沟通技巧
  - 常用的沟通技巧
    - 沉默技巧
    - 自我暴露技巧
    - 澄清技巧
    - 触摸技巧
  - 特殊情景下的沟通技巧
    - 与易激动的患者沟通
    - 与不合作的患者沟通
    - 与要求较高的患者沟通
    - 与哭泣、抑郁的患者沟通
    - 与感觉缺失的患者沟通
    - 与病情危重的患者沟通

【思考题】

(1) 人际沟通的影响因素有哪些？

(2) 护士的语言修养包括哪些？

(3) 护士的非语言沟通的主要形式有哪些？

(4) 常用的护士沟通技巧有哪些？

(5) 与易激动的患者沟通可以使用什么沟通技巧？

（祝娉婷）

笔记栏

第十四章

美学在护理工作中的应用

学习要点

- **掌握**：① 护理职业形象塑造要求；② 基础护理中的审美要求、儿童患者的护理审美要求、老年患者的护理审美要求、女性患者的护理审美要求及危重患者的护理审美要求。
- **熟悉**：① 护理美学的研究任务、内容与方法；② 熟悉护士审美修养的方式；③ 护理工作中的美学原则；④ 护理管理中的审美要求。
- **了解**：① 塑造护理职业形象美的意义；② 塑造护理职业形象美的途径和方法；③ 护理审美修养、护理审美教育及护理审美评价。

第一节　护理美学概论

一、护理美学概述及研究对象

（一）护理美学的概念

护理美学是将美学基本理论应用于护理实践的一门新兴的边缘学科，是20世纪80年代末在新的医学模式的基础上，随着医学美学学科的兴起而逐渐发展起来的新兴学科。随着社会的进步与时代的发展，护理美学理论与实践的系统研究不断深入，学术界就其学科的定义、性质等基本问题进行了不断探讨。

护理美学具有广义和狭义两方面的意义：广义的护理美学，泛指护理领域中一切理性和感性美的总和；狭义的护理美学指护理理论体系中所表现出来的系统化、规范化、层次化等理性美以及护理人员在护理实践中所体现出来的感性美。其研究的范围很广，涉及医疗护理环境、社会人群、患者、护理实践及护理人员自身领域。

护理美学是以美学基本原理为指导，借鉴人文、社会科学等诸多学科的理论、方法和研究成果，从人、环境、健康、护理的角度出发，探究护理美的现象、护理审美的发生、发展及其一般规律的一门新兴的交叉性应用学科。

（二）护理美学的研究对象

护理美学的研究对象是护理美、护理人体美、护理职业形象美、护理礼仪美、护理美感、护理审美等，以及对其护理活动中体现出来的一切美的现象及其发生、发展和变化的规律性进行研究，探讨如何依照这种规律性进行护理审美实践等。

笔记栏

1. 研究护理美　护理美是护理学和美学相结合的特定领域的美，这种美在护理学领域中能保障和促进人类的身心健康。护理美是护理理论、内容、技术、科研以及护理活动中所呈现出来的一切美的总和，也是审美存在形式之一。护理美概括为：一是护理学理论体系结构中所呈现出来的系统化、规范化、层次化等理性美；二是护理人员在创造性的护理实践中所呈现出来的护理手段，如静脉输液操作的精细、无痛；三是护理人员形象所体现出来的感性美，如护理人员服饰的整洁、良好的精神面貌等。

2. *研究护理审美规律*　研究护理审美规律的内容主要是研究护理人体美、护理职业形象美、护理礼仪美等三个方面的内容。其一，人体美是护理审美对象的核心，护理学是为人的健康服务，人体美是健康最直接的体现，并贯穿于人生命周期的始末。其二，护士的形象是护士的全部内涵的整体形象，良好的护理职业形象是护士内在美和外在美的有机结合与表现。它能潜移默化地美化人们的心灵，唤起人们对美好生活的追求，帮助患者树立战胜疾病的信心。其三，护理礼仪美，良好的护理礼仪是护患间相互沟通的一座桥梁，注重护理礼仪有助于实现护患间的真正沟通。

3. *研究护理审美实践*　在护理实践同在自然、社会和艺术中一样存在美，护理实践同艺术活动一样，都是一种自觉自由的活动，也是一种美的创造。通过研究护理审美实践、提升护理审美理论与技术实施、护理人员的行为举止、护理环境的布局与陈设等来促进、维护、保持和改善人体的健康。

4. *研究护理审美教育*　护理美学研究的核心是护理审美教育。护理美学要针对专业特点研究护理审美教育，研究教育内容、形式与方法，发掘、整理、传授护理活动中的护理审美经验与审美创造，培养护理人员的审美意识与审美情趣，提高审美修养，并使他们有意识地将自己在工作中积累的审美经验系统化、理论化，能运用美学原理美化护理环境、优化护理过程，实现创造人体美、健康美、环境美，追求技术与艺术的和谐统一。

二、护理美学的研究任务、内容与方法

（一）护理美学的研究任务

护理美学作为一门新兴的应用型学科，其研究任务必须根据社会的发展需求、服务对象、服务内容、服务功能等方面来确定，在美学基本原理与现代护理理念的引导下，研究护理学领域中的各种护理美现象和护理审美规律，力求促进护理审美创造。具体任务包括以下三方面。

1. *构建护理美学理论体系，促进护理美学学科发展*　护理美学在发展过程中，以美学思想的影响和美学理论的指导为原则，以护理审美实践为基础，积累了较为丰富的审美经验，同时对护理美的认识也得到了不断升华。将长期以来护理工作者在实践中积累的审美经验、审美创造和审美观念用理论形式表现出来是一项重要任务。具体包括发掘、收集、整理形成护理美学的基本材料；从理论上阐述护理美学的外延及内涵，构建护理美学理论体系，形成护理美学的基本理论框架，用科学的理论和方法指导护理审美实践，并从实践中检验、修正和完善护理美学学科知识体系，为护理审美教育、临床审美实践提供科学的理论依据。当前，我国的护理美学尚处于孕育阶段，当代美学研究的观点和发现在护理美学的渗透还不是十分均匀和深入，因此，要从我国护理工作的实际情况出发，有目的、有计划地不断将护理美学的思想和观念贯穿于护理美学的研究中，也是护理美学的一项重要任务。

2. *深化护理审美教育，提高护理人员的审美鉴赏力和创造力*　护理人员是护理美学的审美者和创造者，缺乏审美能力，即使置身于美的事物中，也不能完全取得审美的愉悦，更谈不上按照美的规律从事护理工作，进行护理美的创造。可喜的是，我国从20世纪90年代中期开始开设护理美学课程；中华护理学会也曾多次举办护士行为礼仪讲习班；全国各地许多医院也将护士行为规范作为新上岗护士培训的必修课。尽管这些不同形式的教育为护理美育奠定了一定的基础，但从深度和广度上来看，我国在审美教育方面仍然很薄弱。解决这些问题，除了需要从护理院校教育开始，对未来的护理工作者进行规范化的审美教育，同时还要对临床护士实施在职教育、继续教育等多种途径的审美教育，拓宽审美教育的范畴，启发他们的审美意识、激发审美创造，树立正确的审美观，才能使广大护理人员更加热爱本职工作，适应现代社会人们追求的精神生活需要，将护理工作提升

笔记栏

到较高的审美境界，为服务对象提供高品质、人性化、艺术化的护理服务。

3. *为护理实践提供理论依据，拓展护理审美实践的应用性研究*　　护理美学必须同护理审美实践相结合，指导审美活动的实施，例如：为护理审美环境提供理论指导和实践手段；为护理审美教育提供教材和培养师资；为护理审美评价提供理论依据。近年来，护理美学对护理工作产生的影响在不断扩大，护理美学在临床护理、社区护理和护理教育等方面的应用范围与发展前景也非常广阔，许多护理工作者在各自的工作领域中探索、实践、总结护理审美，将美学理念注入护理环境、专业形象、护理方式、行为规范等方面，在护理审美实践中有了一定的突破和发展，但如何更深层次的开发和应用护理美学，护理工作者、教育者和管理者还需要运用马克思主义哲学提供的世界观和方法论，将美学理论贯穿于“人、环境、健康、护理”的护理理念中，不断发掘护理美的内涵，深入探讨，大胆尝试，将护理美学的基本理论与护理实践有机地结合起来，充分展示护理艺术的魅力，使护理美学在维护人类健康的进程中体现出其应有的社会价值。

（二）护理美学的研究内容

护理美学研究对象所涉及的范围，可大致分为基本理论、护理审美实践和护理审美教育与评价三个部分。

1. *护理美学的基本理论*　　护理美学基本理论由三个部分构成，一是美学的基本理论与原理，包括美的本质、特征、范畴和形态，美的内容和形式，美的概念与法则。二是护理美学的概论，包括对象、内容、基本任务与方法；护理学科的学科性质、体系结构以及与相关学科的关系。三是护理审美规律的研究，包括护理美感和护理审美的内涵、本质、特征及表现形式，护理人体美、礼仪美和职业形象美等。护理美学的理论研究涉及的学科范围很广泛，除了美学和护理学外，还要借助于哲学、社会学、心理学、伦理学、体育学、人际交往学、公共关系学等学科知识，是一种多学科的综合研究，由此反映出护理美学研究对象的复杂性、综合性和交叉性。

2. *护理审美实践*　　护理美学作为护理学科的一个重要组成部分，在充分发挥护理功能的基础上，以人的美感为中介来实现护理美学效应，体现护理科学的应用价值。护理审美实践将护理美学理论应用于护理活动中，包括基础护理、临床护理、急救护理、社区康复护理、护理管理等美学要求，在现代护理领域中具有十分广泛的应用价值。护理审美实践必须依赖于护理美学理论，采取相应的美学技术手段和方法，指导护理审美活动，为人类健康提供最佳服务。

3. *护理审美教育*　　护理审美教育包括护理审美修养、护理审美教育的基本内容及审美评价，是提高护理人员鉴赏力和创造力的一种规范性教育，其教育效果还要通过护理审美评价的实施来总结经验，不断拓展护理审美实践的技术和技巧等。通过开展护理审美教育，激发护理人员的职业情感，重塑护理群体形象，在护理活动中真正体现真、善、美的统一。

（三）护理美学的研究方法

护理美学是医学科学和社会科学的交叉性学科，按其学科属性，可采用多种学科的研究方法，即一般科学的研究方法、社会科学的研究方法、具体科学的研究方法。

1. *一般科学的研究方法*　　主要指哲学的、逻辑的分析方法。护理美学研究对象的复杂性决定了我们必须使用哲学的、逻辑的分析方法。护理美学是一门将美学基本理论应用于护理实践的新兴学科，而美学是哲学的子学科，只有将护理美学置身于哲学的总体框架中，才能获得适合自己的资源。同时，哲学也可以为护理美学提供认识论和方法论的理论基础，建立和理解这个学科的基本概念和基本体系。应用哲学的分析方法进行护理美学的研究，有助于理解基本概念和内涵以及概念与概念之间的理论推论和逻辑联系，是学好护理美学的关键。

2. *社会科学的研究方法*　　在护理美学的研究中，除了运用唯物辩证法的方法外，还要采用社会科学的研究方法。首先，要运用历史的逻辑方法，使护理美学的内容更加丰富、充实，更具科学性。其次，要坚持理论联系实际的方法，护理美学的研究课题来源于实践，要检验其研究结果的正确性，就必须回到护理实践中去。也就是说我们不仅要研究护理美学的基本原理和基本概念，还要研究具有直接意义的护理审美价值和对护士审美修养的要求。

笔记栏

3. *具体科学的研究方法*　护理美学的宏观研究由方法论原则指导，而具体科学的研究方法多种多样，可归纳为两大类：经验的方法和理性的方法。经验的方法包括观察法、实验法、调查法（问卷法、个案法、谈话法等）。理性的方法则是运用哲学、社会学、护理学、美学、医学的观点去分析、整理概括护理审美经验，使其上升到理论的方法。

在研究护理美学时，要把一般科学方法、社会科学方法、具体科学的方法结合起来，统一运用，反复进行，并借助各个相关学科的知识进行综合，才能获得丰硕的研究成果。

三、护理美学与相关学科的关系

护理美学作为一门独立的学科，已具有学科的基本理论框架，其应用性研究的范围也很广阔，其自身的独特性是其他学科不能替代的，但也与其他学科之间有着密切关联。学习了解它们之间的关系，有助于护理美学的定位，进一步把握它的研究对象和范围。

（一）护理美学与心理学

美学和心理学的关系十分密切，从学科的理论渊源来看，美学和心理学最早都属于哲学的范畴。美学是在哲学内部诞生的独立学科，心理学也包含在哲学的母体中，直到1879年世界上第一个心理实验室建立，将自然科学的研究方法应用于心理学的研究，心理学才开始脱离哲学成为一门独立学科。而人的审美意识也是一种特殊的心理活动，对这种心理活动的研究使心理学的内容更加丰富，对审美意识的研究也必须借助心理学的知识。

护理心理学是心理学的一个分支，其主要研究人的心理因素在人类健康与疾病相互转化过程中的规律以及个性心理特征，护理美学是研究护理实践中的美学问题，研究提高护士的审美意识、审美能力的方式和途径，二者在护理活动中有着十分密切的联系。通过调动护士在护理工作中发现美、创造美的积极性和自觉性，使护士在审美活动中发挥审美诱导、宣泄、转移等心理活动的作用，调整患者的审美心理结构，激发他们积极、能动、健康向上的情绪反应，达到或恢复正常的心理状态，减轻或消除不利因素对患者身心健康的影响。护理美学的研究也必须借助护理心理学的研究成果。护理心理学的大量研究成果表明，心理因素与疾病的发生、发展和转归有着很大的关联。这就要求护理人员在护理过程中运用美学原理和方法，积极创造和建立良好的审美环境，激发患者的美感，引起审美共鸣，减轻或消除消极心理，减轻痛苦，促进患者康复，消除心理疾患。所以，护理心理学和护理美学的关系可以归纳为：相互渗透、相互促进、共同发展。

（二）护理美学与护理伦理学

从学科起源来看，伦理学和美学最早都属于哲学的范畴，后来随着学科发展，又各自从哲学中分化出来形成独立的学科，其中又分支出护理伦理学和护理美学两个学科，两者既有联系也有区别。护理伦理学与护理美学在社会意识形态上的研究方向和目的是一致的，都是探讨护理范畴中的美和善，护理美学以护理领域里的美和丑作为审美评价的标准，护理伦理学以善、恶作为护理道德评价的标准，护理伦理学认为凡是善的一般都是美的，凡是恶的也就是丑的。两者在对护理现象的认识和评价上是统一的，而在学科性质、研究范围和角度上又各有侧重。护理伦理学以伦理学的基本原理为指导原则，对护士的态度、价值观、道德发展、道德推理能力和伦理实践或行为进行分析研究，从哲学的角度对护理实践的道德概念进行探究，属于职业道德的哲学范畴。而护理美学则以美学的基本原理为指导，对护理美、护理审美实践、护理审美教育与评价进行经验分析和理论探究，阐述美的问题和特征，完善护理美学学科理论体系，属于职业美学的范畴。所以护理美学和护理伦理学的关系可以归结为：方向目标一致，内容形式相互关联、性质和范围各有侧重。

（三）护理美学与护理管理学

笔记栏

联合国世界卫生组织提出护理管理是："发挥护士的潜在能力和有关人员及辅助人员的作用或运用设备和社会环境活动等，在提高人类健康这一过程中有系统地发挥这些作用。"

护理管理学和护理美学虽然在理论上属于不同的学科领域，但管理学的本质上渗透着许多艺术特征，它们在追求的目标和研究的课题上有许多共同之处，并且越来越受到管理人员的关注。为了使护理管理目标以完满的形式呈现，护理管理者需要将美学理念应用于护理管理活动中，使护理对象在接受服务的同时获得精神上的享受。而如何为服务对象提供最优化的服务，设计最优化的管理，是护理管理与护理美学需要共同研究的课题。护理美学将护理环境美、护理人员形象美、临床护理技术操作美、护理创造美等作为研究对象，也是护理管理追求的目标之一；护理管理过程中追求的最优化的设计与服务体现在：护理系统运转节能高效、组织结构层次清晰、规章制度责任严明、操作程序规范细化、工作节奏规律有序、人际关系和谐合作、护理环境洁净舒适，也是护理管理中的美学效应。因此，护理美学与护理管理的关系可归纳为：护理管理需要美学，管理过程渗透着艺术、管理目标的实现是管理艺术的硕果；护理美学需要在护理管理中展示、充实、完善和验证自己。

（四）护理美学与护理教育学

护理教育学是护理学与教育学结合形成的专门研究护理教育现象与护理教育规律的交叉性学科，它在教育学的理论、方法、原则的指导下，研究护理教育领域中存在的问题，通过与护理实践相结合进行调整，以寻求一种快捷有效的手段或方式。护理审美教育是护理美学的重要组成部分，它融合了护理美学和护理教育学的科学理论，与护理教育学共同承担着将美育贯穿于护理教育的全过程的艰巨任务。它在护理教育中也有着特殊作用，着重探讨应用美感教育提高被教育者对美和艺术的接受、欣赏和创造能力，提高对美与丑的鉴别能力，达到教育的有效性和实用性。随着社会科技、文化的进步与发展，人们对护士的期望越来越高，护士不仅要有专业知识，还应具有较高的美学素养，这样才能提供全方位、高层次的服务，这就要求护理美学和护理教育学顺应时代的发展和服务对象的需求，为护理工作者提供持续的审美教育，使他们终生得到专业素质和审美修养的培训。所以，护理美学与护理教育学是相互联系的，肩负着共同的任务与课题。护理教育学在实施教育的过程中，使被教育者得到全方位的提高，不仅仅是美育方面。而美育只是护理美学研究中的一个方面，通过对其探究及对护理教育学加以影响，启发和提高被教育者的自我教育体系，使护理教育学得到有效补充。护理美学与护理教育学的关系可归纳为：你中有我、我中有你、主题永恒、共担重任。

第二节　护士审美修养与审美评价

一、护理美学的基本理论、护理审美实践、护理审美教育

审美修养是人类完善自身的一个重要方面，是人类文明的标志，是一种自我审美教育。护理人员通过一定的方式，运用正确的审美观点和审美标准，结合护理专业特点，培养正确健康的审美观和审美情趣，提高自身的鉴赏美、创造美的能力，进行自我审美教育，对培养集知识、技能和人文素养为一体的优秀护士具有重要意义。

（一）护士审美修养及意义

护士审美修养是指护士通过学习和应用美学理论，在护理实践活动中自觉地进行自我教育、自我改造、自我锻炼、自我涵养提高过程中所达到的发现美、鉴赏美、追求美、创造美的水平和能力。护士审美修养是护士从事护理实践所必备的专业素养，它是护士造就理想人格的途径，也是护理职业适应社会需要的本质表现。

随着生物-心理-社会医学模式的建立与整体护理的提出，健康的内涵不仅是指躯体无疾病，还指个体在某一特定的时空里，其性别、发育与成长情形符合生理、心理、社会、情绪、精神的需要，且适应良好，能将潜能发挥到最佳状态。护士要自觉地将人们追求健康的客观需要纳入自己的职责范围，审美修养成为评价当代护士素质的重要指标。优秀的护士不仅应具备扎实的专业知识技能，

笔记栏

而且应具有良好的职业道德、健康的心理素质和多学科的知识储备。同时，护理审美修养有助于护理专业形象的塑造，提高审美鉴赏和审美创造能力。“言为心声，行为心表”，护士审美修养的提升为护士在护理工作中主动展示美感提供了先决条件，也有助于良好护患关系的建立。

（二）护士审美修养的方式

护士审美修养必须符合护理专业的审美特点与发展要求，通过学习-实践-再学习-再实践不断循环往复，螺旋式上升，使自己的审美意识、审美能力、审美品质、审美情趣都能达到较高的水平和境界。可通过学校教育、在职继续教育、护理实践、社会美的熏陶等多种途径来提升审美修养。

1. 通过教育提高护士的审美修养

（1）学校教育：美育是学校教育的重要组成部分。高等院校的审美教育是护理人员终身审美修养形成的基础，是全面系统学习、掌握审美规律的阶段，也是形成和发展护生审美观念和审美能力的关键时期。学校教育首先要构建合理的知识结构，加强学生人文素养的培养，使学生更好地适应合理多元化发展及挖掘审美修养的潜能。还可以开展丰富多彩、寓教于乐的校园文化活动，营造良好的文化氛围，组织参加各种社会实践活动，如青年志愿者活动、大学生社会实践活动、美化校园等活动启发学生的审美情趣，调动学生的审美想象与审美思维，提高欣赏美和创造美的能力。

（2）继续教育：护士审美修养是终生教化、锻炼的过程，在职继续教育具有重要意义，但在传统的护理教育培训模式中以临床操作培训为主，注重操作的标准性，对人文教育关注较少，面对新形势下患者多元的护理需求，外在的条件、外在的审美情景及其熏陶、感染对培养护士审美修养来说是必不可少的。护理管理者应根据护理人员的实际情况，结合临床工作中存在的问题，设置相关的课程如护患沟通技巧、伦理学在临床实际中的应用、社会学等，并定期请相关专家开展文学、音乐、书画鉴赏等方面的专题讲座，从而提高护士对美的鉴赏能力。

2. 通过实践提升护士的审美修养

（1）丰富的实践活动可补充课堂知识，开拓护理人员的视野，提高其审美能力。护理人员可培养广泛的兴趣爱好，并寻找机会参加各种业余活动，在活动中展示和培养自己的才华，提高审美修养。护士可通过各种文艺活动来展示自我，例如，参加院内、院外开展的演讲比赛、护理礼仪表演竞赛、文艺表演、唱歌、舞蹈比赛等，提高能力，积累经验；在此过程中感受美、体验美、创造美，提高个人审美修养。

（2）临床护理实习是由护理学专业学生亲自参加护理实践活动的阶段，是学生一边看、一边学、一边动手操作的过程。在这个过程中，可促进学生加强自身的审美修养，承袭护理工作者优良的审美品行，激励学生在实践中去发现、体验、鉴别美，不断提高自己的审美能力，矫正自己的审美品行。这个过程是学生走向护理岗位必不可少的重要过程，也是学生发现问题、及时修正、自我调整完善的过程。

（3）随着护理学专业的发展，护理人员的工作范畴不仅仅局限在救治疾病，而逐渐向护理的服务功能和社会功能延伸，现代护理模式强调对患者实施生理、心理、社会的整体护理。护理人员在护理工作中，要不断提高审美意识，发掘工作中的美，创造出美的护理环境，促进患者身心健康恢复。同时，护士也可从工作中发现美、感受美、体验美，如当产科护士面对分娩的产妇，看到新生命的降生，可体会到生命之美，会对美和生命有更深的理解。

3. 利用社会美的熏陶提高护士的审美修养　著名命题“美即是生活”具有深刻的现实意义，生活美是社会美的一个分支，表现为人际关系的和谐，社会生活的协调，日常生活的愉悦，身心的舒适与平衡等。护理环境中的人际关系复杂，且形式各不相同，和谐的人际关系具有相同的护理审美功能。护理人员在医院的工作环境中，既能体会到人际关系的互动，也能观察、参与护患关系的形成过程；既能体会和谐人际关系激发的生命热情，也能感受到冷漠的人际关系，体会不良的护患关系给护理活动带来的阻碍。人际关系的体验对护士来说，是修身养性的过程，这个过程是提高护士审美修养，尤其是专业审美素质的有效途径。

笔记栏

二、护理审美教育

审美教育又称美育、美感教育，是对人进行美的教育，使之具有关于美的一般知识，能够发现、感受和创造美，即能进行审美活动和审美体验。

（一）护理审美教育的概念

护理审美教育也称为护理美育，即护理教育和美感教育，指运用美学的基本理论、观点和方法，对护理工作者进行美感教育，培养对美的鉴赏力、创造力，提高护理人员的审美修养和在护理活动中自觉运用美学原理提高护理技艺的教育活动。

（二）护理审美教育的意义

1. 树立正确的审美观　审美观是人们对客观世界的审美把握，或是人们从审美角度对客观事物的一种判断和评价。审美观是世界观的重要组成部分，是世界观在审美实际中的具体体现，同真理观、伦理观一起构成人对世界、对人生的看法的总和，是审美活动的灵魂，它直接指导着人们的护理审美实践和护理审美创造，影响着护士职业道德品质的形成与发展，因此，构建正确的、健康的审美观是护理审美教育的核心。

2. 提高审美能力，培养审美创造力　审美能力是指在审美活动中发现、感受、评价和欣赏美的能力，它影响着人对美的享受程度。审美能力包括审美感受力、审美鉴赏力、审美理解力等。审美感受力是审美能力中最基本的能力，是指个体通过自己的感官反映客观存在的美并在心理上产生美感的能力，形成“有音乐感的耳朵，能感受形式美的眼睛”，更好地获得美的享受。

审美创造力是指人们在审美实践的基础上，进一步按照美的规律创造美的事物的能力。护理审美教育就是要培养护理人员的审美创造力，为服务对象创造现实美、自然美、艺术美，如护理人员端庄典雅的外表、整齐、美观的病区；美的社会环境，如良好的护患关系、医患关系。树立崇高的护理审美理想是培养护理人员审美创造力的基础，美的创造都是在一定的审美理想的指导下进行的，审美理想是人们追求的一种向往的生活境界，是人们在审美实践经验基础上形成的一种充满激情的审美意象。审美理想不仅可以提高审美的敏感，明确美的创造目标，还可以激发美的创造动力，把人生提高到一个新的境界。

3. 培养护理人员的完美人格　中国古代儒学家就强调“诗教”、“乐教”在完善人格上的作用。德国席勒也希望通过美育来塑造“完整的人格”。审美教育的实施，审美能力的提高，最终目标是通过培养“审美的人”进而达到培养“完美的人”。审美教育以美引善，用美和艺术来陶冶情操，培养有高尚思想品德的人。护理美育要求护理人员具备崇高的职业道德情感，给患者以美的感受。良好的护理职业道德情感能使护理人员将职业道德认识转化为良好的行动，如危重患者经过护理人员及时准确的抢救、细致周到的护理而转危为安，护理人员会由衷地感觉到生命的可贵、美丽，感到工作的意义，从而更加热爱本职工作，受到激励自觉地履行救死扶伤的人道主义职责，为人类健康而努力。

（三）护理审美教育的方法

护理审美教育要在普通美育的基础上，围绕护理工作的特定环境，通过自然美、社会美、艺术美、科学美挖掘护理活动中的美的规律，创造人体美、健康美、环境美，追求技术与艺术的和谐统一。就学校教育而言，主要通过以下方式。

1. 艺术美教育与专业艺术性　艺术美育是通过艺术，借助大自然和现实生活中的美来激发美感，使人们形成正确的审美观，并鼓励人们参与文学、艺术、音乐等实践，让人们在赏心悦目中品味享受，在潜移默化中涤荡心灵，培养尽善尽美的审美品德、审美情趣和审美行为。

护理艺术美是随着医学模式的转变而产生的。它是根据患者的特点，有意识、有目的地运用审美规律、审美手段、审美形象、审美环境等，对患者及护士同时进行审美教育，以引起主观积极的审美感受，激起他们身心整体愉悦性，陶醉于护理艺术美，达到主客统一、物我两忘的审美境界。南丁格尔曾经说过：“使千差万别的人都能达到治疗和康复需要的最佳身心状态，是一项最精细的艺

笔记栏

术”,护理工作本身就是心灵美和技术美的高度结合,护理天职就是一种带有艺术性的职业,护理工作本身就有艺术美的价值。

2. 自然美教育与专业自然性　自然美千姿百态,变化无穷,是最易为学生接受的一种审美形式,大自然给人类提供了无限丰富,充满生机的审美对象。自然美有着自己独特的美育功能,与自然美接触,可以身临其境地感受到美的质朴、美的活力、美的遐想,受到多方面的感染和熏陶。可以通过组织旅游、摄影、参观名胜古迹、自然景观等欣赏自然美的活动,让学生领略大自然的原始景色美与人文景观美,培养学生获得灵感、抓住灵感的能力,从历史、哲学、艺术、文化等多层次、多角度认识事物,加深对客观世界的理解。例如要求学生根据经济实用美观的原则,绿化校园或教室环境,保护生态环境,在适宜的季节,让鲜花迎风吐艳,将校园打扮得整洁、和谐、温馨,充满活力。通过自然界中各种形式要素,如色彩、线条、形态、声音等有规律的组合,设计医护环境自然美,为挖掘人类健康美的资源积累财富。

3. 社会美教育与专业社会性　社会美指存在于社会生活各个领域的事物美,它有特殊的美育功能,可直接美化人的心理,美化人的环境,美化人和人类社会。学生通过参加各种社会实践和校园文化活动,在感受美、欣赏美的基础上,有机会亲身参与美的创造与美的评价活动。

组织书评、影评等活动,向学生推荐健康、优秀的文学作品,探讨社会历史价值和美的深度与广度,以鲜明直观的魅力去感染学生,使其树立追求真理、热爱祖国、振兴中华的崇高思想;开展礼仪知识讲座,提高自身素质,增进人际交流,使学生的语言、仪表、举止更加符合社会的进步和文明的发展。教育学生在日常生活中赡养父母、尊敬师长、乐于助人、诚实守信等,全心全意为人民服务,不断完善自己。

护理工作为患者提供的服务大多是平凡、枯燥的琐事,必须具有高尚的品质和强烈的社会责任感。组织学生参与节日纪念活动和社会实践活动,丰富学生业余生活,使学生在创造美的过程中体会到快乐,增强了学生的奉献精神、社会责任感和爱心;请护理前辈与学生交流谈心,激发学生的职业自豪感,激励学生积极主动学习,勤奋进取,培养社会责任感。

通过日常生活、学习,帮助学生实现外在美与内在美的完美统一。教育中应充分发挥学生自身的外在美,重视挖掘学生的内在美,培养和塑造优良品质。如组织个人形象大赛,指导学生以健康、自信、优雅的外观打动人,以丰富的学识、敏捷的思维,高尚的品格、成熟稳健的内在品质吸引人,达到内在美与外在美的高度统一。

三、护理审美评价

(一) 护理审美评价的意义

护理审美评价指人们根据一定的审美标准,对护理活动的审美价值,包括自然与社会两方面的美与不美,以及美丑程度所作的一种判断。它是评价护理艺术美丑高低的方式,也是促进护理艺术不断发展的主要途径之一。通过护理审美评价,提高广大护理人员的认知水平和审美能力,有助于护理美学的确立、补充及完善。

1. 有助于整体护理的实施　以患者为中心的系统化整体护理的护理模式是一种综合了科学的护理方法和体现了人本思想的新型护理模式。它要求护士具备较高的知识水平及综合应用能力,能够从生理、心理、社会等方面给患者提供全身心的护理,整体护理是护理工作的重要内容。

2. 有利于护士群体形象的重塑　每个人想象中的“天使”形象是不同的,而每一个“天使”又都是相似的,护士的天使形象使人们在最痛苦无助、最需要温暖和关爱时带给人们向往和美好。当人们与病魔抗争后看到护士的时候,那“白衣天使”的赞叹是发自内心的。

3. 有助于治疗和康复的顺利实施　治疗和康复的过程是展现护理艺术的重要环节,护士对护理艺术把握及运用的娴熟程度,对治疗和康复所起的作用是不同的。通过护理审美评价,使护士深切地感受和体会到护理艺术的博大精深,自觉地学习并将其运用到护理实践中,加速治疗和康复的进程。

笔记栏

4. 不断改进和完善护理管理水平　医疗体制思维改革与完善，医院的建设与发展，是护理管理不断改进和完善的外因；护理模式的转变及护理学科的进步，是护理管理不断充实和发展的内因。护理管理审美实施要不断以新的角度、新的内容、新的方法来评价护理管理的科学性和艺术性，使护理管理水平得到提高。

（二）护理审美评价的实施

护理审美评价具体实施的内容十分广泛，渗透于护理工作的各个层面。通过反复的审美评价，发掘护理活动中的审美因素，促进护理审美不断完善，使护理美得到更全面深刻地体现。

1. 护理道德审美评价　护士的职业道德是护士在进行护理工作时共同遵守的行为规范，是护士心灵美的核心内容。护理工作为患者提供的服务大多是平凡的、枯燥的琐事，要长期从事这些繁琐、枯燥、重复的工作，护士必须具有令人佩服的敬业精神和高尚品质，应有高度的责任心、自觉性、“慎独”精神。

2. 护理形象审美评价　护士形象美既要有利于职业目的的实现，又要端庄大方、优美脱俗，使患者产生愉快美感，有利于促进患者的健康，提高服务质量。形象美包括亲切的表情，真诚的微笑，端庄的仪表，优美的姿态，展现了护士的精神风貌，带给患者良好的印象，在患者非常痛苦和不幸时，能给予他们心灵的慰藉，有益于身心健康。

3. 护理语言审美评价　护士的语言不仅是与患者沟通交流的重要工具，也是进行心理治疗的重要手段。护士在临床工作中应把握语言的内涵，使语言文明、礼貌，注意声调美，既要讲究医学术语的准确性，又要注意通俗易懂，充分尊重对方，以平等的态度对待患者。

4. 护理技术审美评价　护士应具备精湛娴熟的护理技术，在实际操作中不断提升、挖掘技术操作美的内涵。护士在熟练掌握和运用正确操作程序和方法的同时应注意保护患者的隐私，注重在执行操作时的姿态、动作的美观舒展，特别是手的动作应轻、柔、稳、准；注重操作后患者及周围环境的整理及美观，以体现护理工作的完美性。

5. 护理环境审美评价　护理环境是与患者的情感、情绪、诊疗有关的环境因素，既要符合美学观点，也应符合安宁、和谐、舒适、愉快、实用的诊疗要求，有利于患者的身心健康。护理审美环境包括自然审美环境和社会心理环境。护理自然环境审美评价要求整洁、美观、布局合理，病房安静整洁、通风良好、空气清新、温湿度适宜，色调明快柔和等。护理社会心理环境审美评价表现为良好的工作秩序，融洽的人际关系，医护默契的配合，护患关系友好、信赖；也表现为护理人员对工作的热忱细致，仪表整洁，态度和蔼，语言温和，举止端庄大方，技术精湛。这些条件为护理活动创造了一个良好的心理氛围，体现了医护人员的整体素质和水平以及对他人、对社会的尊敬和责任。

第三节　护理职业形象塑造

一、护理职业形象概述

（一）护理职业形象的内涵

护理职业形象是指护士群体或个人在护理实践中的外表、思想、语言、行为、知识等的外在体现，包括有形的外在形象和无形的外在形象。随着时代发展，护理专业的范畴不断扩展，人员素质不断提高，大众对护理需求的不断增加，护理职业形象的内涵也不断地延伸。

它不仅体现在护士的仪表、语言、行为举止和姿态等外在表现上，还体现在良好的职业道德品质、扎实的专业基础技能知识和高尚的情操等内在素质上。护理职业形象美是形式和意象有机结合起来所呈现出的美，是护士的内在美与外在美有机结合起来而呈现的整体美。

笔记栏

护士职业形象在物质形式方面表现为护理工作的条件、环境明显改善；工作设备、设施不断现代化；科学技术含量占的比例越来越高；社会待遇和个人收入也越来越高。在社会形式方面表现为护士的受教育程度、学历水平、学术地位和社会地位不断提高。在精神形式方面表现为护理专业"以人为本"的思想更加巩固，不仅在理念上，而且已经在临床工作中得到良好的运用，如星级服务的实施、微笑服务的开展、护理形象工程的实施、色彩的心理效应引入医院服务等一系列的相关措施，将护理美学和护理心理学的理论很好的引入护理实践中，最终达到了改善护患关系，护理服务的质量得到提升，护理专业的形象内涵也得到充分诠释。

（二）塑造护理职业形象的意义

在众多社会形象中，护士被称颂为"白衣天使"，被形容为"生命的守护神"，这说明社会及公众对护士的形象寄予很高期望，这不仅是社会对护士的赞颂，也是人们在患病需要健康帮助时对护士的期望。美好的护理职业形象不仅对护理对象的身心健康有积极的影响，也可帮助护理对象获得良好的生理、心理效应，达到治疗和康复的最佳疗效，塑造护理职业形象的意义在于：

1. 社会发展的需要　要确立和提升护理专业的社会地位，必须定位于社会需求上，通过提供护理专业的服务满足社会发展所需；同时通过护理专业特有的工作品质，提供其他专业无以抗衡或取代的服务，依其专业的理论、精湛的技术和权威的学术立足于社会。

2. 人类健康及医学模式发展所需　随着人类生活方式的改变、科学技术的发展、疾病谱和死亡谱的改变、全球性的人口老龄化以及人类对健康需求的不断增加，为护理专业提供了机遇与挑战。整体护理强调为护理对象提供生理、心理和社会三方面的服务，体现了护理专业服务的整体美。但护理服务的质量却因护理专业群体的个体差异而不同，专业的声誉或多或少地受到影响。因而，作为护理专业群体中的个体护士，在为人类健康服务时，其内在心灵美与外在行为美的完美结合尤为重要。

3. 护理专业发展所需　历史上护理专业形象的变迁，有力地说明了护理专业形象对护理专业生存和发展的重要性。护理专业的负面形象不仅影响了个体对从事护理专业的选择，也影响着有限医疗资源的分配以及社会对护理专业的评价，而且影响护理专业的社会地位，导致专业发展缓慢。因此，每位护士都有责任和义务塑造良好的护理职业形象。"从我做起，从现在做起"，加强综合素质修养，培养高雅的审美情趣，让护理事业的高层次服务得以开拓和发展，不仅是满足护士人生最高美感实现的需要，也是护理事业发展的需要。

二、护理职业形象塑造要求

护理职业形象美可分为内在美与外在美，内在美是塑造护理职业形象美的基础，外在美是塑造护理职业形象美的表现，内在美与外在美的有机结合是塑造护理职业形象美的最佳体现。

（一）护理职业形象之内在美

1. 良好的职业道德　护理在本质上就是尊重人的生命、尊严和权利，关系到千千万万人的生命安危，从事这项工作的人必须满怀对生命的崇敬，忠贞职守，无私奉献。护士要关爱每一位病者，不论国籍、种族、信仰、肤色、年龄、政治或社会地位，均应一视同仁。真诚善良是做人的根本，是塑造人格魅力的基础，护士应真诚善良地去面对遭受病痛折磨的人们，理解他们的心情，感受他们的痛苦，欣慰他们的康复，发自内心的爱患者。

2. 高尚的情感与情操　诚实是护士必须具备的一种情操。护士在患者不了解或意识不清的情况下，独自为患者进行治疗和护理操作，必须具备"慎独"精神，按照操作规程去做，是护士诚实美的体现。"慎独"是护士必备的品德，护士坚定的内心信念和职业良心是护士职业行为的准绳。护士要具备健康的心理素质，面对日常繁忙的事物及复杂的人际关系，尤其应注意心理的稳定，这样患者才有安全感。护士在工作中要善于调整自己的心态，有计划地工作，巧妙交替脑力劳动和体力劳动。当有负面情绪时，可以通过向家人、好友倾诉，参加社交活动等方法进行宣泄，以释放和调节情绪。加强业务能力的培训，减少无效反复行为，改变盲目持久的注意力高度集中的心理状态，提

笔记栏

高应对能力。培养积极情感，加强意志锻炼，坚定必胜信心，提高心理耐受力。

3. 丰富的学识修养　知识是素质的基础，随着护理学科的发展，护士的职能已经由单纯地执行医嘱转移到“以人为中心”，为护理对象提供生理、心理、社会和文化全方位的照护。多元化的护士角色要求护士不仅要掌握扎实的专业知识和技能，还需具备人文学科、社会科学等多学科知识。未来护理事业是以现代化、自动化、信息化来体现其作为人类生命科学的价值，护士要树立终身学习的理念，不断汲取医学、护理学及相关学科的新理论、新观点、新技术，并把所学知识与护理实践相结合，不断推动护理科学的进步和发展。只有博览群书，通过去粗存精的反复思考，才能将客观现实中各种形式的美融入自己的内心深处，并化为自己的行动，多角度、全方位地帮助护理对象恢复健康，提高生命质量，显示出现代护士应有的智慧、稳重、审慎、能干、优雅的气质与形象。

（二）护理职业形象之外在美

1. 仪态美

（1）护士的基本姿态

1）站姿：抬头，颈直，下颌微收，目视前方；挺胸收腹，立腰、肩平；双臂放松，自然下垂于身体两侧，或双手相握于腹前；双腿并拢，脚跟靠紧，脚尖分开呈“V”字形，或双脚呈“丁”字形站立，使人体重心落于双脚间（图 14－1）。

2）坐姿：① 正坐式：上身挺直、坐正，双腿并拢，两脚尖并拢略后收，两手叠放在大腿上。② 侧坐式：上身挺直、坐正，双腿并拢。两腿同时向左或右放，脚尖略向后收，双手叠放于左腿或右腿上。③ 曲直式：上身挺直坐正，左脚垂直于地面，右小腿后收，脚尖着地，大腿靠拢，两脚一前一后在一条直线上。

3）走姿：保持正确站姿，做好起步准备。起步重心前移，以大腿带小腿，行走时，应伸直膝盖，尤其是前足着地和后足离地时膝部不能弯曲，步幅以一脚距离为宜。抬脚时，脚尖正对前方，若脚尖偏斜，容易出现“外八”或“内八”等不雅走姿。行走时，两脚内侧应落在一条直线上，双臂前后自然摆动，肩部、肘部、手腕互相协调，摆动时，用双臂带动双肩、肘、腕自然随之，摆动幅度以 30°～35°为宜，步履自然，手足配合协调，保持整个身体的有机统一，避免呆板僵硬、拘谨造作。

4）蹲姿：护士在工作中经常会遇到需要蹲下取物或操作的情况，此时应以节力美观为原则，如拾捡物品，可走到物品的后侧方蹲下，上身挺直、双脚前后分开，屈膝蹲位，两膝贴近，用靠近物品的手拾起物品，注意护士服下缘不能触地（图 14－2）。

图 14－1　规范站姿图

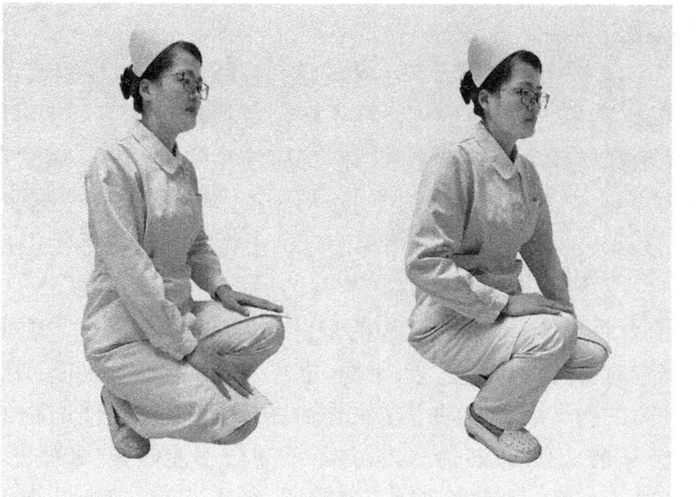

图 14－2　规范蹲姿

笔记栏

5）手势：① 端治疗盘：双手握于盘内两侧，掌指托盘，双肘靠近腰部，前臂与上臂成 90°，双手托盘平腰处，重心保持于上臂，取放、行进平稳，不触及护士服。端盘开门时，应用肘部将门推开，禁止用脚踢门。② 持病历夹：用手掌握病历夹边缘中部，将病历夹斜放在前臂内侧并屈肘，前臂靠近腰部。③ 推车行进：护士位于车后，双手扶把，双臂均匀用力，重心集中于前臂，行进、停放时应平稳。④ 指示：用于为患者或他人指示方向的手势，即以右手或左手抬至一定高度，五指并拢，掌心斜向上方，以其肘部为轴，朝一定方向伸出手臂。⑤ 递物与接物：应当双手递物、双手接物，表示出恭敬尊重的态度，递物时如果是文件、名片等要将正面对着接物人的方向；如果是尖利的物品，要将尖头朝着自己，而不要指向对方。接物时不要漫不经心，在双手接物的同时应点头示意或道声谢谢以表示礼貌。

（2）容貌美：护士的容貌美是包括先天的相貌、外观和修饰成分的组合方式。自然美在容貌美中占有相当大的比重，也是符合护理对象自然的审美心愿，特别是年轻护士青春的朝气和健康的面容对护理对象来说最具美的感召力和表现力，如果太多的粉饰反而会破坏这种清新洒脱的自然美，产生更多的媚俗或给人华而不实之感。由于护理职业的特殊性，长期的夜班、生活不规律、工作紧张劳累，且随着年龄的增长，容易使得容颜显得苍老、憔悴，护士上岗时要求淡妆上岗，这不仅显示出对护理服务对象的尊重，有利于护患之间的良性互动，唤醒护理服务对象追求美的天性，树立战胜疾病，回归社会的信心，同时适当的淡妆也能掩盖可能出现的倦容，美化人的容颜，使得人的精神面貌有所改观，显得精力充沛。职业淡妆是自尊自爱、热爱生活的直接体现，能创造和挖掘自身的魅力，体现了积极健康的人生态度。

（3）仪表美

1）护士服：护士服的款式有连衣裙和上、下装式，衣领多采用小立领或小翻领，应保持护士服清洁、平整、合身，注意袖长和身长以及肥瘦的调节，以袖长至腕部、身长刚好过膝为宜。腰部用腰带调整，衣扣要扣齐，衣领、腰带、袖口、衣边要平伏整齐。原则上穿在护士服里面衣服的衣领、袖口、裙边皆不宜外露。夏天着裙装时选择浅色或同色的衬裙或短裤裙，切忌衬裙下摆外露。

2）护士帽：护士帽有燕帽和圆帽两种。燕帽一般用于普通工作区，圆帽适用于无菌操作要求比较严格的区域如手术室、隔离区。燕帽边缘的彩条多为蓝色，是责任和尊严的标志，同时具有职称和职务的含义：横向的蓝色彩道是职务高低的象征，一道横杠是护士长，两道横杠是科护士长，三道横杠是护理部主任，斜行的蓝色彩道是职称高低的标志，一条斜杠表示护师，两条斜杠表示的是主管护士，三条斜杠表示的是主任护师。戴燕帽时应保持洁白、平整无皱褶，戴正戴稳，系带位置应高低适中，刘海不过眉、后发不过领，两侧头发不露耳，用白色或浅色发卡左右对称固定于帽后，需用发饰时，宜素雅大方，不可显露于帽的正面(图 14-3)。男护士一般佩戴圆帽，戴圆帽时，帽边前达眉眶，后遮发际，双侧露耳，将头发全部遮住，不戴头饰，缝接处戴在后面，保持边缘平整美观。

3）护士鞋和袜：护士鞋的选择应该是软底、坡跟或者平跟、防滑的。护士鞋的颜色应与服装协调，以白色、奶白色为主。袜子以白色或肉色为宜，袜口不宜露在裙摆或裤脚外边，切忌光脚穿鞋。无论选择什么样的护士鞋、袜，都应注意防滑、舒适，做到定期清洁与保养。

4）护士佩戴饰物的要求。① 护士表：佩戴在左胸前，表上配有短链，用胸针别好或用胸卡别好(图 14-4)。② 发卡：用于固定护士帽的非装饰性物。护士的燕帽需要发卡来固定，发卡颜色应是白色或浅色，左右对称别在燕帽的后面，一般不外露。护士在工作时间不宜佩戴一些醒目的头饰。③ 胸卡：胸卡是护士工作的身份证，身着护士服时应佩戴标明护士姓名、职称、职务的工作牌，佩戴胸卡时要注意保持整洁、干净，端正，胸卡上不可吊坠或粘贴他物，要求正面向外。歪歪扭扭、粘贴胶布的胸卡会影响护士在工作中的形象。④ 其他饰物的佩戴：一般不主张护士上班时间内戴项链、耳饰，但如果装扮得当，并不是完全不能佩戴，如佩戴比较细且短的项链或者调整衣领的高度，使之不外露，耳饰宜选择花色单调、细小的，对护士外在形象并无太大的妨碍，此外，护士工作时也不宜涂抹浓郁气息的香水，以免引起护理对象的反感和不适，甚至诱发哮喘等过敏性反应。

笔记栏

图 14－3 护士帽

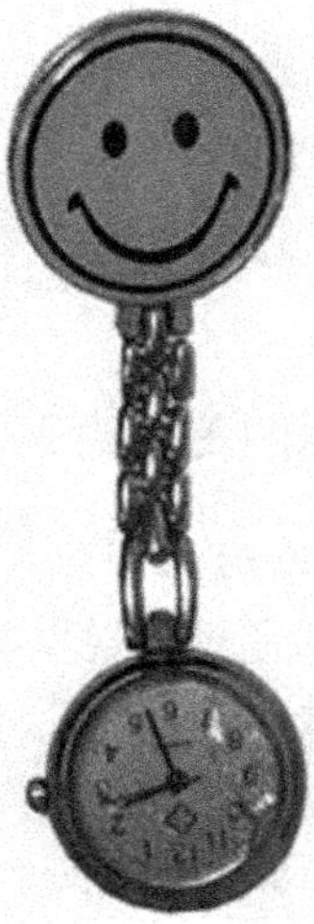

图 14－4 护士表

三、护理职业塑造的途径和方法

（一）提高护士对美的感受和审美修养

通过美学、护理美学及相关知识的学习，护士要清楚什么样的行为是美和善的表现，什么样的打扮和表情是丑、恶和令人生厌的，并在此基础上能够把优美、崇高等美的意向和精神融入具体的护理工作中，使人能够通过护士的形象感受到美的存在。护士还要具备艺术的眼光和审美能力，能够从艺术作品的形式中把握其内容及表现，并能够把对艺术品的感受自然地融入护理实践中去，使护理真正上升到艺术美的高度，在更高层次上完善护理职业形象美的塑造。

（二）加强护士职业形象塑造意识训练

1. *根据社会形式的发展变化要求护士作出相应的角色转换* “生物-心理-社会”这一新的医学模式给护理学的发展带来了机遇和挑战，护士不再是被动地、单纯地执行医嘱和机械性地进行各项护理操作，护士也担负着“保护生命，减少痛苦、促进健康”的任务，需要主动、全面系统地了解患者的整体情况，帮助患者解决健康问题。在新的形势下护士需要有强烈的时代意识、广博的专业知识和科学的服务理念，不断进行自我教育、自我更新和进行职业行为的自我规范，充分发挥护士自身在职业形象建设中的主体作用，不断提高自身专业水平和服务质量，从根本上获得护理服务对象和社会高度的尊重和认可。

2. *以教育为切入点、提高护士对美的感受、接受和创造能力* 从树立正确的人生观和价值观开始，不断提高自身品德修养，提高护士的审美修养和工作中创造美的能力，以塑造完美的护理职业形象。

3. *需要注意引导纠正社会上已形成的不完整的护理专业形象* 由于历史的原因和传统观念的束缚，加上护士队伍自身不足的现状，除了病患外，大众群体了解护士的形象主要是通过影视作品或媒体的新闻报道，如有对护理专业不负责或不正确的报道，应及时加以纠正，积极引导社会舆论，避免护理职业形象受到不公正的扭曲。同时护理职业自身美好形象的体现也是一种很好的引导纠正途径。

（三）树立高尚的职业道德情操和品德

护士的职业道德情操和品德落实在具体的行动中，护士首先要做到自觉严格按照工作程序和原则完成各项护理工作，把护理服务对象的利益置于首位，为患者提供高品质的护理服务；其次，护士还需具有热爱护理事业、忠诚于本职工作、无私奉献的精神，具有渊博的知识和宽容的美德；最后，护士要善于培养积极的情感体验，对照护士角色来不断修正自己的情感体验和释放方式，培养坚强的意志品质和宽容豁达的职业个性，塑造完美的护士职业形象。

笔记栏

第四节　护理美学在护理实践中的应用

一、护理工作中的美学原则

（一）护理科学美的原则

1. 求真　“真”是对客观事物及其规律的正确认识。护理科学美和其他形态的美一样，都以真为基础，失去了真就失去了美。护理科学服务的对象是人，对人的生理、心理等变化、发展规律的深刻认识，可使护士更好地为人类健康服务。护士在科学理论指导下，以精细规范的技能及时地解除护理对象的身心痛苦，此时护理的“真”美就闪耀出她的光辉。

2. 求善　对社会、对人类有益即为善，是护士必须具备的职业道德。护理科学与人的一生相伴而行，从优生、优育、解除病痛提高生命质量，到优死提升死亡品质，都离不开科学的帮助。护士从事救死扶伤、防病治病的实践需要高度认真和负责的态度，这种态度来自于对护理工作的职业良心、责任和义务，来自于对患者不幸遭遇的深切同情。这就是护理美德，即一种善。

3. 求美　科学美的本质，就是在科学领域里通过科学探究活动对人的本质力量的肯定和确认。护理实践与人类的其他社会实践一样，要以美的方法探索真的规律，以美的形式表现真的内容。在护理的整个过程中，既要注重生理状况的改善，也要注重营造心理的愉悦，使护理对象在和谐、舒适的状态中提高生命质量。

（二）护理技术美的原则

1. 严谨　护理工作表现为：严格执行各项护理制度，遵守各项护理规程，确保操作精确无误。只有严谨的工作作风，才能保证护理工作中技术上的精益求精。护士要以科学的态度和实事求是的精神，准确及时掌握护理文件的书写，为疾病诊断和治疗提供可行的依据。

2. 细致　护士要仔细处置每一项护理任务，努力做到细心、精致。细心观察患者异常细微的变化，敏锐、及时地发现问题，及时解决。要做到精中有细，细中有精，精雕细琢才能展现护理的艺术美。

3. 敏捷　护士应熟练掌握各项技能操作的基本功，才能在娴熟的操作中体现出精巧之美，如静脉穿刺要一针见血；抢救重症患者应紧张有序，沉着冷静；手术配合准确、快捷；面对突发事件有敏捷的反应。

4. 轻柔　护士的手在工作中接触护理对象时，应是充满爱心、温柔、温暖和轻快的，不仅使护理对象能够接受，还应给护理对象以舒适之感，减轻或解除护理对象的痛苦和心理压力。

二、护理环境中的审美应用

现代医院建筑的审美处理必须与医疗任务和防止交叉感染的要求、综合性多学科的医疗机构，护理对象需要的修养环境、医院的功能和发展、相应的医疗设备等相适应。医院自然环境建设重要的是建筑物内外及整个医院整体布局的合理、和谐与美化。

（一）物理环境

病区的内部环境应舒适、安静、优美，主要注意以下几个方面。

1. 整洁　病区整洁主要指病区的空间环境及各类陈设的规格统一，布局整齐，各种设备和用物设置合理，摆放有序，物有定位。病区内墙、地面、物品要定时、及时地湿式清扫，及时清除治疗护理后的废弃物及护理对象的排泄物。

2. 温度与湿度　环境温度过高可抑制神经系统，影响人体散热；温度过低，使肌肉紧张，还易导致护理对象在接受诊疗护理时受凉。可采用开窗通风、加湿、空气调节等措施，营造舒适的医疗

笔记栏

环境，使护理对象在心情愉悦、生理舒适的环境中接受治疗。

3. 色彩　眼睛受到不同色彩的不同波长的刺激，会给大脑发出不同的信号，使人产生不同的情绪。从医学角度看红色可刺激和兴奋神经系统，增加肾上腺素分泌和增强血液回流；绿色可镇静神经系统，促进胃液分泌，帮助消化，并有助于消除疲劳；黄色可刺激神经和消化系统，有助于加强逻辑思维能力；蓝色有降血压的作用，可降低脉搏，消除紧张情绪，有助于减轻头痛、发热；橙色可诱发食欲，有助于钙的吸收；紫色对运动神经、淋巴系统和心脏系统有压抑作用，可维持体内钾的平衡；黑色的压抑及凝重感可增加护理对象痛苦和绝望心理，应注意避免使用。“色彩疗法”即采用色彩的这些特性，将墙壁、地板、天花板和用具都涂以相应的颜色，构成良好的“视觉对比”，以配合常规治疗方法进行综合治疗。病区的主色彩，应根据收治护理对象的病种进行选择，但整体色彩应以淡雅为主。

4. 光线　病区内的光线应根据服务对象的疾病、病情、性格等进行适度控制，同时还需满足治疗护理工作的需要。应充分利用自然光，发挥阳光中的紫外线净化空气的作用；适当的光照能增强体质，尤其是在冬季，充足的阳光会使护理对象温暖舒适，但应保护眼睛不受阳光直射。病室内的人工光源既要保证工作和生活照明，又不可影响护理对象休息。

5. 空气　病区必须保持空气流通。通风可增加室内空气的含氧量，降低二氧化碳浓度和微生物密度，调节温湿度，增加服务对象的舒适感。应根据气候变化定时开窗通风，冬季一般每次通风 30 分钟左右，避免风直吹向护理对象。

6. 安静　清静的环境能减轻患者的烦躁不安，使之身心闲适，能充分休息和睡眠，同时也是促进患者康复，使医护人员能够专注有序地投入工作的重要保证。

7. 安全　病区管理工作中应全力消除一切妨碍患者安全的因素，安全保障好，患者心理松弛，可以避免意外事故发生。

(1) 避免各种不安全因素：如改善病区的安全设施，厕所、走廊设有扶手；浴室地面防滑，防患者滑倒跌伤；昏迷患者加用床档防坠床；神志不清或躁动患者加用保护具防撞伤等。

(2) 避免医源性损害：如杜绝粗心大意引发的护理事故、差错；防止服务态度欠佳，致使患者心理失衡等。

(3) 防止院内交叉感染：病房应有严格的环境清扫、物品清洁、消毒隔离制度；病房、治疗室设有符合卫生学要求的流水洗手设备等。

(4) 提高患者的安全意识：加强对患者的安全宣教，告知跌倒、坠床等意外事件的严重危害，使患者接受并配合安全管理。

（二）社会环境

医院社会心理环境美的主要内容包括医务人员的行为美，仪态端庄、举止文雅、品行有节等，给护理对象以善良和可信赖之感；医术美，力求各类医务人员在医疗护理技术上精益求精；语言美，医务人员的语言是美的重要内容之一，每个医务人员都应谈吐亲切，体现同情与关怀，给护理对象以可亲、可敬之感。护理人员还需确立人文关怀理念，人文关怀体现了对护理科学技术价值的和道德实践价值的尊重，体现了个性化护理意识，使每位护理对象真正感受到被尊重、被关怀。人文关怀渗透在护理行为的点点滴滴之中，如在寒冷的冬天测量血压时，先将冰冷的听诊器胸件捂热再接触护理对象的皮肤；在走廊中见到行动不便者主动搀扶；为即将进行手术者送上一张写着鼓励和祝福语言的卡牌；设置能点播音乐和电视节目的设备等，这些都是人文关怀的体现。

三、护理管理中的审美要求

护理管理是科学美与艺术美的结合。护理管理的科学美体现在护理管理者工作过程中不断总结、探索所形成的系统地、准确的、符合逻辑的护理管理理论的抽象美，体现在护理管理实践中运用管理理论解决问题的理论与实践相结合的和谐美和效益美。人本管理使护理管理的艺术美得以充分体现。作为现代护理管理者，不仅应具备丰厚的学识，拥有勇于创新的开拓精神，有着严于

笔记栏

律己、宽以待人的胸襟，内涵丰富的修养等内在美，还应有端庄的仪表、得体的言行、善于沟通、具有亲和力等美的外在形象，以此去影响和感染每位护士及护理对象，以取得科学管理的最大效能。

四、基础护理中的审美要求

（一）生活护理的舒适美

护理人员通过营造舒适的生活环境和精心的生活护理，为患者带来舒适的感受。例如在基础护理中，护士必须经常巡视病房，通过细致的观察、仔细的操作、有效的沟通，掌握患者饮食、排便、睡眠情况，记录患者痛苦的症状和体征，客观评估他们的不安和焦虑的来源，从而进行卫生宣教，使患者获得舒适、愉快的美的感受，带来良好的心境，体现舒适之美。舒适美并不只是生理上的舒适，还包括心理与精神方面的舒适，如患者的安全感、尊重感等。这就要求护士根据不同的对象和不同的心理特点满足患者对护理美学的审美，为维护患者的美学需求起到更为积极的作用。

（二）心理护理的艺术美

患者住院期间往往由于生理、心理等各方面的因素导致焦虑不安，情绪稳定性差，能力下降，常常出现消极的情绪状态。护理就是要求护士全面掌握因疾病引起的人体形态、结构和功能方面的改变，了解患者的精神状态、家庭生活状况以及社会人际关系等，以便进行有效的治疗与护理。通过疏导、安慰、解释，努力做到心灵沟通，减轻患者心理压力，充分调动患者的主观能动性，使护士的护理达到事半功倍的效果，产生心理护理艺术美的效果。

（三）人际关系的沟通美

护患之间良好人际关系的建立是基础护理中美的体现。为提高护士的人际沟通能力，取得患者的信任与合作，密切护患关系，护士的沟通就显得格外重要。护士在护患人际关系中，如果能自觉、主动地寓“情感美、科学美、伦理美”于基础护理之中，就可以达到自我完善与社会完善的统一，从而更加有效地促进患者的身心健康。

（四）护理技术操作的娴熟美

护理工作的实施离不开护理操作，娴熟的护理操作技术，可使患者产生信赖感和安全感，使患者乐于接受并配合护理工作。护士在护理操作中，必须做到技术娴熟，操作规范，动作敏捷，特别是当患者病情发生变化及其他应急情况发生时也能严格遵守各项操作规程和核心制度，灵活运用，忙而不乱，沉着应对，有条不紊地执行各种医嘱和各项护理措施。在处理应急突发事件时，例如在处理药物不良反应、过敏性休克、高热惊厥等突发事件时，就要求护士具有敏捷的反应能力、娴熟的抢救技术、细致的病情观察能力，沉着冷静，为患者赢得宝贵的治疗时机，使患者转危为安，体现赏心悦目、令人信赖的职业美感。

五、各类患者临床护理审美要求

（一）儿童患者的护理的审美要求

1. 满足儿童审美情趣需求　　儿童一方面喜欢与年轻、活泼、美丽的护士接触，另一方面又喜欢有经验的年长护士为自己做治疗。护士应培养自己天真、活泼的情趣并保持良好的仪容仪表，增加亲和力，建立良好的相互信赖的护患关系。

2. 减少患儿的恐惧心理，培养患儿坚强的意志　　儿童既有恐惧疼痛的心理，又有强烈的自我表现欲望和希望获得他人赞扬的心理。通过护士亲切的语言、和蔼的态度、精湛的技艺，可减轻患儿疼痛感，同时护理人员应多用鼓励性语言、表扬性语言激励患儿，选择独立性强和自我意识强的患儿起榜样作用，激发同室患儿的勇敢精神，磨炼意志。

笔记栏

3. 应用精湛的护理技艺护理患儿　　儿童年龄越小，语言表达能力越差，并且病情变化发展快。护理人员应具备敏锐的洞察力，从患儿的表情、动作、哭声、体态、饮食等方面观察发现患儿的异常表现。护理人员应具备娴熟的儿科专业护理技能，精心、细致、全面地为患儿提供身心护理，充分展示护理工作的艺术美。

（二）老年患者的护理审美要求

1. 尊重老人，加强沟通，建立良好的护患关系　护理人员应尊重老人，多与他们交流沟通，要耐心倾听，对他们的每一点成绩给予充分肯定，表现出护士的宽容、理解和爱心。因老年人多听力下降，语言交流时护士应适当提高声音、放慢语速、使交流顺利进行。

2. 加强疾病观察，做好生活护理　老年疾病的特点是临床症状不典型、康复慢、并发症多，护理人员应具备高度的责任心和丰富的临床经验，严密观察病情变化，做到早发现、早诊断、早治疗、早护理，并做好抢救准备工作。同时要保证安全，注意防跌倒、防呛咳、防坠床、防继发感染，加强皮肤护理，防压疮。

3. 适度文体活动，延年益寿　卧床期间应帮助、指导患者做床上肢体被动功能锻炼，恢复期根据情况采取适宜的户外活动，如散步、打太极拳、呼吸操、听广播、看书等，调节生活情趣。

4. 支持临终老人，保持其舒适及尊严　当老人即将离世时，护士应从生理、心理社会上给予支持，让他们感受到护士是他们的依靠。及时发现其所需并满足其所需，如缓解疼痛、保存精力、保证舒适，保持平静的心态和生命的尊严。

（三）女性患者的护理审美要求

1. 保护女性形体美、功能美　形体美是女性的重要特征，功能美则是维护形体美的保证。而妇产科疾病易引起女性形体、容貌、功能的不同程度的损害，使之失去女性风度之美，如产后大出血至患者面色苍白，体力下降，面容憔悴。

2. 尊重、理解患者，维护女性尊严　女性具有羞怯感，不愿接受男医生检查，不愿在检查、护理中过多暴露隐私部位；对疼痛敏感，耐受力、忍耐力差，情绪易激动，情感起伏大。护理中应充分理解患者，尊重患者，如男医生检查、治疗时，应有女护士陪同，操作、治疗时用屏风遮挡患者，适当遮盖乳房、腹部、会阴、臀部，尽量减少隐私部位暴露。

（四）危重患者的护理审美要求

1. 恰当、适时的语言　危重患者的心理活动较为复杂，疾病使他们所产生的内心冲突与矛盾尤其激烈，所承受的心理压力也特别大。如某癌症手术患者，他既有为了家庭而求生的强烈愿望，又有担心发生意外而扔下家庭的极度恐惧；既有为治病不惜一切的决心，又无法排遣对“人财两空”的惶恐不安。面对这样的患者，护士应以同情的态度耐心地倾听患者诉说，热忱关怀患者的情绪，给以适当的解释、安慰和劝导，以解除患者沉重的思想包袱和心理束缚。

2. 审慎的工作态度　危重病房的护士接触患者时间长，护理工作量大，在护理工作中稍不注意，就会发生差错、事故。护士工作必须认真负责，一丝不苟，审慎从事。严密护理观察是护士的一项重要任务，护理观察做的好与坏，直接关系到患者病情的转归。尤其夜班护士的护理观察更为重要，必须要审慎从事。因为值夜班的护理人员少，工作量大，所以更要依赖于护士的道德观念来做好工作。护士工作审慎无误是极为重要的，它关系到患者的生命安危，具有重要的道德意义。

3. 精湛的操作技艺　由于危重患者病情重、变化快而复杂，随时可能发生生命危险。又由于危重患者身体极度衰弱，抵抗力低，治疗措施多，这就要求护理人员必须掌握基础医学、临床医学及护理学的基本知识、技术操作；必须有熟练、精湛的护理技术操作的本领，才能随时随地观察患者病情变化，做到有预见性的护理。

4. 宽容的医德　患者病情危重时，患者及家属的情绪波动很大，作为护士应充分理解患者，并应用心理学知识对患者进行护理疏导，能宽容患者的一些过激行为。在临床护理工作中我们往往见到患者或家属不讲理，表现出让人难以理解的言行，甚至辱骂护理人员。如果这时护士对此没有宽容之心，矛盾和冲突就会即刻爆发，这就要求护士应具有宽容的美德。护士尽职尽责地为患者服务，却得不到理解、尊重，常使护士伤心，但是如果护士站在患者的角度去理解就能够释然。患者是一个弱势群体，心理状态很不稳定，患者往往在病情好转后，对自己的行为表示后悔与不安。宽容是一种美德，是护患关系融洽相处中很重要的一条原则。有宽人之心，才能使护理工作顺利开

笔记栏

展，而不会陷入一种互相敌视、彼此不容的局面。

案例分析

护士小王刚刚26岁，走上工作岗位第5年，性格活泼，充满朝气。一天，她被分配负责一名危重患者。患者为癌症手术患者，身体极度衰弱，治疗措施多，患者情绪波动大，焦虑、烦躁，他既有为了家庭而求生的强烈愿望，又担心发生意外扔下家庭产生的极度恐惧；既有为治病不惜一切代价的决心，又无法排遣“人财两空”的惶恐不安。

【问题】

(1) 心理护理过程中如何体现语言的美学要求？

(2) 在给患者进行治疗、护理时如何体现审美要求？

【分析与解答】

(1) 心理护理过程中如何体现语言的美学要求

1) 恰当、适时的语言：危重患者的心理活动较为复杂，疾病使他们所产生的内心冲突与矛盾尤其激烈，所承受的心理压力也特别大。面对这样的患者，护士应以同情的态度耐心地倾听患者诉说，热忱关怀患者的情绪，给以适当的解释、安慰和劝导，以解除患者沉重的思想包袱和心理束缚。

2) 宽容的医德：患者病情危重时，患者及家属的情绪波动很大，患者或家属有时不讲理，表现出让人难以理解的言行，甚至辱骂护理人员。这时我们就要有宽容之心，宽容患者的一些过激行为。并应用心理学知识对患者进行心理疏导。

(2) 在给患者进行治疗、护理时如何体现审美要求

1) 审慎的工作态度：危重病房的护士接触患者时间长，护理工作量大，在护理工作中稍不注意，就会发生差错、事故。护士工作必须认真负责，一丝不苟，审慎从事。严密观察病情变化。

2) 精湛的操作技艺：由于危重患者病情重、变化快而复杂，随时可能发生生命危险。又由于危重患者身体极度衰弱，抵抗力低，治疗措施多，这就要求护理人员必须掌握基础医学、临床医学及护理学的基本知识、技能，随时观察患者病情变化，做到有预见性的护理。

小　结

1. 护理美学概论
   - 护理美学概述及研究对象
   - 护理美学的研究任务、内容与方法
   - 护理美学与相关学科的关系
2. 护士审美修养与审美评价
   - 护士审美修养
   - 护理审美教育
   - 护理审美评价
3. 护理职业形象塑造
   - 护理职业形象概述
   - 护理职业形象塑造要求
   - 护理职业塑造的途径和方法
4. 护理美学在护理实践中的应用
   - 护理工作中的美学原则
   - 护理环境中的审美应用
   - 护理管理中的审美要求
   - 基础护理中的审美要求
   - 各类患者临床护理审美要求

笔记栏

【思考题】

(1) 简述临床护理工作中的美学原则。
(2) 基础护理中的审美要求是什么?
(3) 护理职业形象塑造有哪些要求?
(4) 塑造护理职业形象有哪些途径和方法?

(张　燕)

笔记栏

补充阅读书目及网站

国家卫生和计划生育委员会法制司.新编常用卫生与计划生育法规汇编.北京：法律出版社，2014.

侯桂英.护理质量持续控制手册.北京：军事医学科学出版社，2011.

姜小鹰主编.护理美学.北京：人民卫生出版社，2010.

雷鹤. 护理美学. 北京：人民军医出版社，2007.

李惠玲.护理人文关怀.北京：北京大学医学出版社，2016.

李继平. 护理管理学.北京：人民卫生出版社，1999.

史瑞芬，史宝欣. 护士人文修养.北京：人民卫生出版社，2012.

孙宏玉.护理美学.北京：北京大学医学出版社，2010.

王静成，王艳，王加凤.护理管理学.南京：江苏科学技术出版社，2013.

韦献飞.卫生法学.第2版.北京：人民卫生出版社，2013.

卫生部政策法规司.中华人民共和国卫生法规汇编(2010－2011).北京：法律出版社，2012.

伍天章.医学伦理学.第2版.北京：高等教育出版社，2015.

肖平.医院职业暴露与防护.北京：人民卫生出版社，2004.

左月燃.护理安全.北京：人民卫生出版社，2009.

大医网(中外文图书期刊)，http：//www.dayi100.com/

中国伦理学会，http：//www.cn-e.cn/index.html

中国医学伦理学杂志网，http：//yxllx.xjtu.edu.cn/

中国知网，http：//www.cnki.net/

中华人民共和国中央人民政府，http：//www.gov.cn/

主要参考文献

曹世华，章笠中，许美芳.护理信息学.杭州：浙江大学出版社，2012.
褚青康，邵聪文.护理管理学.沈阳：辽宁大学出版社，2013.
郭淑英，任秋爱.护理伦理学.郑州：郑州大学出版社，2014.
姜小鹰.护理伦理学.北京：人民卫生出版社，2012.
金延平. 人员培训与开发.大连：东北财经大学出版社，2015.
李冰，侯明珍.新编护理质量持续改进指南.北京：人民军医出版社，2013.
李继平.护理管理学.第3版，北京：人民卫生出版社，2015.
李继平.护理管理学.第3版.北京：人民卫生出版社，2015.
刘化侠，辛霞.护理管理学.南京：江苏科学技术出版社，2013.
卢省花，胡俊秋.护理伦理学.武汉：华中科技大学出版社，2012.
沈小平.巴克(Barker.E.)，郎思旭.循证护理.复旦大学出版社，2013.
唐闻捷. 医学生职业生涯规划与发展. 杭州：浙江大学出版社，2013.
田秀萍. 职业生涯规划. 上海：上海交通大学出版社，2014.
王静成，王艳，王加凤.护理管理学.南京：江苏科学技术出版社，2013.
王晓宏.护理伦理学.第2版.北京：人民军医出版社，2015.
魏万宏，杨春香.护理伦理学.郑州：郑州大学出版社，2011.
吴欣娟，张俊华.护士长必读.北京：人民卫生出版社，2013.
熊苹. 职业生涯规划. 北京：清华大学出版社，2013.
叶文琴.护理管理.上海：复旦大学出版社，2015.
詹永顺.护士职业保障机制研究.济南：山东大学出版社，2013.
赵德伟，吴之明.护理管理学.上海：同济大学出版社，2014.